JN260856

工芸とナショナリズムの近代

「日本的なもの」の創出

木田 拓也【著】

Takuya Kida

吉川弘文館

1　並河靖之《七宝黒地四季花鳥模様花瓶》（明治32年、宮内庁三の丸尚蔵館所蔵）

2　板谷波山
《霙青磁牡丹彫文花瓶》
（大正14年、 東京国立近代
美術館所蔵）

3　六角紫水《刀筆天部奏楽方盆》
（昭和２年、広島県立美術館所蔵）

4　龍村平蔵《漢羅「楽浪」》
（昭和２年）

5　香取秀真《獅鈕獅耳香炉》
（昭和16年、東京国立博物館所蔵）

6　荒川豊蔵《志野茶碗》（昭和32年、東京国立近代美術館所蔵）

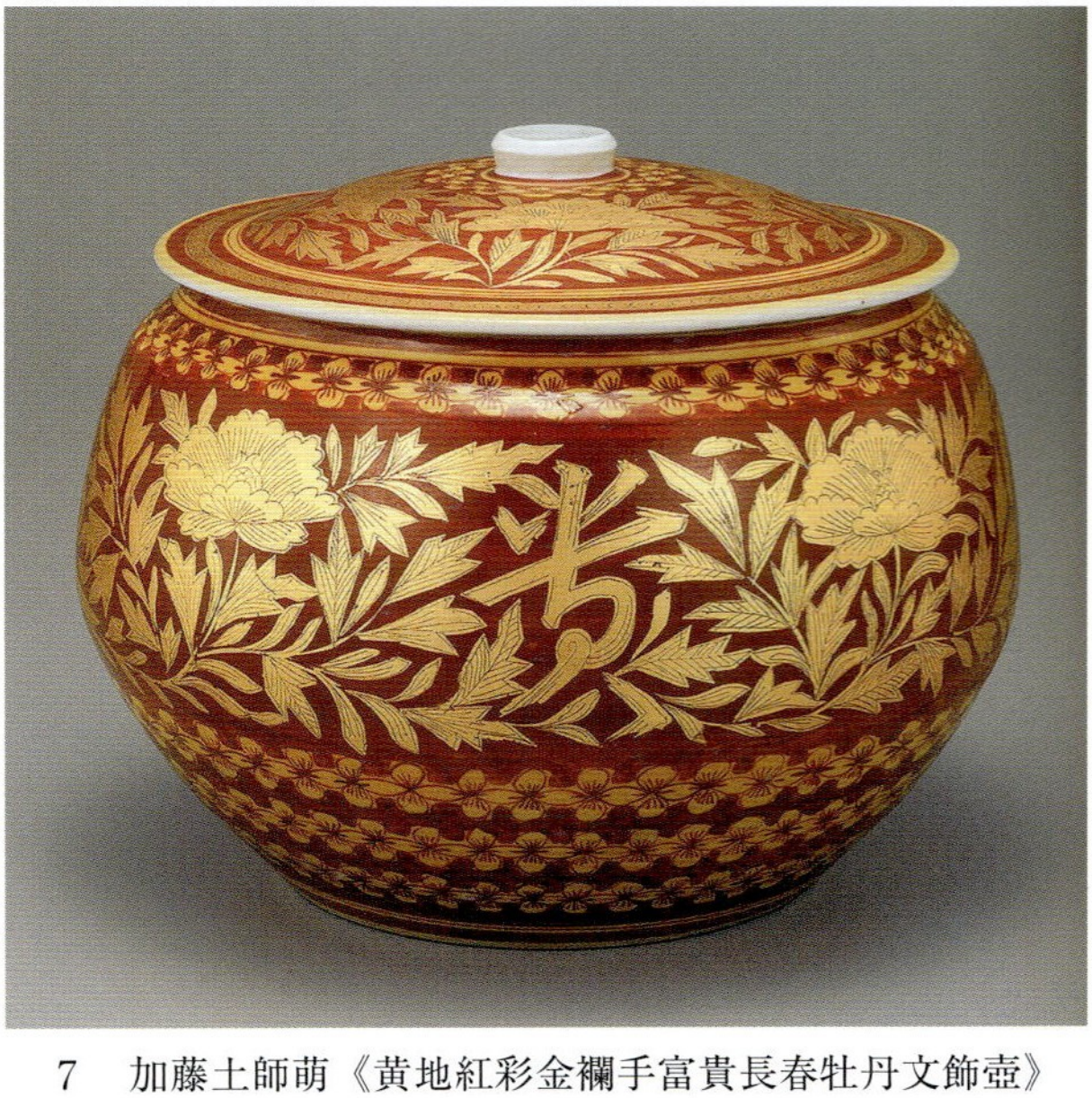

7　加藤土師萌《黄地紅彩金襴手富貴長春牡丹文飾壺》
（昭和35年）

目　次

プロローグ　工芸における「ナショナリズム」と「伝統」

本書の主たる課題は、近代の日本における工芸とナショナリズムの関係を浮かび上がらせることにある。なぜ工芸というジャンルが成立したのか、その存在意義は何か、工芸にはいかなる役割が期待されてきたのか――と問いながら近代日本における工芸の歴史的展開を検討してみるならば、工芸の存続を支え、方向づけてきた重要な要素としてナショナリズムが浮かび上がってくることになる。ナショナリズムを意識しながら近代工芸の歴史を捉え直すことは、工芸を存立させてきた価値体系を問い直すことであり、それはまた同時に、日本の近代において工芸が果たしてきた社会的な役割を明らかにすることでもある。

もしかすると、ナショナリズムというと、他国民を憎悪し、戦争を正当化するように国民を誘導する悪しき思想と捉えている人もいるかもしれない。さらには、ナショナリズムという言葉から、近代日本の負の記憶、すなわち、国全体が狂信的ともいえる国粋主義に染まっていた戦時期を連想し、拒絶反応を示す人もいるかもしれない。

しかしながら、そうしたナショナリズム理解というのはいささかゆがんだものといわなければならない。というのも、そもそもナショナリズムとは、国民国家という「想像の共同体」(1)を構成する人々に国民としての意識を生み出し、共感を通じてその国境線を内側から支えようとする思想原理を意味しており、本来的には民主主義と不可分の関係にあるからである。だから、むしろナショナル・アイデンティティという言葉に置き換えて捉える方が、自国民と他国民の差異化を図り、「われわれ」という内集団の統一性と独立性を維持強化しようとするナショナリズムの働きがより明確に意識されることになるだろう。

「われわれ」という内集団を確立する一方で、他国民を外集団として差別化することをナショナリズムの働きとして捉えるならば、文学や音楽や美術などの領域において、西欧への対抗意識を支えとし、日本独自のものという自負心を伴いながら意識的に「日本的なもの」として確立されてきた国民文化こそが、「われわれ」の自己イメージが投影されたナショナリズムの実体ということになる。(2) それは造形芸術の領域においては、工芸がまさに当てはまることになる。なぜなら、工芸というジャンルは明治期の国民国家の形成過程において、西欧から輸入された美術という概念に対抗する日本独自のものとして確立された造形ジャンルだからであり、「われわれ」の自己イメージが投影されたナショナリズム的所産にほかならないと考えられるからである。

とはいえ、工芸家はナショナリズムの体現者であることを声高に叫ぶことはあまりなかったし、ほとんどの工芸家は自らの制作活動をそのようなものとして意識することすらあまりなかったのではないだろうか。そのため、工芸とナショナリズムの関係というと、まったく無関係とはいえないまでも、それほど密接ではないと思う向きもあるかもしれない。

「ナショナリズム」という言葉に対する異様なまでの慎重さに反して、あまりに安易に使用されてきたのが「伝統」という言葉といえるだろう。だが、これまでの工芸に関する論述に記された伝統という言葉を追跡してみるだけでも、技術、様式、規範、精神、系譜、因習、土着性、固有性、日本的性格などさまざまな意味で、あるいはこれらの意味を複合的に含んだ多義的な言葉として使用されており、伝統という言葉についての共通認識が確立されているとは言い難い。それでも現在では、造形芸術の領域においては工芸こそが日本の伝統文化を体現する「日本的なもの」として捉えられているといえる。そして工芸家には、伝統との関わりについて、あるいは、伝統に対する態度について言及することが暗黙のうちに期待されているようにすら思われる。伝統とは、日本の近代工芸を捉えるうえできわめて重要なキーワードといえるが、伝統という言葉がこれほどまでの意味の広がりを伴いながら流用され続けているのは、裏を返せば、この伝統という言葉こそ、日本文化の独自性と優越性を無批判になかば神話化し、無自覚のうちにナショナリズムの強化を促すために使用されてきた言葉であることを示しているのではないかと思われる。

もっとも、工芸作品そのものにナショナリズムが視覚的に明示されることがないとするならば、しかも、それが工芸家自身によってあまり意識されてこなかったとするならば、そのてがかりについては、工芸を取り巻く社会的環境や制度に求めることになる。

本書では、明治二十年代から昭和三十年代あたりまでの日本の近代工芸の歴史的な展開をたどりながら、その歴史的転換点といえるような局面——例えば、明治期の「工芸」ジャンルの成立（Ⅰ章）、昭和初期における帝展の工芸部門開設と「新古典派」の出現（Ⅱ章）、戦時体制下における日本陶磁史観の成立と桃山復興（Ⅲ章）、昭和二十年代の占領統治下の輸出工芸と戦後の日米文化交流（Ⅳ章）、昭和三十年代の「伝統工芸」の成立（Ⅴ章）——に着目し、博物館の分類体系、官制公募展（帝展や日本伝統工芸展）、工芸家の顕彰制度（帝室技芸員や重要無形文化財）、工芸史観の確立、文化財保護制度、文化交流事業など、これまで博物館や文化財保護委員会（文化庁）といった国家機関が主体となって行ってきた事業活動を主な手掛かりとして、工芸とナショナリズムの関係を探りたい。そして、工芸というジャンルの誕生以来、工芸がどのような価値体系を支えとして存立してきたかを検討し、いわば見えざる力として工芸を方向づけ、その存続を支えてきたナショナリズムとの関係を浮かび上がらせることをめざしたい。工芸を取り巻く環境や制度を視界におさめながら日本の近代工芸の展開を歴史的に振り返ってみるならば、その動向を左右する転換点といえるような局面においてナショナリズムが作用してきたことが浮かび上がってくることになるに違いない。

文化そのものが国民国家における国民意識の統合のための非政治的イデオロギーとして創出されたとするならば(3)、西欧の美術概念に抗い、国民文化、伝統文化を確立しようとする意志に基づいて明治期に成立を見せた工芸というジャンルはまさにナショナリズムを体現するものということになる。とはいえ、ナショナリズムという言葉が、民主主義的な国民国家をめざす「国民主義」としてだけでなく、国家の利害を最優先させる「国家主義」として、あるいは「国粋主義」として語られてきたことが示すように(4)、ある意味において、こうした誤解を含んだナショナリズム理解そのものが、近代日本の歩んできた歴史的現実を反映するものともいえる。帝国主義と癒着した国家主義も、そして、日本精神が称揚された戦時期の国粋主義もまた近代日本におけるナショナリズムのバリエーションとしてあったという歴史的現実を記憶にとどめつつ、近代日本において工芸が果たしてきた役割をナショナリズムとの関係から探ってみる必要があるだろう。

ところで、国民国家の維持と発展をめざすナショナリズムという思想原理は、明治期のような国民国家の形成期だけでなく、二十一世紀を迎えた現在においても、いまだその重要性を失ってはいない。いやむしろ、冷戦終結によってグローバル化時代を迎えた国際社会においては、国家間の親疎を決定づけるうえで重要な役割を果たすことになるのは、宗教、価値観、習慣、言語、歴史などの文化的要素であり、国民の文化的アイデンティティを象徴する伝統文化が、これまで以上に重要な意味を持ってくることになると予測されている。[5]そうした文脈においても、日本の伝統的な国民文化としての工芸の役割は今後ますます重視されることになるだろう。

もっとも、だからといって、工芸の先行きを楽観視するわけではない。工芸とは、近代化に伴う産業構造の変化に伴って存在意義を見失いかけた手仕事が、その生き残りのために美術化をめざした結果誕生したジャンルのひとつであったという前提に立つならば、[6]もはや美術という概念そのものが揺さぶりをかけられているかのように思われる昨今、美術との関係において成立してきた工芸は、はたしてこれまでのようなシステムのなかで生き残っていくことができるのか、今後私たちは工芸の、そして、手仕事の存続の可能性をいったいどこに見出していけばいいのかという、工芸のあり方をめぐる根本的な問い直しが要請されているようにも思われる。もし美術との関係を解消し、これからの日本における工芸のあり方というものを新たな地平に見出していこうとするのであれば、いまいちどこれまで工芸の存立を支えてきたナショナリズムとの関係を問い直してみる必要があるに違いない。

I 「工芸」ジャンルの形成
明治二十年代のナショナリズムを背景として

一 「工芸」という曖昧なジャンル——「工芸」と「工業」

本書の主題は、近代日本における工芸とナショナリズムとの関係を探ることにあるのだが、それに先立ち、まず本章では、明治期の日本において「工芸」という言葉がどのような意味で使用されていたか、いかにして「工芸」というジャンルが形成されてきたのか確認しておきたい。というのも、「工芸」というジャンルそのものが明治期におけるナショナリズムの高揚を背景に成立を見せたと捉えることができるからである。

近代日本における「工芸」概念の成立に関してはこれまでに数多く論考が重ねられてきた。例えば、前田泰次(一九一三—八二)は、『日本の工芸』(大八洲出版、昭和十九年)において、「工芸」という言葉の起源と用法を中国の文献にまでさかのぼって歴史的に検討しており、鈴木健二は『原色現代日本の美術　第十四巻　工芸』(小学館、昭和五十五年)の冒頭の「『工芸』の概念の変遷」において、近代日本における「工芸」概念とジャンルとしての「工芸」の成立を論じている。また、北澤憲昭は、「『工芸』概念の形成に関する試論」(『調査研究報告書　温知図録の研究』東京国立博物館、平成九年）や「『工芸』ジャンルの形成—第三回内国勧業博覧会の分類を手がかりとして」（『美術史の余白に—工芸・アルス・現代美術』「工芸」シンポジウム記録集編集委員会編、美学出版、平成二〇年）などで、明治期における「美術」概念との関係から「工芸」概念の成立を探るとともに、「美術」と「工芸」の階層について分析している。また、佐藤道信は、『「日本美術」誕生—近代日本の「ことば」と戦略』（講談社、平成八年）や『明治国家と近代美術—美の政治学』（吉川弘文館、平成十一年）などにおいて、「工芸」ジャンルの成立についても詳しく分析し、「美術工芸」と一般的な「工芸」との格差について、また、明治日本の「美術」をめぐる経済政策（農商務省）や文教政策（文部省）と「工芸」の関係について論述している。さらに森仁史は、『日本〈工芸〉の近代—美術とデザインの母胎として』（吉川弘文館、平成二十一年）において、近代日本の美術とデザインを含んだ造形文化の基幹をなす概念として「工芸」を捉え、その歴史的展開を追跡している。

これらの先行研究を通読してみてわかるのは、「工芸」とは、江戸から明治へと、日本社会の大きな転換期をまたいで連続的に存続してきた造形ジャンルだったわけでは必ずしもなく、またその領域も、自明のようでいてじつはかなり捉えにくい、きわめて曖昧なジャンルとして明治期に成立を見せたという実態である。おそらくその曖昧さの最大の要因は、「工芸」というジャンルが、明治時代に「美術」という概念が登場したことによって、「美術」との相関関係において相対的に概念形成されてきたことにあるのではないかと思われる。「工芸」という用語自体は、明治時代に日本人によって発明された新語だったわけではないものの、明治時代に西欧から新たに輸入された「美術」という概念を旧来の日本の造形ジャンルに当てはめ、それとの整合性を模索するなかで、「美術」と「工業」の中間的な領域として新しく概念形成されてきたのが「工芸」というジャンルだったのである。

「工芸」という用語は、古来中国においては、現在日本で使われているよりもかなり広い意味を持つ言葉として使われてきた。中国の宋代初期に編纂された類書『太平御覧』（九七七—九八三年頃）においては、「工芸」とは、射（弓を射ること）、御（車馬を御すること）、書、数（算数）、画（絵画）、巧（種々の材料を用いてものを作ること）、囲碁、投壺（壺に矢を投げ入れる遊技）、博（碁の一種）、蹴鞠、樗蒲《ちよぼ》（賭博の一種）、塞（骰子遊び）、蔵鉤《ぞうこう》（拳の一種）——すなわち、武術、馬術、算術、絵画、工芸、囲碁、賭博などを幅広く意味する言葉として記されている。[7]さらに時代を下って清代に著された『淵鑑類函』（一七一〇年）においては、『太平御覧』で示された上記の技能に加えて、詩歌や賦（漢詩文）も含まれている。つまり、中国においては、歴史的には、「工芸」という言葉はさまざまな技能を意味する言葉として使われてきたのである。このうち「巧」、すなわち、「種々の材料を用いてものを作ること」が、現在の日本での「工芸」の用法と共通するが、この「巧」という語が日本においてそのまま使用されてきたわけではなく、明治以前の日本では、「工」という語が、工芸、絵画、彫刻を総合的に含む用語として使用されてきた。しかも、この「工」という言葉は、技能を意味するとともに、例えば「漆工」「画工」という言葉が示すように、その技能を身につけた職人も意味していた。[8]

「工芸」という用語が日本で使用されるようになったのは明治になってからのことである。[9]だが、明治期の日本においては、「工芸」という言葉は必ずしも現在と同じような意味を持つ言葉として使用されてきたわけではない。現在では、「工芸品」といえば手仕事によって作られたものを、また、「工業品」といえば機械生産によって作られた製品を意味する言葉として区別するのが一般的だが、明治時代には「工芸」と「工業」の区別はかなり曖昧だった。[10]

明治初頭、工部省設置に際して出された「工部省を設くるの旨」（明治三年）に記されたのが近代日本における

「工芸」の最も早い使用例とされるが、そこには「西洋各国の開化隆盛なるも、全く鉄器の発明、工芸の進歩より成れり、是を以て工芸は開化の本たるものとすべし（傍点筆者）」と述べられており、ここでの「工芸」とは、その実態はともかくとして、意味的にはむしろ近代的技術に基づく「工業」を意味していた。[11]

また、明治十一年（一八七八）に出版された黒川真頼《まより》（一八二八—一九〇六）の『工芸志料』（博物局、明治十一年刊、明治二十一年増補改訂）は、織工、石工（玉工）、陶工、木工（仏工、彫工）、革工、金工、漆工の七分野の歴史を解説したもので、ここで取り上げられているものはおおむね現代の「工芸」ジャンルと重なっているのだが、[12]あくまでこれはいまだ手仕事を主体とする手工業的な生産システムの段階にあった当時の日本の製造業の実態を反映したものといえる。この『工芸志料』は、明治十一年のパリ万国博覧会参加にあたって、日本のものづくりの歴史とアウトラインを総合的に整理すべく編まれた本であり、その序文で村山徳淳は、博覧会とは人の知識を開き、「工芸」を盛んにするという目的のもとに開催されるもので、パリ万博に数百点の物品を日本からわざわざ出品する理由は、たんに観美のためではなく、わが国の「工芸」を奨励して国を豊かにするためである、と記している。同書で取り上げられているものが実態としては現在の工芸と重なるにしても、文脈からすると、村山徳淳が「工芸」という言葉でいわんとしているその内容はやはり工業ないし製造業としての意味が強い。[13]とはいえ、黒川真頼による同書の序文には、当初の構想では上記の七分野のほかに角工、紙工、画工の三分野を加えて全部で十分野について記述する計画だったのが、時間的な制約により、これらが収録されないまま刊行されることになったとも記されており、『工芸志料』の「工芸」とは、製造業だけでなく絵画など美術の領域までをも総合的に含んでいたことをうかがわせる。[14]

一方、『工芸志料』から二十年後に出版された横井時冬（一八五九—一九〇六）の『日本工業史』（吉川半七発行、明治三十一年）は、「工業史」と銘打っているが、その内容を見てみれば、前半は、蒔絵、七宝、染物、刺繍、螺鈿、陶磁器、根付など、現在では「工芸」として分類される分野について記述されている。だが後半は、窯業や印刷業など工業的な内容の比重が大きくなっており、全体として見れば、手工業を含めた日本の製造業の総合的な発達史となっている。

「工芸」と「工業」の区別の曖昧さは明治二十年頃に設立された教育機関の名称にも反映されている。明治十八年には東京大学に「工芸学部」が設置されたが、この学部は機械工学、土木工学、採鉱冶金学、応用化学の四学科で構成されていたから、ここでの「工芸」という言葉は、現在でいえば鉱工業（工業、鉱業、土木）を意味していた。一方、明治二十年に設立され、納富介次郎（一八四三―一九一八）が初代校長を務めた金沢区工業学校（現在の石川県立工業高校）は、「工業」と銘打っているが、その「金沢工業学校規則」（明治二十年）には、「本校は各種の工芸に関する学理の応用法と芸術とを兼授く（傍点筆者）」とうたわれており、「専門画学部」「美術工芸部」「普通工芸部」の三部が設置された。このうち、「美術工芸部」には蝋粘土模型科、陶画科、繍物科、木石牙彫刻科、染画科が、また、「普通工芸部」には、色染科、裁縫科、髹漆科、海産製造科、陶磁製造科、鋳銅科が置かれており、工芸的色彩が強かった。(15)

このように教育機関の名称やその学科名などを眺めてみると、明治二十年あたりまでは、「工芸」と「工業」が現在のように明確に区別されることなく使用されていたことがうかがえる。こうした明治期の状況からすると、表面的に「工芸」という言葉を手掛かりとして、近代日本における「工芸」ジャンル成立の起点を見極めていくには限界があるといえそうである。

二 「美術工芸」の創出——帝国博物館の分類体系

造形美術のひとつの領域としての「工芸」ジャンルの成立の起点を見定めていくには、明治二十年代初頭における「美術工芸」という言葉の出現に注目しなければならない。明治初頭の日本においてはウィーン万博（明治六年）の関係者を中心にKunstgewerbeの翻訳語として「美術工業」という言葉が使用されていたが[16]、明治二十年代初頭の博物館などの分類体系における「美術工芸」という言葉の出現とは、西欧の「美術」概念が導入されたことによって、それまで美術や工芸を総合的に含んでいた「工」という領域のなかから絵画などの「美術」の部分が分離独立するとともに、「工」という領域が再編され、そこに新しく「美術工芸」という階層が確立されてきたことを示している。

「美術工芸」という言葉が日本のものの分類体系において公式に使われるようになるのは明治二十年代前半のことである。明治二十二年から翌年にかけて、帝国博物館（現在の東京国立博物館）、東京美術学校（現在の東京芸術大学）、内国勧業博覧会の組織・分類体系においていて、相次いで「美術工芸（業）」という言葉が登場し、「美術としての工芸」を意味する言葉として「美術工芸（業）」という用語が使用されるようになるのである。

明治二十二年（一八八九）二月に開校した東京美術学校には当初、絵画、彫刻、建築、図案の四つの専修科が設置されていたが、第二代校長に就任した岡倉天心（一八六三—一九一三）は、開校二年目の明治二十三年八月、専修科が授業を開始する前に学校規則を改正して図案科を廃止し、かわって美術工芸科を設置、金工と漆工のコースを設けた。

明治二十三年に開催された第三回内国勧業博覧会においては、「第二部美術」は、「絵画」「彫刻」「造家、造園ノ図按及雛形」「美術工業」「版、写真及書」の五つのセクションに区分されており、絵画、彫刻、建築、版画、写真、書と同格のものとして「美術工業」が位置づけられるようになった。[17]それまでの内国勧業博覧会において「製品」「製造品」と呼ばれていたものが、「工業」という部門に分類される一方で、「工業」とは別に、「美術」のなかに「美術工業」すなわち、「美術としての工芸」というジャンルが確立されたのである。なお、「美術工芸」ではなく「美術工業」と記されているが、その後の第四回（明治二十八年）および第五回（明治三十六年）の出品区分では、「美術工芸」という表記になっており、ここでも「工芸」と「工業」の区別があいまいだった当時の実態をうかがわせる。

内国勧業博覧会が農商務省系の殖産興業的な意識に基づくものの分類体系を反映していたのに対し、文化政策の面から日本におけるものの分類体系の構築という課題に継続的に取り組んできたのが現在の東京国立博物館の前身である「博物館」である。「博物館」は、明治期の日本において、日本の旧来のものの体系と西欧近代の体系との調整を図りながら、「美術」と「工業」をめぐる分類体系の整備という課題に取り組んできた国立機関であり、その分類体系の変遷をたどっていくと、そこから「美術」と「工業」の中間領域として、「美術工芸」＝「工芸」というジャンルが成立してくる様子が浮かび上がってくる。

「博物館」の分類体系において「美術工芸」という言葉が登場したのは明治二十二年のことである。明治五年三月に文部省博物局が湯島聖堂で開催した博覧会を機に発足した同館は、その後、内務省（明治八年）、農商務省（明治十二年）と所管を換え、明治十九年三月からは宮内省の管轄となっていた。そして明治二十二年には、「博物館」から「帝国博物館」へと名称を改めるとともに、その機構についても大規模な改革を行った。

「帝国博物館」構想の基礎を作りその改革を指揮したのが、明治期の文化行政の中枢にいた宮内省顧問官の九鬼隆一（一八五二―一九三一）である。[18] 九鬼隆一は明治二十二年以来、明治三十三年まで帝国博物館の初代総長を務めることになるが、帝国博物館発足の直前、「提要」（明治二十二年三月二十七日付）において、帝国博物館を「歴史（ヒストリー）」「美術（ファインアート）」「工芸美術（アートインダストリー）」「工芸（インダストリー）」の四部体制とし、そのなかに、古文書科（ヒストリカルドキユメント）、古物科（アーキヲロジー）、風俗科（エスノロジー）、絵画科（ペインチング）、彫刻科（スクラプチユール）、建築科（アーキチクチユール）、陶磁科、漆器科、金工科、織物科、印刷科、機械科を配する組織改革案を示していた。[19] それまで「博物館」は、明治十五年三月以来、「天産部」「農業山林部」「園芸部」「工芸部」「芸術部」「史伝部」「兵器部」「教育部」「図書部」という九部体制で組織されていたのだが、[20] 帝国博物館発足にあたって九鬼隆一は、経費抑制のためという理由でもともとあった「天産」「農林」「園芸」「兵器」「教育」などの部門を廃止し、「歴史」「美術」「工芸美術」「工芸」を四本柱とする人文系の博物館として改造しようとしたのである。[21] この九鬼隆一の改革案は文化政策を通じて皇室の権威伸長を図り忠君愛国の精神を育もうとする伊藤博文（一八四一―一九〇九）の構想に根差したものだったが、[22] 結果としてはこの九鬼隆一の原案に「天産部」を加え、「歴史部」「美術部」「美術工芸部」「工芸部」「天産部」の五部体制で帝国博物館は発足することになったのだった。

ここで問題になるのは、「美術工芸部」と「工芸部」の違いである。「美術工芸部」を現在の「工芸」として、また、「工芸部」を現在の「工業」として単純に区別して整理できるわけではない。明治二十二年時点の帝国博物館の列品区分の細目を見てみると、「美術工芸部」は、金属品類、焼製品類、抹漆品類、織繍品類、玉石品類、甲角品類、木竹石類、紙革品類、写真類、図絵類の十区に、そして、「工芸部」は、工芸原料、焼製品類、玉石甲角の諸品、金属器、竹木品、抹漆護謨蝋製品類、糸織物、製紙類、携帯品類、学術上の器具、工芸雑品、建築類、舟車類、写真図絵、薬品類の一五区に細分されていた[23]。用語や区分法に微妙な違いはあるものの、「美術工芸部」と「工芸部」の各区を素材ジャンル別に照らし合わせて整理してみれば、原材料、器具、薬品類以外のほとんどのものが「美術工芸部」と「工芸部」の両方にまたがって分類されうる構造になっていたことがわかる。

「帝国博物館」の「各部分掌」（明治二十三年二月七日付）によれば、「美術工芸部」は「美術を応用する工芸の模範もしくは参考となるべき新古の物品図絵等」を、その一方で「工芸部」は「一般工芸の模範もしくは参考となるべき新古の物品およびその原料機械器具図絵等」を収集陳列保管することとされている[24]。「美術工芸」と「一般工芸」との間に区別を設け、「美術工芸」を「一般工芸」よりも格上のものとして扱っていこうとする意図がうかがえる。だが、その区別の基準というのはかなり曖昧なものだったと考えられる。というのも、明治三十年に出された『帝国博物館工芸部列品目録　全』（帝国博物館編）を見ると、一般工芸を意味する「工芸部」の所蔵品のなかに、御室焼二点（「水次　京都　御室焼　丸形唐草鳥魚渋絵宋胡録写　常備品　一個」「茶碗　京都　御室焼　薄鼠地椿花墨絵　蝟川式胤献品　一個」）、乾山一点（「鉢　京都　尾形乾山　鼠釉唐草藍絵　常備品　一個」）が記載されているからである。野々村仁清、尾形乾山という京焼を代表する名工の作品を、「美術工芸部」ではなく、あえて「工芸部」（一般工芸）に分類する何らかの理由がこの目録に記載されているデータから読み取れるわけではない。

だが、「博物館」の蔵品目録をさかのぼってみると、野々村仁清と尾形乾山の作品については、まだ創設間もない時期からすでに「芸術部」と「工芸部」の両方にまたがって分類されていたことがわかる。東京国立博物館に残されている最も古い所蔵品目録『博物館列品目録　芸術部』（明治十四年八月版、博物局）と『博物館列品目録　工芸部　一』（明治十四年八月版、博物局）で仁清と乾山の作品の帰属を確認してみると、「芸術部」には仁清が二

表１　明治14年８月時点の博物館における仁清と乾山の分類

芸術部				
第八区	陶磁器、硝子、七宝類の画			
香合	京都	唐子遊模様	野々村清兵衛製	一合
茶碗	京都	三日月模様	野々村清兵衛製	一個
角皿	京都	光琳下画人物	緒形乾山製	一枚
工芸部				
第五区	土器、陶、磁器、土石器、七宝器及び原土、原石、銹釉物料、用具機械類			
茶碗	京都	俵形	野々村清兵衛作	一個
茶碗	京都	三ケ月画	野々村清兵衛作	一個
茶入	京都	姥口形	野々村清兵衛作	一個
棗形	京都	野々村清兵衛作	一個	
蓋物	京都	網すかし組重	野々村清兵衛作	一個
茶壺	京都	梅に月の画	野々村清兵衛作	一個
茶碗	京都	白地銹気料筒形唐草画	尾形乾山作	一個
茶碗	京都	梅の画	尾形乾山作	一個
茶碗	京都	桔梗の画	尾形乾山作	一個
香合	京都	四方形虎鈕	尾形乾山作	一個
鉢	京都	小形	尾形乾山作	一枚

（出典）『博物館列品目録 芸術部 明治十四年八月』（博物局蔵版、明治15年）、『博物館列品目録 工芸部一 明治十四年八月』（博物局蔵版、明治15年）より作成

点、乾山が一点あるのに対し、「工芸部」には仁清が六点、乾山が五点収蔵されており、制作者によって「芸術」と「工芸」を区別していたわけではなかったことがうかがえる（表１）。しかも、茶碗や茶入が両者にまたがって分類されていることからも明らかなように、器種や用途によって「芸術部」と「工芸部」を区別していたわけでもなく、「芸術」と「工芸」の区別をどこに置いていたのかは不明としかいいようがない。なお、明治十四年版の「工芸部」の目録では、仁清六点、乾山五点だったのが、明治三十年版の「工芸部」の目録では、仁清二点、乾山一点に減少しているので、明治二十二年に「美術工芸部」が新設されたことによって、それまで「工芸部」に分類されていた仁清や乾山の作品のうちいくつかについては、ある時点で「美術工芸部」に配置換えされた可能性が考

えられる。

なお、「博物館」に「美術工芸部」が開設された明治二十二年以前の明治十四年版の蔵品目録を見てみると、「芸術部」の目録の冒頭には、「この区の物品はことに形状彩色模様などの優等物品を網羅し、彼我の妙技を示す」と記されているから、工芸作品に関しては同館が「優等」と認めたものを「芸術部」に分類したと考えられなくもない。「芸術部」に、尾形光琳と乾山の合作《銹絵観鷗図角皿》（図1）が分類されていることは、その可能性をうかがわせる。ところがその一方で、現在、重要文化財に指定されている仁清の優品《色絵月梅図壺》（図2）については「工芸部」の方に分類されており、必ずしも「優等物品」が「芸術部」の方に分類されていたわけでもなさそうである。さらに、仁清の色絵茶壺のように上流武家が好んだ茶道具が「工芸部」に分類されていたという事実からすると、「芸術部」と「工芸部」の区別が、たんに上層階級のための上手物と庶民階級のための日常雑器という工芸の需要層の階級を反映していたわけでもなさそうである。

このように「博物館」の設立以来、「帝国博物館」時代（明治二十二—三十三年）までの分類体系における「芸術部」と「工芸部」、そして、「美術工芸部」と「工芸部」の分類基準には不透明な部分があったのだが、その後、明治三十三年に「帝国博物館」が「帝室博物館」へと改称される際に「工芸部」が廃止となったことによって、工芸作品の分類についてはすべて「美術工芸部」に一本化されることになった[25]。とはいえ、これはそれまで「工芸部」に分類されていた作品がことごとく「美術工芸部」に配置換えされたことを意味するわけではなく、それまでに「美術工芸部」に配置転換されることなく「工芸部」に分類されたままになっていた約五千点にもおよぶ工芸品については他機関に移管されることになった。明治二十九年には、かつて博物館創設に尽力し、博物局長も務めた貴族院議員の田中芳男（一八三八—一九一六）が帝国議会において、帝国博物館とは別に、新たに、殖産

図１　尾形光琳・尾形乾山《銹絵観鷗図角皿》（東京国立博物館所蔵）
明治14年８月の目録では「芸術部」に分類された

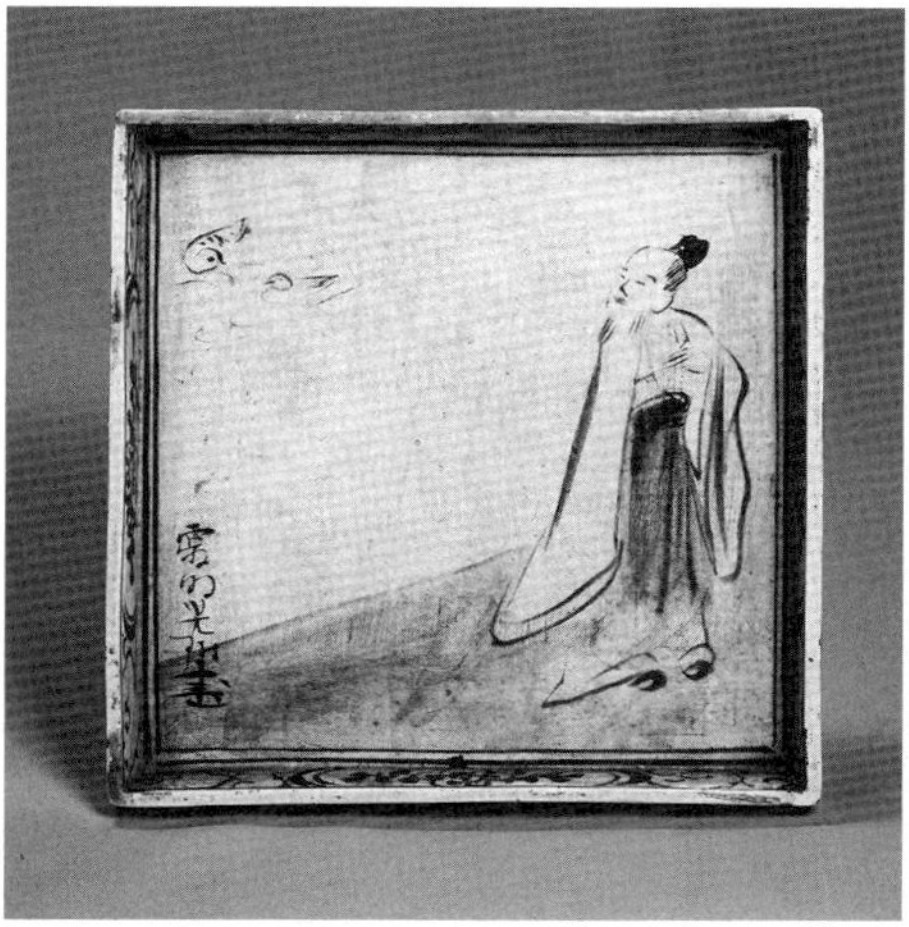

図２　野々村仁清《色絵月梅図壺》（東京国立博物館所蔵）
明治14年８月の目録では「工芸部」に分類された

表２　東京国立博物館各部の編成とその所蔵点数の推移

<table>
<tr><th></th><th>博物館
（明治８-22年）</th><th>帝国博物館
（明治22-33年）</th><th>帝室博物館
（明治33- 大正11年）</th></tr>
<tr><td rowspan="3">部　名
所蔵点数</td><td rowspan="2">芸術部
1,843点</td><td>美術部
5,944点</td><td>美術部
6,306点</td></tr>
<tr><td>美術工芸部
908点</td><td>美術工芸部
1,321点</td></tr>
<tr><td>工芸部
16,544点</td><td>工芸部
6,954点</td><td>＊明治33年工芸部廃止、
4,731点を他機関に移管</td></tr>
</table>

（註）各覧下段の数字は、それぞれ明治18、30、33年時点の各部の所蔵点数
（出典）『東京国立博物館百年史』（東京国立博物館、昭和48年）214・278・327頁より作成

興業を目的とする工業関係者のための工業博物館の設置を提案していた[26]のは、帝国博物館の方向性の転換によって同館から放出される「工芸品」の受け皿としての意味もあったと思われる。ところが結局は、その実現を見ることもないまま、明治三十五年から三十六年にかけて、農商務省に四三三八点、東京帝国大学工科大学に二九点、東京高等工業学校（現在の東京工業大学）に二四四点、京都帝室博物館（現在の京都国立博物館）に八一点、内務省に三九点、計四七三一点もの工芸品が移管され、「美術工芸」以外の工芸品については「帝室博物館」から一掃されることになったのだった[27]。その結果、「美術」と「工業」の中間領域として、「美術工芸」、すなわち現在の「工芸」へとつながるカテゴリーが帝国博物館の分類体系において公式に創出されることになったのである。

帝国博物館における「美術工芸部」設置（明治二十二年）とその後の「工芸部」廃止（明治三十三年）とは、それまで博覧会事業と連携しながら、殖産興業的な性格を多分に備えていた「博物館」から、文化政策の重要拠点としての「美術博物館」へと方向転換したことを反映している。明治五年に湯島聖堂で開催された博覧会を機に文部省の管轄下に設立された「博物館」は、その後、内務省、農商務省と所管を変え、明治十九年に宮内省管轄となってからは、次第に殖産興業的な色彩を薄め、国民意識の統合を促すための文化的

拠点としての役割を担う「美術博物館」としての性格を前面に押し出すようになったのであり、同館の分類体系における「美術工芸部」創設と「工芸部」廃止とは、そうした同館の性格の変化を反映しているのである。

以上、眺めてきたように、明治期の東京国立博物館の「美術」「美術工芸」「工芸」に関する分類体系を図式的に整理すると表2のようになる。当初、「博物館」時代（明治五―二十二年）、陶磁、漆工、金工など工芸作品の帰属先は「芸術部」と「工芸部」に二分されていたが、「帝国博物館」時代（明治二十二―三十三年）には「美術工芸」という分類区分が創設されたことによって、今度は「美術工芸部」と「工芸部」に二分されることになり、さらにその後の「帝室博物館」時代（明治三十三年―）には既存の「工芸部」が廃止されたことによって、工芸作品の帰属先は「美術工芸部」に一本化されるとともに、殖産興業を目的として収集された工芸品はそのコレクションから排除されることになった。ここで重要なことは、殖産興業的な「博物館」から、国民意識の統合を促すため、すなわち、ナショナリズムの強化を促す文化的拠点として、「美術博物館」へと方向転換を図った帝国博物館の分類体系において、「美術」と「工業」の中間に位置する領域として「美術工芸」すなわち「工芸」というジャンルが創設されたことである。

三　「工芸」というジャンルの成立――明治二十年代

帝国博物館の分類体系において「美術工芸」という言葉が公式に使われるようになった明治二十二年（一八八九）とは、大日本帝国憲法が制定された年でもあった。憲法制定を機に「日本」という国家の骨組みが整備され、「日本国民」という意識がようやく定着を見せたのが明治二十年代なのである。

明治初頭に出版された『学問のすすめ』(第四編、明治七年)で福沢諭吉(一八三五―一九〇一)は、「日本にはただ政府ありて未だ国民あらずと言うも可なり」と述べて、「国民《ネーション》」不在という、明治初頭の日本の現実を嘆じている。(28) 慶応四年(一八六八、明治元)九月八日を境に明治へと改元されたことによって明治時代が幕を開けたとはいえ、それと同時に、突如として「日本国民」が誕生したわけではなかった。藩が実質的な行政単位として機能していた江戸時代には、「国」といえば藩を意味しており、その背後にある「日本」が見えにくいという状況にあったから、徳川幕府から朝廷に政権が返上されて明治政府が発足し、廃藩置県(明治四年)が行われて中央集権的な政治体制が樹立されたからといって、すぐに人々の間に「日本国民」としての自覚が芽生えたわけではなかったのである。(29)

福沢諭吉は、西欧列強による支配を受けることなく日本の独立を維持するために、「全人民の脳中に国の思想を抱かしめる」こと、すなわち、日本人に国家という観念を植え付け、「日本国民」を創出することを明治日本の喫緊の課題として認識していた。(30) 国民一人一人が国家を自己のものとして身近に感じ、その命運を自分自身のものとして意識するような国家でなければ、日本の独立を維持することなどできないというのが福沢諭吉の国家観だったが、(31) 明治初頭における政府の努力もまた、さまざまな社会システムの整備を通じて、日本という「共同体」の輪郭線を描き出し、「日本国民」を創出することに向けられていた。

明治初頭、日本政府は西欧列強をモデルとして、教育、軍隊、税制、通貨、郵便、新聞などの制度を矢継ぎ早に整備し、人々を取り巻くもろもろの社会システムの大規模かつ急激な転換を強行した。明治四年には日本軍を創設し、明治六年からは徴兵制を実施した。明治五年には学制を発令して全国共通の近代教育システムを創設した。そして、明治四年に新通貨として円を制定し、明治六年の地租改正によって税制改革を行い、近代資本主義体制への財政基盤を築いた。また、明治四年には前島密（一八三五―一九一九）によって郵便制度が導入され、その翌年、全国展開が図られた。そして、明治三年には日本最初の日刊紙『横浜毎日新聞』が創刊され、明治五年には『東京日日新聞』が創刊された。

こうした社会システムやコミュニケーション網の整備を通じて日本という「共同体」の輪郭線が描き出され、その範囲内に住む人々が次第に自らを「日本国民」として意識するようになるのだが、吉野作造（一八七八―一九三三）によれば、日本人が「日本国民」として共通の感情を抱くようになるまでには、明治維新から二十年ほどの歳月を要したという[32]。つまり、吉野作造もまた「日本国民」という意識が確立されたのは、大日本帝国憲法が制定され、日清戦争（明治二十七、二十八年）が勃発した明治二十年代のことと見なしているのである。

「日本国民」という意識が確立された明治二十年代とは、大日本帝国憲法制定（明治二十二年二月）を機に日本の正式な国名が大日本帝国となるとともに、帝国議会が開設され（明治二十三年十一月）、立憲君主制の近代国家としての骨組みが整備された時期でもある。そして、東京帝国大学（明治十九年に東京大学から改称）、帝国博物館（明治二十二年に博物館から改称）、帝国図書館（明治三十年に東京図書館から改称）などの主要な文教機関の名称に「帝国」の二字が冠された。「帝国」という言葉が示すように、皇室をその中心軸に据え、その権威伸長と文教政策が結び付いて展開していったのである。さらに、明治二十三年四月には神武天皇を主祭神とする橿原神宮が創建され、同年十月には教育勅語が発布されてもいる。

帝国博物館の分類体系において、「美術工芸」という言葉が登場し、「工芸」というジャンルが公的に成立したのが明治二十二年だったことは、「工芸」というジャンルが、「日本国民」という意識の確立、すなわち、明治二十年代のナショナリズムの高揚という時代背景のなかで概念形成されてきたことを意味している。

明治維新を経て実権を掌握した藩閥政府は、日本の近代化のために欧化主義を推し進めてきたのだが、自由民権運動の時代を経て、明治二十年代には、あらためて明治政府がめざす近代化のあり方が問い直されるようになる。不平等条約改正を目的として明治十六年に設置された鹿鳴館は、日本の欧化主義政策の象徴といえるが、その卑屈な外交姿勢に対する批判が高まり、明治二十一年には廃止に追い込まれたように、明治二十年代に入ると、鹿鳴館に象徴される迎合的ともいえる外交姿勢に対する批判が高まりを見せ、欧化主義への反動、そして、ナショナリズムが台頭を見せることになるのである。

ナショナリズムが高揚を見せた明治二十年代には、日本主義的な性格の新聞雑誌が相次いで創刊されている。明治二十一年には志賀重昂《しげたか》（一八六三—一九二七）や三宅雪嶺《せつれい》（一八六〇—一九四五）によって雑誌『日本人』が創刊され、翌明治二十二年には陸羯南《くがかつなん》（一八五七—一九〇七）によって新聞『日本』が創刊された。こうした明治二十年代のナショナリズムについては国粋主義と呼ばれ、欧化主義に抗う保守反動勢力の台頭として捉えられる傾向があるのだが、その根底にあったのは、近代化と西欧化を不可分なものとして捉えてきた日本の近代化の行き方を問い直し、西欧化とは異なる日本独自の近代化の道を模索していこうとする意志だった。丸山真男（一九一四—九六）が分析しているように、陸羯南の提唱した日本主義は、日本国民の個人的自由と国家権力が正しく均衡を保った立憲君主制であり、近代化＝西欧化というそれまでの欧化主義を問い直し、デモクラシーとナショナリズムの結合を基軸として日本の近代化の正しい道を探ろうとする健全なナショナリズムだった。(33)

明治の初めに生まれ、ナショナリズムが高揚を見せた明治二十年代に思想形成をした夏目漱石（一八六七—一九一六）、西田幾多郎（一八七〇—一九四五）、鈴木大拙（一八七〇—一九六六）、津田左右吉（一八七三—一九六一）らの思想の根底には、「日本の近代化とはいかにあるべきか」という論点がつねに一貫して流れていたように、(34)同じく明治の初めに生まれ、明治二十年代に東京美術学校に学んだ工芸家――六角紫水《しすい》（一八六七―一九五〇）、板谷波山（一八七二―一九六三）、香取秀真《ほつま》（一八七四―一九五四）らもまた、同じような問題意識を共有していたと見なすことができそうである。

開校四年目の明治二十五年に東京美術学校に入学した金工家の香取秀真は、明治から大正時代にかけての工芸界を回顧した文章（「明治大正期の工芸」『美之国』昭和二年八月）の冒頭で、千葉の佐倉から東京美術学校入学をめざして東京に出てきた明治二十四年当時の状況を回想し、次のように述べている。

　ちょうどその頃は国粋保存の叫びが燎原の野を焼く火のようにさかんな時期《エポック》で、その国粋保存の世論を結晶せしめたかの観を鋭くしていた『新聞日本』はその初号を明治二十二年紀元節の憲法発布当日に公刊されたのであった。従って自覚した日本国民の心あるもののほとんど総てが国粋主義に目醒めていたと言っても過言ではなかった。更に我々の美術工芸方面から徴して見ても、明治二十二、三年にかけては、第三回内国勧業博覧会開設、東京美術学校開校、帝国博物館開館、宝物取調局設置、帝室技芸員設置、等の文化的施設が逞しくされ、明治文化はそのひたむきな発展の途上にある。明治的明治、即ち個性的明治文化の色彩はこの頃から漸く鮮明にされ、独立の地歩を占めてきたものと言い得るだろう。(35)

この回想からは、明治二十年代、開校してまだ間もない東京美術学校に学んだ若き日の香取秀真が、ナショナリズムの高揚のただなかにいることをはっきりと自覚していたことが、また同時に、そのような潮流のなかで、日本の近代化のあるべき姿というものを模索する明治人としての気概をも背負い込むことになったことがうかがえる。

明治二十年代、東京美術学校長を務めていたのは岡倉天心だった。岡倉天心は東京大学卒業後、明治十三年に文部省に入省し、九鬼隆一がアメリカ公使として渡米する明治十七年までの間、文部省で九鬼の腹心として文化行政をともに推進してきた。明治二十二年に開校した東京美術学校においては、「本邦固有の美術を振興する」という方針のもと、欧化主義を排し、日本の伝統的な技芸に根差す日本画、木彫、牙彫、彫金、鋳金、蒔絵などが教えられていた(36)。そのような教育環境のなかで岡倉天心の薫陶を受けつつ思想形成を行った工芸家――六角紫水、板谷波山、香取秀真らのその後の歩みを考えてみると、彼らもまた、欧化主義と国粋主義の振幅のはざまで、「日本の近代化とはいかにあるべきか」という問題意識をつねに根底に据えつつ、歴史研究を通じて日本固有のものを模索し、制作活動を展開していった工芸家と見なすことができる。

このように、明治二十年代、ナショナリズムの高揚を背景に、西欧近代をモデルとする欧化主義に抗い、日本独自の近代化の道を探ろうとする機運が高まりを見せるなかで造形ジャンルとしての「工芸」が成立したことを考えあわせてみると、「工芸」とは、西欧から輸入された「美術」概念に対抗しうる日本独自の造形分野として、しかも、「日本の近代化とはいかにあるべきか」という問いを含みつつ、成立を見せることになったジャンルとして捉えることができるといえるだろう。

四　殖産興業から技芸保護へ――帝室技芸員制度

「美術工芸」という言葉が公式に使われるようになり、「工芸」というジャンルが公式に成立を見せた明治二十年代前半とは、工芸に関する政策転換の時期でもあった。「美術工芸」という言葉が、まずは帝国博物館や東京美術学校において使われるようになったことが示すように、明治二十年代前半になると、それまで博覧会事業を通じて影響力を及ぼしてきた農商務省にかわって、宮内省や文部省が工芸に対する影響力を高めるようになる。[37]「美術工芸」という言葉の出現とは、工芸に関する政策の目的が、殖産興業から技芸保護へ、輸出振興から国民意識の統合へというように、ナショナリズムの強化を促す方向へと転換し、産業政策としてよりもむしろ文化政策としての重要性を帯び始めたことを示すものといえる。

明治初頭以来、欧米でのジャポニスムの流行を背景に、日本は工芸品の輸出を順調にのばしてきた（表3）。明治十年代から二十年代にかけて、日本の輸出総額のなかで陶磁器や漆器などの工芸品は比較的大きなウエイトを占めていたことから、明治政府はその殖産興業政策においても、工芸の輸出を重要な柱のひとつとして位置づけ、例えば「温知図録」（明治九―十四年頃）に見られるように、図案指導を通じた工芸振興策を推進してきた。[38]ところが、明治十年代後半、日本経済が深刻な不況に見舞われると、政府は特権的政商資本への資金給付を強化して機械制工場の建設を後押しする一方、工芸的手工業については零細な手工業者にゆだねたまま近代化策を講ずることなく放置したために、粗製濫造が横行し、陶器や漆器などの工芸品に対する海外での評価が失墜してしまった。[39]また、かつてウィーン万博（明治六年）を機に設立された起立工商会社《きりゅうこうしょうかいしゃ》も、政府の財政支援が途絶えたことによって経営難に陥り、明治二十四年（一八九一）には解散に追い込まれた。[40]さらに、明治二十年代には、繊維工業が日本の輸出産業として大きく成長を遂げたために、工芸の輸出産業としての地位は相対的に低下し、海外への輸出振興に軸足を置いた工芸政策は大きな曲がり角を迎えていたのである。

明治二十三年に美術工芸科を開設した東京美術学校は、加納夏雄（一八二八―九八）、海野勝珉《しょうみん》（一八四四―一

（表３つづき）

1904	37	319,260,896	3,873,021	220,140	309,192	1,023,293	174,804	日露戦争 セントルイス博
1905	38	321,533,610	5,324,344	300,796	402,530	1,234,021	230,128	
1906	39	423,754,892	7,942,927	240,705	448,993	1,721,531	299,850	
1907	40	432,412,873	7,216,034	146,813	420,040	1,643,154	246,668	第１回文展
1908	41	378,245,673	5,078,222	95,330	227,017	957,674	154,126	
1909	42	413,112,511	5,257,832	92,774	304,815	925,670	176,528	
1910	43	458,428,996	5,513,923	114,841	380,680	1,109,838	202,684	日英博覧会
1911	44	447,433,888	5,377,705	109,843	400,405	1,184,252	251,620	関税自主権回復

（出典）『日本貿易精覧』（東洋経済新報社、昭和10年）より作成

九一五）、大島如雲《じょうん》（一八五八―一九四〇）、小川松民（一八四七―九一）ら明治を代表する名工を教員として迎え、金工（彫金）と漆工（蒔絵）の専修科を開設した。東京美術学校はその理由を、刻々と滅び行く名工の妙技を後世に伝えるという当面の急務に対処するため、としていることからもうかがえるように[41]、同校における美術工芸科の設置は、殖産興業から技芸保護へというこの時代の工芸をめぐる政策転換を素直に反映するものといえそうである。

「技芸」という言葉は、帝室技芸員制度（明治二十三年）とともに近代美術史上に登場する。帝室技芸員制度とは、西欧の宮廷美術家制度にならい、皇室の名のもとに美術家を保護することを目的として発足したもので、帝室技芸員には終身の名誉職としての地位と年金が下賜されるとともに、宮中の装飾品や外国王室への贈答品の制作を任されるなど、戦前までの工芸家にとっては最も名誉ある地位だった。明治二十三年の制度開始以来、昭和十九年（一九四四）までに計七九名の美術家および工芸家が帝室技芸員として任命されたが、その内訳を見ると、工芸家（二四名）と日本画家（三八名）が大半を占めていた。

皇室による美術家の保護奨励を目的とする同制度において、「技芸」という古風な言葉が使われるようになった背景には、「美術」と「工芸」を

表３　明治期の工芸の輸出額

西暦	明治	輸出総額(円)	陶磁器(円)	七宝器(円)	青銅製品(円)	漆器(円)	象牙製品(円)	
1868	1	15,553,473	23,014	—	323	17,065	—	
1869	2	12,903,978	4,704	—	—	1,910	—	
1870	3	14,543,013	26,236	—	899	43,199	—	
1871	4	17,968,609	22,354	—	1,765	60,387	—	
1872	5	17,026,647	45,531	—	17,630	88,029	—	
1873	6	21,635,441	116,481	—	42,489	159,445	—	ウィーン万博
1874	7	19,317,306	108,675	—	24,987	223,201	—	
1875	8	18,611,111	113,224	—	25,621	167,880	—	
1876	9	27,711,528	73,791	—	12,764	116,894	—	フィラデルフィア万博
1877	10	23,348,522	120,853	—	24,577	185,262	—	第１回内国勧業博覧会
1878	11	25,988,140	169,100	—	23,137	148,597	—	パリ万博
1879	12	28,175,770	307,039	15,698	41,515	277,730	—	
1880	13	28,395,387	474,579	61,291	60,105	449,645	5,327	
1881	14	31,058,888	711,351	80,703	91,782	525,415	16,089	第２回内国勧業博覧会
1882	15	37,721,751	578,641	52,535	87,160	555,304	27,183	
1883	16	36,268,020	543,768	27,355	99,257	519,723	28,478	
1884	17	33,871,466	525,933	32,926	129,166	451,666	28,599	
1885	18	37,146,691	695,269	23,471	125,535	467,521	23,481	ニュルンベルク金工博
1886	19	48,876,313	1,002,384	31,755	193,231	589,170	31,787	繭糸織物陶漆器共進会
1887	20	52,407,681	1,311,901	39,497	228,172	630,725	28,134	
1888	21	65,705,510	1,295,316	29,162	205,782	589,649	42,095	『芸術の日本』創刊
1889	22	70,060,706	1,449,888	19,868	229,314	628,466	35,832	パリ万博
1890	23	56,603,506	1,245,957	36,109	181,117	572,157	35,436	第３回内国勧業博覧会
1891	24	79,527,272	1,287,027	43,917	204,531	577,372	49,837	
1892	25	91,102,754	1,480,411	59,225	213,522	528,075	58,414	
1893	26	89,712,855	1,577,191	71,943	190,501	708,992	84,651	シカゴ博
1894	27	113,246,086	1,484,854	95,803	183,688	797,539	98,286	日清戦争
1895	28	136,112,178	1,955,060	132,191	229,291	1,083,212	106,599	第４回内国勧業博覧会
1896	29	117,842,761	1,974,854	135,809	180,318	948,734	89,820	
1897	30	163,135,077	1,819,061	130,537	183,022	767,401	107,675	
1898	31	165,753,753	1,990,781	136,915	207,346	782,933	92,956	
1899	32	214,929,894	2,181,336	146,196	230,143	988,662	106,641	
1900	33	204,429,994	2,471,904	188,574	208,174	1,066,390	105,344	パリ万博
1901	34	252,349,543	2,491,668	250,716	226,791	994,654	181,290	
1902	35	258,303,065	2,461,544	183,537	328,309	889,079	213,886	
1903	36	289,502,442	3,169,009	241,598	366,128	852,683	247,287	

分断し、「工芸」を「美術」に対して相対的に下位に置かずにはおかない西欧の「美術」観への対抗意識があった。(42) すなわち、「技芸」とは、絵画や彫刻などの「美術」と、陶磁や金工などの「工芸」を同等のものと見なしうる日本の旧来の価値観を示すために使われるようになった言葉であり、そこには美術と工芸を同格のものと見なそうとする日本独自の「美術」観が反映されていた。

もっとも、身分制度が社会の諸制度や習慣にいたるまで厳しく張り巡らされていた江戸時代には、「工芸」の世界のなかにも、階級意識が歴然と存在していた。だがそれはジャンル間の格差というよりも、その需要者側の社会的階層を反映したものだった。古来日本においては、神社仏閣に献納するための宝物、あるいは、天皇、将軍、公家、大名など支配層の儀礼や贈答品を請け負う高級なものづくりの系譜があり、そうした上手物の制作に従事する職人は名字帯刀を許される場合もあるなど、社会的地位は高く、その職に高い自負心を持っていた。

明治二十九年、東京美術学校で彫金を教えていた加納夏雄、海野勝珉、向井繁太郎の三名が、校長岡倉天心あてに連名で提出した「意見書」（明治二十九年二月十八日）はそうした階層意識が明治になってもまだ根強く残っていたことを如実に物語っている。(43) この「意見書」で加納夏雄らは、室町時代の彫金家後藤祐乗以来の装剣彫刻の系譜をひく「美術彫刻」と、建物の装飾金具や置物などを作る「道具彫」とは別格の職能で、その彫刻法には歴然とした違いがあるにもかかわらず、廃刀令（明治九年）以後、「美術彫刻」を行っていた彫金家も花瓶、香炉、置物などを制作して博覧会に出品するようになったがために、格下の「道具彫」と同等にされてしまっているという現状に対する不快感と憂慮を訴えている。そのうえで加納夏雄らは、「美術彫刻」と「道具彫（工芸彫刻）」との区別を明確にするために、東京美術学校においては、「工芸」という賎しむべき名称の使用をやめ、たんに「彫金科」として欲しい、と要望しているのである。

図3　加納夏雄《梨地水龍瑞雲文蒔絵宝剣拵「水龍剣」》
（東京国立博物館所蔵）
明治5年に行われた正倉院宝物修理の際、宝物を鑑賞した明治天皇が、刀身だけが残されていた聖武天皇の佩剣と伝えられるこの直刀を手元に留め、加納夏雄に装剣金具の制作を依頼。「水龍剣」と号して佩用した

この「意見書」には、装剣彫刻で身を立ててきた加納夏雄らが、明治維新後も高い自負心を持って彫金の仕事に取り組んでいたことがはっきりと示されている。文政十一年（一八二八）に生まれ、四十歳で明治維新を迎えた加納夏雄は、維新後も、明治政府の造幣寮における新貨幣の原型制作や、明治天皇の佩刀《はいとう》「水龍剣」の拵《こしらえ》（図3）の制作を拝命するなど、刀剣装飾で磨いた高度な彫金技法を駆使して、新政府や皇室に関わる仕事を引き受けてきた彫金家であり、明治二十一年には帝室技芸員の前身である「宮内省工芸員」にいち早く任命された。その後、「宮内省工芸員」が「宮内省技芸員」へと改称され、さらに、明治二十三年には「帝室技芸員」という名称に変更されたのだった。「工芸員」から「技芸員」へと名称変更されているように、「技芸」の名のもとに美術家と工芸家を同等に処遇する帝室技芸員制度には、西欧からの「美術」概念の導入に伴う「美術」と「工芸」の分断と階層格差の発生という事態のなかで、不本意にも格下と目されることになった工芸家に、画家や彫刻家と同等の地位を与え、その体面を保とうとする側面もあったと考えられる。

ところで、皇室と技芸保護を結び付ける帝室技芸員制度の創出を提言したのは、直接的には、工芸の輸出振興策を推進してきた日本美術協会（龍池会）の河瀬秀治（一八四〇—一九二八）や佐野常民（一八二二—一九〇二）らだった。(44) 河瀬秀治は、明治十三年三月大蔵卿大隈重信（一八三八—一九二二）にあてて、帝室の保護による美術家優遇制度を提言、その後、「帝室

ノ保護ヲ以テ直接ニ美術工芸ヲ奨励スルノ必要ヲ論ス」(『国華』第三号、明治二十二年十二月)を発表して宮内省直轄の工人に手当を支給して名工を養成することを提案しており、日本美術協会会頭の佐野常民も宮内大臣あてに上申書を提出している。

帝室技芸員制度に見られるような皇室による「技芸」の保護という構想については福沢諭吉の著述にも認められる(45)。福沢諭吉は明治十四年に国会開設の詔《みことのり》が発せられたことを受け、立憲君主制における皇室の役割について「帝室論」(明治十五年)において論じているが、そこで福沢諭吉が訴えたことのひとつが皇室による「技芸」の保護であった。書画、彫刻、剣槍術、馬術、弓術、柔術、相撲、水泳、諸礼式、音楽、能楽、囲碁将棋、挿花、茶の湯、薫香、大工左官の術、盆栽植木屋の術、料理割烹の術、蒔絵塗物の術、織物染物の術、陶器銅器の術、刀剣鍛冶の術などの「技芸」は、日本固有の文明の富として世界に誇るべきものであり、栄誉の源泉たる皇室が勲章や年金を与えてこうした「技芸」を奨励することが、それらを断絶から救済するだけでなく、皇室に対する尊厳神聖な気持ちをいっそう高めることになると福沢諭吉は早くから訴えていたのである(46)。

明治二十三年に帝室技芸員制度が始まるが、帝室技芸員を任命するための選択会議の議長を務めたのは、宮内省顧問官で、帝国博物館総長の職にあった九鬼隆一だった。慶応義塾で福沢諭吉の薫陶を受け、明治五年に文部省に入省して以来、主として文化行政に手腕を発揮してきた九鬼隆一は、アメリカ公使(明治十七—二十年)を経て帰国してからは宮内省に籍を置き、そこでも文化行政を担った。その九鬼隆一の文化政策の根底にあったのが、福沢諭吉が「帝室論」や「尊王論」(明治二十一年)で示した皇室を中心軸に据えた文化的統合論、すなわち、日本固有の技芸の保護を皇室が担うことが皇室の権威伸長に結び付くだけでなく、国民意識の統合を促し、国民の愛国心を喚起することにもなるという理念だった(47)。

五　「美術工芸」による国威発揚――シカゴ博とパリ万博

帝国博物館総長および臨時全国宝物取調局の委員長を務めるなど、明治二十年代を通じて文化行政の中枢にいた九鬼隆一（図4）は、国内的には、帝国博物館における「美術工芸部」創設や帝室技芸員制度を通じて、「美術工芸」を日本独自の「技芸」、すなわち、絵画や彫刻と同等のものとして位置づけて国民意識の統合を促す一方で、対外的には博覧会の出品を通じて「美術工芸」を日本独自の「美術」として宣揚し、国威を発揚しようとした。それが具体的に示されたのは明治二十六年（一八九三）のシカゴ・コロンブス世界博覧会（シカゴ博）と明治三十三年のパリ万国博覧会における出品作の委嘱制作事業であった。九鬼隆一は万国博覧会に日本の「美術工芸」の優品を送り込み、それらを「美術」として国際社会に認めさせようと画策したのである。

図4　九鬼隆一

明治二十四年十二月、九鬼隆一は臨時博覧会事務局副総裁に就任し、明治二十六年にアメリカで開催されるシカゴ博の実質的な総括者となった(48)。このシカゴ博参加にあたって、日本の博覧会評議員会議（明治二十四年十二月）は、日本の「美術工芸」を美術部門に展示することを強く要望していくことを決議した(49)。というのも、日本の「美術工芸」を国際社会において「美術」として公認させることは、日本を欧米諸国と同等の「一等国」として認めさせることと同じ意味を持つと認識されていたからである。そのため、臨時博覧会事務局は、優れた「美術品」の制作を後押しするために、一般公募とは別に、工芸家を含む約八〇名の著名な美術家に対して「絵画の趣致を示すを目的としたる物」の制作を委嘱し、政府がその制作費を拠出して買い上げたうえで出品するという方針を決めた。政府が国費を使った「御用品」の委嘱制作という手段を取ったのは、臨時博覧会事務局総裁を務めた農商務大臣後藤象二郎が述べているように、万博参加による貿易振興とはあくまでも間接的な目的であり、主目的はわが国最良の「美術品」を美術部門に展示することによる国威発揚にあったからだった(50)。

シカゴ博を主催するアメリカ側の博覧会事務局との交渉を託され、一足早く現地入りした東京工業学校長の手島精一（一八五〇―一九一八）は、シカゴ博の美術部長ハルセー・アイヴスに対して、「日本美術は泰西美術とその趣致および発達を異にする」と主張し、日本からの美術部門への出品物に対する規定の変更を申し入れた(51)。これに対してアイヴスは、明治二十五年三月、日本固有の事情を尊重するとの回答を示し、日本側の裁量で美術部門に出品する「美術品」を選定することが認められることになった。

これにより日本側は、絵画や彫刻だけでなく、陶磁、金工、七宝、蒔絵、染織などのうち、「高等美術に属すると認むべき」ものについては、日本側の裁量で美術部門に出品することが可能となった(52)。その結果、涛川惣助（一八四七―一九一〇）による無線七宝の額面作品《七宝富嶽図額》（図5）や鈴木長吉（一八四八―一九一九）の《十二の鷹》（図6）など、現在では「工芸」に分類される作品が、「絵画」あるいは「彫刻」として、美術部門に展示されることになったのである。つまりシカゴ博は、日本側の臨時博覧会事務局の働きかけが功を奏し、日本の「美術工芸」が「美術」として公認された画期的な博覧会だったのである。シカゴ博に出品されたこれらの「御用品」は、シカゴ博終了後の明治二十七年三月に帝国博物館に受け渡され、現在の東京国立博物館には九四件、

図５　涛川惣助《七宝富嶽図額》(東京国立博物館所蔵)

図６　シカゴ・コロンブス世界博覧会の美術館日本出品場会場に展示された鈴木長吉の《十二の鷹》

京都国立博物館には七件の「御用品」が収蔵されている。

シカゴ博の七年後に開催された明治三十三年のパリ万博においても九鬼隆一は臨時博覧会事務局副総裁を務めるが、今度は皇室の威光を仰ぎ、帝室技芸員らに「御下命品」の制作を委嘱し、再び「美術工芸」を美術部門に出品しようと画策した[53]。

当初は、フランスから布告された「総則」に従い、明治三十三年に開催されるパリ万博の美術部門に出品できる「美術品」については、絵画、版画、彫塑、建築デザインに限るという規定が示されていた[54]。ところが、それから半年後、その出品規定に日本側で独自の解釈が加えられ、臨時博覧会事務局告示第四号（『官報』第四一五七号、明治三十年五月十四日）においては、「美術品」の語が「美術品及美術工芸品」と改められ、日本国内での準備段階では「美術工芸品」については「美術品」と同等に扱うという指針が示された[55]。日本独自に「美術品」の拡大解釈を行ったのである。

明治三十年六月、九鬼隆一は、宮内次官田中光顕に、当時帝室技芸員に任命されていた一九名全員に対して明治天皇の御下命による出品作の制作を進言した[56]。これを受けて、宮内省は同年八月十日に帝室技芸員全員を招集、その説明会において九鬼隆一は、日本の国際社会における地位を強固なものにするために、美術による平和的戦闘で勝利して「皇徳を宇内《うだい》（世界）に宣揚」する必要があると述べて御下命制作の趣旨を説明した[57]。最終的には、帝室技芸員一三名を含む総勢二三名の当時の日本を代表する美術家および工芸家が宮内省の命を受けてパリ万博に出品する「御下命品」の制作を行うことになった[58]。

「御下命品」の制作にあたっては、図案段階での修正指導が九鬼隆一と宮内省調度局長によって行われた。例えば、並河靖之（一八四五―一九二七）の《七宝黒地四季花鳥模様花瓶》（口絵1）の図案に対しては、細部の描写に少し工夫を加え、濃墨の樹木の奥に薄墨で描いた遠景に取捨を加えるようにすべき、という具体的な指導がなされている[59]。そうした修正を経て、正式に宮内省と各作家との間で契約が交わされ、製作費二五〇〇円（総額三万八五九〇円）が宮内省から支給された。明治三十年十月から十一月にかけて美術家および工芸家は制作に着手、そして、明治天皇の期待に応えるべく、明治三十二年九月十五日の納期をめざし、およそ二年の歳月をかけ、精魂込めてパリ万博の出品作の制作に取り組んだ。その結果、明治工芸の粋ともいうべき優品の数々が作り出されることになったのである。

九鬼隆一の「皇徳を宇内に宣揚」するという発言からもうかがえるように、パリ万博に向けて帝室技芸員らによって制作された「御下命品」は、シカゴ博の前例に倣い、西欧の「美術」概念に挑戦する日本独自の「美術品」として、日本の国威を発揚すべく、美術部門への出品を想定して制作が進められていたのである。ところが、明治三十一年三月、西園寺公望（一八四九―一九四〇）や伊藤博文の強い後押しを受けて、パリで美術商を営んでいた林忠正（一八五三―一九〇六）がパリ万博の事務官長に就任すると[60]、再び日本側の出品規定の解釈の見直しが行われ、臨時博覧会事務局告示第七号（『官報』第四四五一号、明治三十一年五月五日）で「美術品」は「美術作品」に、「美術工芸品」は「優等工芸品」に改められた。この改正された出品規定では、「美術作品」とは、あくまでも「純正なる美学の原則に基づき、各自が意匠と技能とを発揮すべきものなれば、出品物は作者の創意製出せしものに限る」と規定された。すなわち、「美術作品」とは作者自身が考案し制作したものであることが基本条件となったのである。日本の臨時博覧会事務局が自発的に「美術作品」の出品規定の改正をあらためて行ったのは、パリ万博の美術部門の企画意図が、西欧の保守的美術観に支配されたものであることを深く認識していた林忠正が、日本とフランスの美術観の相違によってもたらされる摩擦をあらかじめ回避しようとしたためとされる[61]。この出品規定の改正により、かつてシカゴ博で示された「高等美術に属すると認むべきもの」という曖昧な出品基準が否定され、基本的には「美術工芸」は国内鑑査の段階においても、「美術品」として鑑査を受けることすらできなくなってしまったのである。そして、「美術工芸」は「優等工芸品」として出品されることになったのだが、あくまでもそれは装飾美術品ないし工業製品としての扱いだった。

そのため、「御下命品」のうちパリ万博の美術部門（第二部）に出品されたのは、橋本雅邦（一八三五―一九〇八）、川端玉章（一八四二―一九一三）、望月玉泉（一八三四―一九一三）、今尾景年（一八四五―一九二四）による日本画四件、伊藤平左衛門（一八二九―一九一三）の建築図案一件、高村光雲（一八五二―一九三四）、石川光明（一八五二―一九一三）、海野勝珉による「彫刻」三件の計八件にとどまった。そして、それ以外の「御下命品」一五件については、美術部門ではなく、「室内装飾（第十二部）」、「原絲織物被服（第十三部）」、「各種工業（第十五部）」の各部門に装飾美術品ないし工業製品として出品されることになった。例えばシカゴ博では「絵画」として七宝の額面作品を出品した涛川惣助が、パリ万博に「御下命品」として精魂込めて制作し出品した《墨画月夜深林図額》（図7、原画：渡辺省亭）がやはり額縁を備えた絵画作品のような形態を取っているのは、「絵画」として美術部門に出品することを想定したものだったからだと考えられる。ところが、実際に出品されたのは「各種工業（第十五部）」部門であり、大賞を受賞したとはいえ、必ずしもそれは美術作品としての評価というわけではなかった[62]。また、海野勝珉の《太平楽置物》（図8）は、明治期の彫金技術の粋を示す優品だが、パリ万博では「彫刻」として美術部門に出品されはしたものの、同部門では受賞することはなかった[63]。

一方、パリ万博の会期中には『稿本日本帝国美術略史（*Histoire de l'Art du Japon*）』（明治三十三年、日本語版：農商務省、国華社、明治三十四年）がフランス語で出版され、「世界の公園」であり「東洋の宝庫」を自認する日本の

図7　涛川惣助《墨画月夜深林図額》
（宮内庁所蔵）
渡辺省亭の原画に基づいて制作。墨色の微妙な諧調再現のために三百余種の釉薬を使用した

図8　海野勝珉《太平楽置物》
（宮内庁三の丸尚蔵館所蔵）
パリ万博では「美術（第二部）」の「彫刻（第九類）」に出品された。海野勝珉はこの作品によってではなく、「各種工業（第十五部）」の「金銀細工、七宝（第九十四類）」に出品した《銀花瓶（波模様）》で受賞した

いわば「自画像」としての日本美術史が欧米に向けて描き出されたのだが、[64]その序文で九鬼隆一が日本の工芸は絵画や建築と対等の地位を保ち独立的に発達してきたと述べているように、[65]その日本美術史の体系のなかにも「美術工芸」が絵画や彫刻と同等のものとして組み込まれていた。『稿本日本帝国美術略史』では、歴代の支配層の美術と仏教美術を中心軸に据え、皇国史観という思想性を備えた日本美術史が体系的に提示されたのだが、[66]その歴史体系のなかにおいて「美術的工芸（Arts industriels/Industries d'art）」は、「絵画」「彫刻」「建築」と並んで重要な一角を占めていたのである。

「日本美術史」という歴史体系のなかに「美術工芸」を正統に位置づけ、その歴史的パースペクティブを提示しようとするもくろみは、「日本美術史」の編纂事業が開始された当初の時点から構想されていた。「日本美術史」編纂事業は、九鬼隆一と岡倉天心が中心となって進めてきた臨時全国宝物取調局（明治二十一年設置、委員長：九鬼隆一）による宝物調査の成果を集大成するかたちで、すでに明治二十四年から帝国博物館において、岡倉天心を中心に着手されていた。その頃、帝国博物館総長を務めていた九鬼隆一が宮内大臣土方久元に提出した「帝国博物館ニテ美術歴史ヲ編纂発行スルノ儀ニ付伺」（東京国立博物館蔵「帝国美術史編纂関係書類」上、明治二十四年二月二十日付）には「日本美術史」の概要が示されているが、この「伺」によれば、「美術工芸」についても、その「日本美術史」の体系に含めることが当初から予定されていたことがわかる。[67]この日本美術史編纂事業はその後いったん座礁したものの、明治三十三年に開催されるパリ万博に向けて、農商務省から帝国博物館に対して「日本美術史」の編纂依頼（明治三十年九月）がなされたことにより本格化することになった。ところがその半年後、「美校騒動」（明治三十一年三月）を機に、岡倉天心は帝国博物館美術部長と東京美術学校長を相次いで辞職したため、その「日本美術史」は、最終的には、福地復一（一八六二―一九〇九）主導のもとに完成されることになった

のだった。(68)

このように九鬼隆一は パリ万博に際して、帝室技芸員に任命された明治を代表する名工に宮内省から制作費を出資して「美術工芸」の優品を制作させ、それを「美術品」として出品するとともに、「日本美術史」という歴史体系において「美術工芸」をきちんと位置づけ、その歴史的な正統性を示そうと画策していた。『稿本日本帝国美術略史』がめざしたのは、古来日本においては「美術工芸」もまた、絵画や彫刻と同等の地位を占めてきたことを歴史的に示すことだった。「工芸」を「美術」から排除しようとする西欧の美術観、すなわち、絵画や彫刻や建築のみを「美術」とし、「工芸」を「美術」よりも一段格下の装飾的造形物と見なす西欧の美術観に対抗して、九鬼隆一は「日本美術史」と出品体系の両面で日本独自の「美術」観を提示しようとしたのである。ところがパリ万博の開催の二年前になって林忠正が事務官長に就任し、日本独自の出品規定の解釈の修正が行われ、「美術工芸」が美術部門からは完全に締め出されることになったため、結局、九鬼隆一のこのもくろみは不発に終わってしまったのだった。

明治三十三年のパリ万博は、明治二十二年以来九鬼隆一主導で画策されてきた日本の「美術工芸」の大きな転換点となった。以後、日本においても、西欧の「美術」観を容認する考え方が主流を占めるようになり、「美術工芸＝工芸」は不遇の時代を迎えることになったのである。その結果、例えば、明治四十年から始まった文部省主催美術展覧会（文展）は、日本画、洋画、彫刻の三部門で開催され、「美術工芸」部門は設置されなかった。これは日本が西欧の美術観を受け入れ、日本においても、工芸が絵画や彫刻よりも格下のものと見なされるようになったことを意味していた。

Ⅱ 「帝国」日本における工芸とナショナリズム

アジアへのまなざし

一 「東洋」というコンセプト――文化多元主義のイデオロギー

かつて日本人にとってアジアは、「自己」であると同時に「他者」でもあるという二面性を備えていた。日本人にアジアという概念が芽生えたのは明治維新前後、あるいは、明治国家の形成期とされるが、このアジアという言葉には、地理的な区分以上に、欧米列強によって侵略され、植民地支配されつつある後進的な地域という政治的な意味が含まれていた(69)。

西欧列強に対して領事裁判権を認め、関税自主権を持たない不平等条約を結んでいた日本は、いつ植民地化されてもおかしくない危機的な状況にさらされていたという意味ではアジアの一部ということになる。しかし、福沢諭吉が書いたとされる「脱亜論」(『時事新報』明治十八年三月十六日)に記された「我は心においてアジア東方の悪友を謝絶するものなり」という言葉が典型的に示すように、政治、経済、軍事、産業、教育などの社会システムの近代化を推し進め「富国強兵」をスローガンに帝国主義政策を展開し始めた「帝国」日本にとって、アジアとは支配と欲望の対象、すなわち、「他者」だったのである。

「帝国」としての日本は、日清戦争（明治二十七、二十八年）での勝利により台湾を、日露戦争（明治三十七、三十八年）後は関東州（遼東半島南端部）と樺太（南サハリン）を、そして、日韓併合条約（明治四十三年）によって朝鮮半島を統治することになった。さらに、第一次世界大戦後のベルサイユ条約（大正八年）によって赤道以北の旧ドイツ領ニューギニア地域、いわゆる南洋諸島を委任統治領とし、その版図は大きく拡大した。

いまではもうほとんどその面影はないが、帝国として周辺地域へと勢力を拡大していたかつての日本は、さまざまな民族で構成される多民族国家であり、全人口のおよそ三割が、朝鮮人、台湾人、中国人などの異民族で構成されていた。例えば、昭和五年（一九三〇）十月一日時点の大日本帝国の総人口は九〇三九万六〇四三人だが、その内の二七・八%にあたる二五一八万六八五一人が朝鮮人や台湾人などの「外地人」で構成されていた。[70]

その一方で、例えば昭和十四年末時点においては、およそ一六〇〇万人の日本の「内地人」が、台湾（三二万四四八八人）、朝鮮（六五万〇一〇四人）、樺太（三五万四六〇五人）、関東州（一九万四九三三人）、南洋諸島（七万七二五七人）などに移住していた。[71]そして、日本人の起源については多民族混合説が優勢で、[72]日本人には東アジアの諸民族の血がほとんどすべて混ざっているとされており、例えば、社会学者で経済学者の高田保馬（一八八三―一九七二）は日本人のアジア諸地域への進出を「民族の帰郷」と捉えていた。[73]

日本の版図拡大に伴い、大正から昭和戦前期にかけて、多くの美術家が海を越えて大陸や台湾や南洋へと渡り、現地の風景や風俗を描いている。近年ではポストコロニアリズム的な観点から、そうした作品の背後にあるオリエンタリズム的なまなざし、すなわち、描かれたイメージの背後にひそむ日本によるアジア支配を正当化しようとする意識を読み取るというのがひとつの定式となっているように思われる。

だが、オリエンタリズム的なまなざしと同時に、そこにはアジアの土着的なものへの郷愁、すなわち、近代化が進む日本では次第に失われつつあった前近代的な風景や生活風俗を懐かしむアジアの同胞としての共感が投影されていることを見過ごすことはできない。ややうがった見方かもしれないが、そうした意識で当時の日本人が描いたアジアの風景を眺めてみると、たんなる他者へのまなざしではなく、アジアの生活文化を土台に、アジア的な価値観に基づく近代の理想を実現しようとする意思がそこには反映されているように思えてくる。つまり、当時の日本とアジアとの関係を検討していくには、「日本／アジア」を「支配するもの／支配されるもの」という対立的な関係で捉えるのではなく、理想と郷愁の交錯する場所としてアジアを眺めていたかつての日本人のまなざしを念頭に置いて捉え直さなければならないと考えられるのである。

日本人がアジアに向けて投げかけていたこの二面性を帯びたまなざしを念頭に置きつつ、日本の近代をアジアとの関係から検討しようとするとき、カギとなってくるのが「東洋」というコンセプトである。(74)もとより「東洋」の地理的範囲がきわめてあいまいであることからもうかがえるように、「東洋」とは、「西洋」との地理的な区分というよりも、文明論的に「西洋」との違いを対比させ、相対化させることで、アジアの多様な文化をひとつの文化的集合体として総合的に捉えようと構想されたものである。しかもそれは、「西洋」への対抗意識、すなわち西欧の追従ではなく、西欧化にかわる「もうひとつの近代」の可能性、アジア的な価値観に基づく近代の理想というものを構築しようとする意志に基づいて構想されたコンセプトでもあり、その中心には日本が位置することがあらかじめ前提とされていた。というのも、日本において「東洋」というコンセプトが構想されたのは、古来アジアの中心として君臨してきた中国が西欧列強の侵略によって蝕まれ求心力を失うにいたったがためであり、中国の没落と日本の台頭というアジアにおける力関係の転換を背景に、「西洋」の対抗勢力として構想されたのが「東洋」という文化的集合体だったからである。

東京美術学校の草創期に校長を務めた岡倉天心は、明治期の日本においてアジア主義を唱導した知識人の一人である。[75]『東洋の理想』（明治三十六年）の冒頭に記された「アジアはひとつ」という一文は、アジア主義を象徴的に示す言葉として流布することになるが[76]、同書で岡倉天心は、「アジア文明の博物館」としての日本というコンセプトを示してもいる。中国やインドなどのアジア文明の歴史的な遺産を系統的にその実物を通して研究しうる場所は日本にしかない、アジア文明の圧倒的な影響のもとに形成された日本の美術史はアジア的理想の歴史でもあるという意味が「アジア文明の博物館」という言葉には込められていた。[77]

日本は「東洋の宝庫」であり、日本美術は中国やインドなどの「東洋美術の粋」を集めて構成されたもの、とする見方は九鬼隆一によってすでに示されていたが[78]、それが「アジア文明の博物館」と言い換えられたことによって、「東洋」という文化的集合体の中心としての日本という構図がより強調されることになった。というのも、そもそも博物館とは、モノをその本来の場所から切り離し、「自己」を起点とするパースペクティブのもとに体系化しようとする性質を備えているからであり、「アジア文明の博物館」としての日本という言い方には、アジアの複数の文化が対等の立場で平等に共存する共同体としてではなく、むしろ、日本中心主義的な構造のもとにアジアを再構築しようとする文化多元主義的なイデオロギーのもとに「東洋」というひとつの文化的集合体が構想されたことが明らかに示されているからである。

「日本／西欧」「ナショナリズム／モダニズム」という両極のはざまで葛藤する日本人という図式に当てはめ、西欧との関係から日本の近代を捉えるというのがひとつのパターンといえる。だが、それをアジアとの関係から捉え直そうとするとき、工芸の有効性が浮かび上がってくることになる。というのも、西欧から輸入された「美術」を手掛かりとして日本とアジアとの関係を検討しようとする限り、近代化に先んじた日本がアジアのほかの国々に対して優位な立場に立つことは明らかである。これに対して、西欧近代の美術概念が流入する以前のアジアにおいては、陶磁器や青銅器や漆器などの工芸品を賞玩してきた歴史があり、工芸にはアジアの人々が共感しうる近代化以前の生活文化に根差した価値観や美意識が、いわば共通言語として含まれており、工芸を手掛かりとするならば、アジアとの関係は相対化されることになると考えられるからである。

このような前提に立つならば、工芸家には作品の制作を通じて、アジア的な価値観への共感を喚起し、「帝国」として拡大する日本の版図内における国民の意識統合を促すとともに、「西洋」に対抗する文化的集合体としての「東洋」というコンセプトを強化し、正当化するという役割が期待されていたのではないか。すなわち、工芸には「帝国」としての日本の国境を内側から支える文化多元主義的なイデオロギーに基づくナショナリズムが反映されていたのではないか、という関心が浮かび上がってくることになる。本章では大正から昭和初期の工芸界の状況を振り返り、「帝国」としての日本における文化多元主義のイデオロギーとしての「東洋」というコンセプトを念頭に工芸とアジアとの関係について検討したい。

二　鑑賞陶器としての中国陶磁——コレクションの形成

十九世紀後半から二十世紀前半にかけて、西欧列強が繰り返し博覧会を開催するとともに、世界各地の美術品や工芸品を貪欲に収集していたことが示すように、博覧会時代におけるコレクション形成とはモノをその本来のコンテクストから無理矢理切り離し、自己を起点とするパースペクティブによって新たな体系のもとに配置し直すことを意味しており、それは自己を他者よりも優位な立場に置いて区別するオリエンタリズム的なまなざしに支えられていたといえる。[79]

このような帝国主義時代の政治力学を反映するかのように、いち早く中国陶磁のコレクションに着手したのはイギリスの陶磁器コレクターだった。その筆頭にあげられるのが、ジョージ・ユーモルフォプロス（George Eumorfopoulos、一八六三―一九三九）である。ユーモルフォプロスが陶磁器の収集を始めたのは明治二十四年（一八九一）のことだったが、一八九〇年代のイギリスにおいては中国陶磁に関する情報はまだ少なく、美術市場に流通している中国陶磁といえば清のものに限られていた。[80]

ところが義和団の乱（明治三十三年）あたりからの清朝末期の政情不安を反映するかのように、二十世紀に入ると中国の古美術品が続々と欧米の美術市場へと流入するようになり、ユーモルフォプロスは体系的な中国陶磁コレクションを形成する好機に恵まれた。その膨大な陶磁器コレクションは大英博物館の学芸員を勤めていたロバート・ホブソン（Robert L. Hobson、一八七二―一九四一）によって全六巻の東洋陶磁のコレクションカタログ（大正十四年～昭和三年）としてまとめられたのち、大英博物館やヴィクトリア＆アルバート美術館などに納められた。

古来、日本にとって中国は工芸の源流であり、憧れの地だった。平安末期から鎌倉時代、十二世紀から十三世紀にかけて中国に渡った僧侶によって禅宗とともに喫茶法が伝来し、青磁花入や天目茶碗、茶入などが日本に請来されたが、やがて十五世紀の東山時代以来それらは「唐物」と呼ばれ喫茶のための道具としての本来の機能を超えて、武家社会における権威を象徴するものとして珍重され、大名家や裕福な商家に秘蔵されてきた。[81]

ところが、日本においても日清戦争（明治二十七、二十八年）あたりから、やはり清朝の衰退と日本の台頭という東アジアにおける力関係の転換を反映するかのように、唐物とは一線を画する中国の古美術のコレクションが形成され始める。泉屋博古館に収められている古代中国の青銅器コレクションを形成した住友春翠《しゅんすい》（第十五代住友吉左衛門、一八六五―一九二六）が、重厚で神秘的ともいえるその造形感覚に魅了され、中国の青銅器をはじめて購入したのは日清戦争直後の明治二十九年のことだった(82)。青銅器は中国の文人が愛玩してきたものであり、煎茶をたしなむ住友春翠が青銅器を購入したのも茶席の床飾りのためであったことからすると、明治中頃にあっては、まだあくまでも江戸以来の文人趣味の延長線上に中国美術のコレクション形成が成立していたといえそうである。

だが、住友春翠の青銅器コレクションが世界屈指とされるまでに成長を見せたのは、その後の義和団の乱直後の混乱期に中国の古美術が続々と海外へと流出した頃、鶴居堂藤田弥助を介してまとまった数の優品を購入しコレクションを拡充させることができたからだった(83)。住友春翠は明治三十五年に一六点、翌三十六年には一二点の青銅器を購入しているが、三十六年の一二点の中には、泉屋博古館の青銅器コレクションを代表する名品《夔神《きじん》鼓《こ》》（前十一世紀）と《虎卣《こゆう》》（前十一世紀、図9）も含まれていた。そして、明治三十六年四月には東京上野の帝室博物館において青銅器を集めた特別展が開催され、住友春翠のコレクション（春翠は青銅器二二点、鏡一四点を出品）をはじめとする日本の個人所蔵家の古代青銅器が公開されており、当時の日本で中国の古代青銅器に対する関心が高まっていたことをうかがわせる。

一方、中国陶磁に関しては、明治末頃までの日本では、茶の湯をたしなむ数寄者が中国の青磁や天目や古染付などを茶道具として集めることはあっても、たんに鑑賞のために集めるということはなかったようだが(84)、大正時代に入ると、茶道具としての価値にとらわれることなく、鑑賞を目的として陶磁器を収集するコレクターが出現、鑑賞陶器という新しい趣味の世界が成立する。鑑賞陶器をリードしたのは、陶磁器に関心を持つ東京帝国大学の教職員が集まって大正三年（一九一四）に発足した陶磁器研究会や、同会を母体として大正五年に発足した彩壺会に参加した研究者やコレクターたちだった。

陶磁器研究会は東大で美術史、考古学、美学、心理学、建築、工学、物理学を研究する教職員一一名（松本亦太郎、関野貞、塚本靖、速水滉、柴田常恵、大河内正敏、大槻快尊、藤懸静也、上野直昭、奥田誠一、寺田精一）が集まって発足した学際的な同好会で、大河内正敏（一八七八―一九五二）が会長を、奥田誠一（一八八三―一九五五）が幹事を務めた。[85] 陶磁器研究会には裕福なコレクターも参加するようになり、やがて彼らが別に新たに彩壺会を発足させる。[86] 彩壺会には、大河内正敏を中心に、建築家の中條精一郎（一八六八―一九三六）、建築家で早稲田大学の建築科を創設した佐藤功一（一八七八―一九四一）、荏原製作所を創業した畠山一清（一八八一―一九七二）など、近代日本の工業化を推進した東大工科出身の技術エリートで熱心な陶磁器コレクターたちが参加した。

図９《虎卣》（泉屋博古館所蔵）

彩壺会の会長を務めた大河内正敏は、それまで経験と実験に頼っていた弾道学に物理学の考え方を導入し兵器の近代化を図った物理学者だった。工業立国の強力な推進者でもあり、大正四年に貴族院議員に選出されると政策的に重化学工業の育成を後押しし、さらに、理化学研究所の所長（大正十年—昭和二十一年）となってからは、研究費捻出のために「発明の工業化」、すなわち、基礎研究の実用化による特許収入で理化学研究所の財政基盤を強化し、理研コンツェルンの基礎を築いた人物だった。大河内正敏は陶磁器の熱烈なコレクターでもあり、『柿右衛門と色鍋嶋』（大正五年）を著すなど日本の色絵磁器に造詣が深かった。茶道具としての価値観、由緒来歴や箱書にとらわれることなく、科学的に陶磁器を鑑賞していきたいと考えていた大河内正敏は、あるとき色鍋島の中皿を入手すると、それをまっぷたつに割ってその断面を計測、「高台の直径は皿の直径のちょうど半分、高台の高さは直径のほぼ十分の一になっている[87]」点が鍋島の形態上の特色であることを明らかにし、「貴族趣味の根本に科学のメスを振った」と嘯いていたという逸話が残されている[88]。

ところで、陶磁器研究会の大正三年から四年にかけての月例会のテーマを振り返ってみると、仁阿弥道八、三浦乾也、瀬戸、古九谷、高麗焼、万古焼、仁清、紀州の御庭焼、淡路焼、楽焼、赤膚焼、色鍋島、柿右衛門、出石焼などとなっており[89]、陶磁器研究会の草創期においては中国陶磁にはほとんど関心が向けられていなかったことがうかがえる。もっとも、大正初頭の日本では中国陶磁の収集と研究はまだ本格化しておらず、「唐、宋、元、明とか時代別けはできても、県別、州別の区別はとてもわからない[90]」と中国陶磁研究の遅れを指摘する声があがっているような状態だった。

陶磁器研究会や彩壺会の会員でもあった横河民輔（一八六四—一九四五）は日本でいち早く中国陶磁の体系的なコレクションに取り組んだコレクターである。建築家で横河工務所や横河電機を創業した横河民輔が中国陶磁の収集に着手したのは大正三年あたりのことというが[91]、それは陶磁器研究会が発足した年でもあり、また、第一次世界大戦が勃発した年でもあった。横河民輔がはじめて買った中国陶磁は、仕事帰りにたまたま通りかかった日本橋仲町通りの瑞祥堂という骨董屋の店頭に並べてあった辰砂《しんしゃ》の小鳥の置物で、その頃は日本で出回っている中国陶磁といえば清のものばかりだったという。やがて、横河民輔は清から明へ、それから宋、唐、漢へと時代をさかのぼるように中国陶磁のコレクションを拡大させていった。もっともそれが可能となったのは、二十世紀初頭の中国では鉄道敷設などの土木工事が盛んに行われ、漢、南北朝、隋唐代の墳墓に副葬品として納められていた唐三彩や俑《よう》などの出土陶器が、大正時代には日本にも流入するようになったからだった。

横河民輔自身は、「ただあても無く、目的も無く集めた為に、今日になって見れば、各時代のいろんな種類のものが集まってしまった」(92)とやや謙遜気味に回想しているが、横河民輔の長男の時介の回想によれば、中国陶磁の収集にあたって民輔は好みに流されることなく、学究的に中国陶磁の歴史的な展開というものを意識しながら幅広く収集することをつねに心がけていたという。(93)二十年以上かけて集めた二〇〇〇点ほどのコレクションの中から奥田誠一と小山冨士夫（一九〇〇―七五）が選定した一〇六八点（うち中国陶磁は八一一点）を惜しげもなく東京帝室博物館に寄贈（昭和七年〜昭和十三年）したのも、その体系化されたコレクションの散逸を恐れたからであり、それが同館の中国陶磁コレクションの骨格となった。(94)

日本における中国陶磁コレクションの形成を支えたのは、山中定次郎（一八六六―一九三六、山中商会）や繭山《まゆやま》松太郎（一八八二―一九三五、繭山龍泉堂）や広田松繁《まつしげ》（一八九七―一九七三、壺中居）ら鑑賞陶器を取り扱う美術商の出現だった。清朝末期の政情不安定な中国の美術市場にいち早く商機を見出し、やがて世界有数の美術商として存在感を発揮することになる山中定次郎がニューヨークに店舗を構えたのは日清戦争が勃発した明治二十七年のことだった。その後、山中商会は、ボストンやロンドンなどにも店を開くが、義和団の乱が発生した翌年の明治三十四年には中国にも出張所を設けて仕入れの拠点とし、中国で美術品を直接買い付けては欧米で販売、中国美術の市場拡大に伴い順調に事業を成長させていった(95)。そして、明治四十五年には、その前年に発生した辛亥革命で軍資金の必要に迫られた清朝の王族の恭親王愛新覚羅溥偉《あいしんかくらふい》の依頼を受けて同家の数十棟ある宝物庫に収められていた青銅器や玉器や陶磁器など、書画類を除く工芸品のすべてを買い取ってニューヨークとロンドンで競売を行い、中国美術のディーラーとしての地位を不動のものとした(96)。

のちに繭山龍泉堂を創業する繭山松太郎が北京に渡ったのは明治三十八年のことである。当時、中国大陸に渡った日本人美術商の多くが茶道具を求めていたのに対して、繭山松太郎は欧米の美術市場の動向を捉え、それまで日本では誰も見向きもしていなかった鑑賞陶器という分野にいち早く目をつけ、大正五年には銀座に店舗を構えるまでに事業を成長させている(97)。明治三十七年に上海に渡って中国美術の売買をしていた浅野楳吉もまた、鑑賞陶器に早くから目をつけ、大正八年には大阪に店を構えている。また、明治末ごろ中国に渡った川合定治郎の場合は、大正七年に北京に尚雅堂を開設、昭和初年には京都に店舗を構えている。そして、壺中居を創業する広田松繁（大正十三年に西山保と壺中居を創業）がはじめて北京に渡ったのは大正七年のことであり、大正十四年には中国で一対の唐三彩の馬を仕入れ、岩崎小弥太（一八七九―一九四五）がそれを購入している(98)。

一方、それまでもっぱら欧米において事業を展開していた山中商会は、「古代支那美術展観」（大阪美術倶楽部）を皮切りに大正十二年から日本においても展覧会と販売カタログをセットにした「展観」事業を始め、中国陶磁の販売に力を入れるようになる。山中商会による日本国内での中国陶磁の販売がピークに達したと見られるのは昭和九年に行われた「支那朝鮮古美術大展覧会」（日本美術協会、昭和九年五月二十五―二十九日）で、この展観では総出品点数一四四七点のうち中国陶磁が九五四点を占め、そこには宋の官窯青磁が七点、「古月軒」と称される清代の琺瑯《ほうろう》彩磁の優品が三点含まれており、日本でも中国陶磁の収集がかなりの熱気を帯びていたことがうかがえる(99)(図10)。こうした日本国内における美術商の動向からすると、彼らが国内に店を構えるようになった大正中頃には日本においても鑑賞陶器としての中国陶磁の収集が根づき、山中商会が日本でも「展観」事業を展開し始めた大正後期から昭和初期には中国陶磁の収集が本格的な盛り上がりを見せたものと見られる。

日本における鑑賞陶器としての中国陶磁の受容は、唐三彩と磁州窯を主軸として展開した(100)。もともと茶道具としての中国陶磁の収集が主流であった日本では、唐三彩などの出土陶器は墳墓の埋葬品というイメージが強かったため、その受容には当初消極的だった。ところが、大正中頃から、欧米での中国陶磁市場の動向をなぞるように、日本においても、唐三彩や俑などに関心を寄せる愛陶家が現れる。大正期の日本で、比較的早い段階で、俑などの出土陶器に関心を示したのは、下村観山（一八七三―一九三〇）、安田靫彦（一八八四―一九七八）、前田青邨（一八八五―一九七七）、小林古径（一八八三―一九五七）ら、東京美術学校出身の院展系の日本画家たちだった(101)。また、大正七年頃には中国河北省で北宋時代の大観二年（一一〇八）に発生した大洪水によって町ごと地中に埋没した鉅鹿《きょろく》の遺跡が発見され、そこから白地黒掻落手の磁州窯の陶器が大量に出土、日本でも「鉅鹿」という呼称で好事家の関心を集めた。

昭和初期の日本に集積された中国陶磁については個人コレクションとして私蔵されていたものが多く、昭和三年（一九二八）四月に東洋陶磁研究所が開催した「唐三彩陶展」（華族会館）には、細川護立（一八八三―一九七〇）、横河民輔、岩崎小弥太らの所蔵する唐三彩約五〇点が出品された(102)（図11）。この展覧会はその前年に渡欧した細川護立がパリの美術商C・T・ルーから購入した《三彩印花宝相華文三足盤》や《三彩蓮花文圏足盤》（いずれも重要文化財、永青文庫蔵）などをお披露目するために企画されたもので、展覧会後に出版された『唐三彩図譜』（東洋陶磁研究所）には唐三彩の優品が多数収録されており、欧米にもひけをとらない内容のコレクションがすでに

図10　支那朝鮮古美術大展覧会会場（昭和９年５月）

図11　唐三彩陶展展示会場（昭和３年４月）

昭和初頭の日本においても形成されていたことがうかがえる。また、昭和四年七月には陶話会の主催で「宋瓷展」（日本橋三越）が開催され、細川護立、倉橋藤治郎（一八八七—一九四六）、反町茂作らが所蔵する磁州窯を主とする宋代の陶磁器約六〇点が出品され、やはり、展覧会後に『宋瓷』（大塚巧芸社）が出版された。

もっとも、唐三彩や磁州窯などの出土陶器を主軸とする中国陶磁の受容とは、欧米における中国美術市場の動向をなぞるものでもあった。しかし、関東大震災が発生した翌年の大正十三年、陶磁器研究会を継承するようなかたちで奥田誠一らによって設立された東洋陶磁研究所の機関誌『陶磁』の創刊号（昭和二年十一月）の巻頭の「創刊の辞」には、先行する欧米のコレクターへの対抗意識、そして、「東洋人」として東洋陶磁の研究と収集に主体性を持って取り組んでいこうとする意気込みが次のように記されている。

東洋陶磁器の研究は恥しながら亦々外国の人々から刺激せられ、指導されるような運命になった。陶磁器は例え一工芸に過ぎぬとはいえ、我々東洋人の文化の上にはかなり重大な意義を有している。これが過去における進展の跡を探り、現在を眺め将来を示唆する事は、我々東洋人の文化が何れかへの進路を印する、東洋人なる我々の仕事でなければならぬ。(103)

日本における中国陶磁コレクションの形成とは、幕末以来、西欧からのまなざしを強く意識させられてきた日本人が、こんどはそのまなざしをアジアへと向けるようになったことを示すものといえるが、この『陶磁』誌の創刊号の巻頭言からもうかがえるように、それはまた当時の日本人が抱いていた「東洋の盟主」としての意識とも密接に関わっていた。東洋陶磁研究所の活動を財政的に支援したのは中国陶磁の有力なコレクターでもあった岩崎小弥太や細川護立らだったが、それまで茶道具が重視されてきた日本において、茶道具とは趣向の異なる鑑賞陶器としての中国陶磁の収集に情熱を傾けるコレクターが出現した背景には、中国陶磁の収集と研究において主導権を握り、欧米への中国陶磁の流出を防ぐ防波堤としての役割を担っていこうとした当時の日本人の「東洋の盟主」としての気概があったように思われる。

一方、やはり大正後半から昭和初期にかけて陶芸家によって作り出された中国陶磁風の作品にも、やはりこの時代の鑑賞陶器としての中国陶磁の流行が反映されていたということができそうである。例えば、板谷波山が第一回工芸済々会展に出品した《霙《みぞれ》青磁牡丹彫文花瓶》(大正十四年、口絵2)はマット調の青磁釉が掛けられた作品であるため、一見すると磁州窯風には見えないかもしれないが、口や耳の形状、胴部の膨らみ、そして、肩から胴の中央にかけて帯状に大きく花模様を表したそのスタイルは、板谷波山の「陶器図集」第五巻(支那陶器図(出光美術館蔵、図12)に描かれている磁州窯の白地黒掻落手の壺を念頭に制作したものであることは明らかである。唐物として日本に伝世してきた青磁や天目などとは異質な性格を備えた磁州窯などの中国の出土陶器がその視野に入ってきたことを示す作品であり、この時代の文化多元主義的なイデオロギーを反映するものといえる。

また、石黒宗麿(一八九三―一九六八)が、昭和初期に唐三彩風の《唐三彩馬》(昭和三年頃、図13)や《藍彩壺》(昭和五―九年頃)などを、そして、昭和十年代には磁州窯の白地黒掻落手風の《白地黒絵魚文扁壺》(図14)や《千点文香合》(昭和十五―二十年頃)などをてがけているのも、唐三彩と磁州窯が日本において鑑賞陶器として人気を集めていた当時の潮流を反映するものといえる。やや時代は下るが、石黒宗麿は第一回日本輸出工芸連合会工芸展(東京高島屋、昭和十七年十月二十四日―三十一日)に出品した宋磁風の《柿釉丸形無文鉢》で商工大臣賞(最高賞)を受賞している(図15)。「本邦文化の進展に寄与すると共に、外、東亜共栄圏諸国にその優秀性を示して、

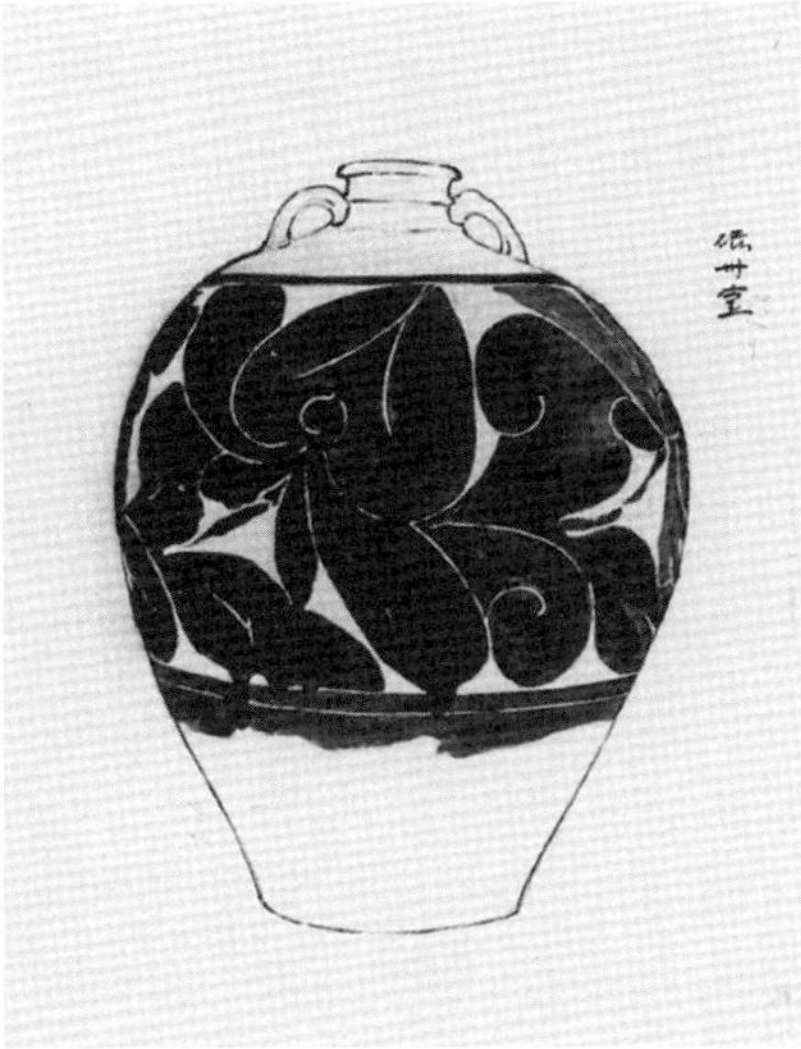

図12　板谷波山「陶器図集」第五巻
（支那陶器図）（出光美術館所蔵）

図13　石黒宗麿《唐三彩馬》
（東京国立近代美術館所蔵）

図14　石黒宗麿《白地黒絵魚文扁壺》
（東京国立近代美術館所蔵）

図15　石黒宗麿《柿釉丸形無文鉢》(左)

本邦高級商品の指導的地位の確立を図ろう」(104)という趣旨のもとに開催されたこの展覧会で、中国の宋磁に範を取った石黒宗麿の作品が商工大臣賞に選ばれたのは、東洋に学びつつ日本の伝統を堅持し、日本の釉薬のみを駆使して、端正な美しい仕上がりの作品となっているという理由からであり、審査員たちは石黒宗麿の宋磁風の作品を「東洋の盟主」としての日本の立場を象徴するものとして評価していたことをうかがわせる(105)。

昭和戦前期に作り出されたこうした中国陶磁風の作品を当時の歴史的な文脈に照らし合わせて捉え直すならば、古典的なものというよりもむしろ東洋趣味的なもの、すなわち文化多元主義的な意識を支えとして日本人が構想した「東洋」というコンセプトの正統性を示すものとして捉えることが可能だろう。「東洋」という文化的集合体の中心に位置する日本人にとって、中国陶磁もまた参照すべき源泉のひとつとしてその視野に入ってきたことを示すものであり、文化多元主義的なイデオロギーに根差した「東洋」というコンセプトは、東洋の中心に立つ日本人としてのまなざしで幅広く中国や朝鮮の陶磁器を参照して作品を制作することを工芸家に促したと捉えることができそうである。

三　李朝陶磁と楽浪漆器――発掘と復興

大正から昭和戦前期の日本における東洋陶磁コレクションの形成については、中国陶磁だけでなく朝鮮陶磁もまた重要な一角を占めていた。むしろ、陶磁器のコレクション形成やその調査研究の背後にひかえるオリエンタリズム的なまなざしというものをはっきりと示しているのは、日本人によって評価が確立された朝鮮陶磁の方だろう。「帝国」日本の勢力拡大を背景に、東洋のものを東洋人としての目で評価しようとする機運が高まりを見せるなか、朝鮮陶磁のコレクション形成、その古窯址の探索と発掘、陶磁史観の確立、材料の探査と復興という一連の取り組みが、日韓併合（明治四十三年）以後、大正から昭和初期にかけて、日本人主導で行われるのである。

朝鮮の鑑賞陶器としては、大正時代中頃までは高麗時代（九一八―一三九二）に作られた高麗青磁が高く評価されており、初代韓国統監を務めた伊藤博文をはじめ、朝鮮総督府の高官の間でも高麗青磁の収集が趣味として普及していた。これに対して、朝鮮王朝（李朝）時代（一三九二―一九一〇）の李朝陶磁――染付、鉄絵、白磁などについては稚拙なもの、技術的に後退した時代のものと見なされ、ほとんど無視されていた。

明治三十三年（一九〇〇）と三十四年に東京帝国大学の人類学教室から派遣されて朝鮮半島の学術調査を行い、朝鮮陶磁史研究にいち早く着手した考古学者の八木奘三郎（一八六六―一九四二）は、朝鮮の陶磁器で美術品の部類に入るのは高麗時代に作られた青磁、白高麗（白磁）、三島（当時は高麗時代のものと考えられていた）の三種だけとし、李朝時代の陶磁器については美術品としての価値をまったく認めていなかった[106]。大正八年（一九一九）に朝鮮と中国を旅行して数多くの中国陶磁や朝鮮陶磁の優品を見て歩いた奥田誠一もまた、高麗期を朝鮮窯業史上の黄金時代とする一方で、文禄・慶長の役（一五九二―九八）によって多くの陶工が日本に来ることになったため、その後の朝鮮の窯業は破壊され、李朝中期以降は鈍重で放漫稚拙なものに変わってしまったと見なしていた。(107)このような李朝陶磁に対する偏見というのは、欧米における朝鮮陶磁史観をそのままなぞるものでもあり、浅川伯教《のりたか》（一八八四―一九六四）・巧（一八九一―一九三一）兄弟や柳宗悦《むねよし》（一八八九―一九六一）らによる李朝再評価までは、朝鮮の陶磁器といえば第一に高麗青磁だったのである。

高麗青磁はすでに数百年前に廃絶していたが、日韓併合以後、高麗青磁の復興に取り組む日本人があらわれる。朝鮮の伝統的な工芸産業の事業化に取り組んだ実業家の富田儀作（一八五八―一九三〇）は、明治四十一年に黄海道瓮津地方で高麗青磁の窯址を発見するとその土地を購入したうえで発掘を行い、さらに、陶土を産出する土地も購入して高麗青磁の復興の準備を進め、朝鮮半島北部の平安南道鎮南浦に製陶工場を設立、明治四十四年に熊本の八代焼の陶工濱田義徳（一八八二―一九二〇）を招いて「三和高麗焼」の生産を始めている。(108)京都の陶芸家諏訪蘇山（一八五二―一九二二）もまた大正三年に朝鮮の高麗青磁の古窯址の調査を行うとともに、李王職美術品製作所の依頼を受けてその嘱託として復興高麗青磁「秘苑焼」の制作に取り組んでいる。(109)こうした日本人による復興高麗青磁は、朝鮮の高級陶磁器として日本人向けに生産されており、昭和三年（一九二八）には朝鮮総督から昭和天皇への大礼記念奉祝品として三和高麗焼の《青磁鳳凰芍薬文花瓶》が献上されたりもしている（図16）。

日本人の間で李朝陶磁が脚光を浴びるきっかけとなったのは大正十一年の『白樺』の李朝陶磁特集号（大正十一年九月）であり、それまで粗悪なものとして軽視されていた李朝陶磁の染付や鉄絵などを鑑賞と研究の対象として評価し、いち早く収集したのは柳宗悦や浅川兄弟だった。(110)この特集号は、堕落していて見るものがないとする奥田誠一ら陶磁学者による李朝陶磁に対する無理解に対抗して李朝陶磁を評価し、朝鮮民族に対する情愛を披歴するために企画されたもので、[111] 柳宗悦、浅川伯教・巧の三人が選んだ染付、鉄絵、白磁など一四点の李朝陶磁の作品図版を掲載するとともに、柳宗悦が「李朝陶磁器の特質」で李朝陶磁の独自性を論じ、浅川伯教が「李朝陶器の価値及び変遷に就て」で李朝陶磁の時代区分を示して李朝陶磁評価の基本的な枠組みを提示、鑑賞陶器として李朝陶磁が評価されるきっかけとなった。

図16 《青磁鳳凰芍薬文花瓶》（宮内庁三の丸尚蔵館所蔵）

それまでもっぱら西欧美術に関心を向けていた柳宗悦に李朝陶磁への関心を喚起したのは、大正三年に浅川伯教が贈った《青花草花文面取壺》だったが、さらにその後、大正五年にはじめて朝鮮を訪れた柳宗悦は京城（現在のソウル）の浅川巧の家に滞在し、朝鮮の日常雑器に囲まれて生活するその暮らしぶりに直接触れたことで朝鮮の工芸に高い関心を示すようになった。[112] やがて柳宗悦は「朝鮮民族美術館の設立に就て」（『白樺』大正十年一月）を発表し、浅川巧とともに「朝鮮民族美術館」設立運動を展開する。

その一方で、柳宗悦は朝鮮の美術や陶磁器に関する論考を発表するようになるのだが、「悲哀の美」[113] という言葉に象徴的に示されるように、柳のまなざしの根底には朝鮮人を「他者」と見なすオリエンタリズム的な意識があったことは明らかである。また、「陶磁器の美」（『新潮』大正十年一月）で柳宗悦は、李朝陶磁への共感を示すとともに、陶磁器の美は「親しさ」の美であり、陶磁

図17　李朝陶磁器展覧会会場（大正11年10月）

器の美を通じて、民族の心情、時代の文化、自然の背景、人間そのものの美に対する関係を味わうことができると述べているが[114]、ここにはのちに民芸論へと昇華されていくことになる理論の骨格がすでに示されているといえる。それまでほとんど価値を認められてこなかった李朝陶磁に美的価値を見出した先駆者の一人が柳宗悦だったが、逆に柳は、李朝陶磁を通して民芸論を育んでいたのである。

柳宗悦はそうした評論活動と並行して、「朝鮮民族美術館」設立に向けて朝鮮の工芸品の収集にも本格的に取り組むようになり、大正十年五月には東京の神田流逸荘で朝鮮の工芸品全般を幅広く集めた「朝鮮民族美術展覧会」を開催、さらに翌大正十一年十月には京城の朝鮮貴族会館において李朝陶磁約四〇〇点を集めた「李朝陶磁器展覧会」を開催した（図17）。

陶芸家の富本憲吉（一八八六―一九六三）がはじめて渡鮮したのは大正十一年十一月に京城で開催された「李朝陶磁器展覧会」のときであり、約三週間にわたって京城に滞在、そこで描いた《李朝陶器写生巻》（図18）には富本が滞在していた浅川巧の家があった清涼里の風景をはじめ、東大門、南大門、西大門跡などが描かれている。前近代的な面影をとどめたままの姿で記憶されるべき場所として描写されたこれらの風景は、のちに染付の絵皿などにも李朝染付を意識した淡い色調で描かれており、理想と郷愁が交錯する場所として朝鮮を眺めていた富本憲吉のまなざしが浮かび上がってくる（図19）。

もっとも富本憲吉が朝鮮の陶磁器に関心を抱くようになったのは比較的早く、明治四十五年に東京上野で開催された拓殖博覧会の時点にまでさかのぼることができ、作品としてもすでに大正八年あたりから李朝陶磁を意識した白磁や染付をてがけていた。柳宗悦と同様に、富本憲吉もまた朝鮮をオリエンタリズム的なまなざしで眺めていたことは、この朝鮮旅行の直前に刊行された『白樺』李朝陶磁特集号（大正十一年九月）に寄稿した「李朝の水滴」のなかで、李朝染付の「淡い夢のような」色調に憧れを抱き、李朝の水滴に「貧しい静かな東洋の幸福な生活」を夢想していたこと、[115]また、日記風に記されたその旅行記「京城雑信」において、前近代の面影をとどめた朝鮮の建物がやがて醜い近代建築に変わっていくことに対して憤りを示しているくだりなどからも明らかである。[116]

ところで、朝鮮王朝時代の十五・十六世紀に粉青鉄絵（絵刷毛目）の優品を産出したことで名高い忠清南道公州郡の鶏龍山《けいりゅうざん》窯址の存在が知られるようになったのは大正七、八年頃からとされるが、やがて、朝鮮を旅行する日本人の陶磁関係者が必ずといっていいほど訪ねる名所となり、朝鮮の古窯址のなかでもとりわけ高い関心を集めるようになる。

例えば、陶磁史研究に取り組み始めてまだ間もない若き日の小山冨士夫は、大正十五年十月十二日に釜山から朝鮮に上陸、十月十八日から二十日まで鶏龍山のふもとの東鶴寺などに滞在しながら周辺の古窯址群を訪ね歩いて陶片採取を行っている。[117]そして、昭和二年には朝鮮総督府の古蹟調査事業の一環として、関野貞（一八六八―一九三五）の実弟である野守健によって鶏龍山窯址の学術的な発掘調査が行われ、その報告書として『鶏龍山麓

図18　富本憲吉《李朝陶器写生巻》第三巻（部分）

図19　富本憲吉《染付陶板「京城東大門満月」》（東京国立近代美術館工芸館所蔵）

図20　北大路魯山人《刷毛目彫三島風茶碗》

陶窯址調査報告』（朝鮮総督府、昭和四年）が刊行されている。昭和三年五月には北大路魯山人が、荒川豊蔵（一八九四―一九八五）、川島礼一、福田桜一を伴っておよそ一ヵ月にわたって朝鮮南部の古窯址をめぐる旅行を行い、鶏龍山窯址にも立ち寄っている。《刷毛目彫三島風茶碗》（図20）は魯山人がこの朝鮮旅行の際に鶏龍山窯址付近で採取した陶土を使って日本で制作した作品である。(118) 同じく昭和三年八月には、柳宗悦、ラングドン・ウォーナー（Langdon Warner、一八八一―一九五五）夫妻、浅川伯教、浅川巧が、鶏龍山窯址を訪問している（図21）。さらに、昭和九年五月には川喜田半泥子《はんでいし》（一八七八―一九六三）が鶏龍山窯址を訪問しており、帰国後、そこで目にした窯の構造を参考に自邸に登窯を設計して本格的に作陶を始めている。李朝陶磁に共感を抱いた日本人はコレクションするだけでなく、古窯址を探索して陶片を採取するとともに、その窯址の周辺に原料を求めその復興に取り組んだりもしていたのである。

明治四十三年から昭和二十年までの三十五年間にわたって日本の統治下にあった朝鮮半島においては、日本人はあたかも「自己」の一部であるかのように古窯址の探索や発掘などの実証的な基礎調査を行うことが可能だった。朝鮮に移住して朝鮮陶磁史研究に長年にわたって取り組んだ日本人の代表に挙げられるのが浅川伯教である。大正二年に朝鮮公立小学校訓導として渡鮮した浅川伯教は京城の小学校で教職に就いていたが、大正八年に彫刻家を志して退職、やがて、大正十年頃から本格的に朝鮮陶磁史の研究に取り組むようになる。

浅川伯教の古窯址調査は、野守健のような考古学的な発掘調査ではなく、朝鮮各地の古窯址を網羅的に訪ね歩いて陶片を表面採取し、その陶片に基づいて朝鮮陶磁史の全貌を描き出そうとするものだった。浅川伯教は、古窯址から採取した陶片のひとつひとつにラベルをはりつけ、調査カードにその採取場所や陶片の形状や特色を記録するという地道な調査を積み重ねていた。昭和三年には浅川伯教の「朝鮮陶磁の研究」（浅川巧、柳宗悦、倉橋

図21　朝鮮忠清南道公州郡鶏龍山窯址にて
（前列右より浅川伯教・柳宗悦・浅川巧、後列ウォーナー夫人、昭和３年）

藤治郎との共同研究）に対して啓明会から三〇〇〇円の研究助成金が出資され、さらに、昭和四年には「朝鮮陶器研究会」が組織され、浅川伯教による朝鮮窯業史研究を財政的に支援した。

浅川伯教の朝鮮陶磁研究の成果は、昭和九年に東京日本橋の白木屋で開催された「朝鮮古陶史料大展覧会」（朝鮮陶器研究会主催、昭和九年七月八日—十四日）において、畳二八枚分の大きさの朝鮮地図の上に約四〇〇〇カ所の窯址から採取した陶片約一万点を並べるというかたちで示された。大正十年から昭和二十一年までの約二十五年間に浅川伯教が調査した古窯址の数は約七〇〇カ所にも及んだとされる[119]が、浅川伯教は朝鮮の窯業に高い関心を抱いてその振興事業に関わっていたこともあり、地方窯にも幅広く目配りして朝鮮半島各地を歩き回っているのが特色で、その研究成果はその後の朝鮮陶磁史研究の重要な礎となった。

このように、従来の陶磁史観にとらわれることなく日本人のまなざしで李朝時代の陶磁器の再評価が行われるとともに、実証的な古窯址調査に基づく李朝陶磁の産地の特定と編年の確立という基礎研究が日本人主導で行われ、やがて、李朝陶磁の再生に取り組む日本人陶芸家があらわれる——こうした李朝陶磁をめぐる大正時代中頃以降の一連の動向は、三・一運動（大正八年）後、武断統治から文治統治へと方向転換し、「内鮮一体」（日本人と朝鮮人を差別待遇しない）をスローガンに掲げて融和策を推し進めた朝鮮総督府の統治政策とも歩調をあわせるものでもあった。すなわち、李朝陶磁再評価とは、日本人と朝鮮人という民族の違いを超えて共有しうる美意識や価値観が李朝陶磁には共通言語として含まれていることを示すことで両民族間に共感を喚起し、共同体としての意識統合を促そうとするものでもあったと考えられるのである。

図22　楽浪遺跡第一号古墳発掘風景

古窯址の発掘のほかに朝鮮半島で朝鮮総督府が力を入れた発掘事業としては、平壌郊外にある楽浪遺跡の発掘がある。楽浪遺跡の発掘は日韓併合以前の明治四十二年、大韓帝国政府の依頼を受けた東京帝国大学の関野貞（建築史）によって着手されて以来、太平洋戦争末期の昭和十九年まで、じつに三十年以上にわたって日本人主導で継続的に発掘調査が行われていた[120]。紀元前一〇八年の前漢の武帝の時代に建設され、高句麗によって滅ぼされる西暦三一三年までの約四百年にわたって中国によって植民地経営された楽浪遺跡からは朝鮮文化の源泉に中国の漢文化があることを実証的に示す漆器、青銅器、木製品、陶器などが多数発掘され、日本人の工芸関係者の高い関心を集めた（図22）。朝鮮総督府が楽浪遺跡の発掘を本格化させたのは、古蹟及遺物保存規則を制定し、古蹟調査委員会を設置した大正五年からである。この年、関野貞らは貞柏里と石巌里の計一〇基の古墳を発掘、とくに石巌里九号墳からは金製鉸具、銅器、鉄器が発見されて高い関心を集めた(121)。その後も継続的に楽浪遺跡の発掘調査は進められたが、昭和六年からは朝鮮総督府の外郭団体として黒板勝美を中心に組織された朝鮮古蹟研究会によって楽浪の発掘調査が行われるようになり、また、岩崎小弥太の出資を受け、楽浪研究の拠点として平壌に朝鮮古蹟研究会の研究所が開設された(122)。

こうした朝鮮総督府主導の発掘調査とは別に、大正十四年には東京帝国大学文学部の事業として、細川護立の出資を受け、原田淑人（一八八五—一九七四）、田沢金吾、小泉顕夫によって石巌里二百五号墳（王盱墓）の発掘調査が実施され、報告書として『楽浪』（東京帝国大学文学部編、刀江書院、昭和五年）が刊行された。中国陶磁の有力なコレクターであり、東洋陶磁研究所の主たる出資者であった岩崎小弥太と細川護立が楽浪遺跡の発掘調査事業の出資者としても名を連ねているのはたんなる偶然ではあるまい。

ところで、楽浪の古墳に埋葬されていた楽浪漆器については、どの古墳からもたくさん出土することから、当初は一般向けの日用品と見なされていた(123)。ところが、大正十三年に石巌里一九四号墳から銘文を記した漆器が出土し、楽浪漆器はおよそ二千年前、紀元前後の漢代に中国の四川の官営工場で制作され、楽浪にまで運ばれたものであることが明らかになり、楽浪漆器は朝鮮文化の基底に中国の漢文化があることを、さらには朝鮮文化の他律性を実証的に示す出土品として注目されることになる。

泥土のなかから出土した楽浪漆器は漆の皮膜でかろうじて形状を保っているきわめて脆弱な状態だったが、東京美術学校の六角紫水と松田権六（一八九六—一九八六）によって保存修復がなされた（図23）。そして、大正十五年五月には東京の東洋文庫において開催された「楽浪古墳出土遺品展観」（五月十六日）で漆杯や漆盤などの楽浪

図24　《金錯狩猟文銅筒》
（東京芸術大学大学美術館所蔵）

図23　《有絞漆盤》（楽浪遺跡出土、
東京大学大学院考古学研究室所蔵）

漆器が公開され、また、同年十一月に東京美術学校で行われた推古会第五回展にも出品された。

楽浪漆器は漆を用いながらも、髪の毛のような長くて細い流麗な線で模様が描かれているのが特色で、その技法には彫刻刀を用いた彫りによるものと筆によるものとの二種があり、六角紫水は両者を合わせて「刀《とう》筆《ひつ》」と呼んだ。六角紫水はおよそ二千年間泥土に埋もれていた漆がいまだに新鮮な光沢を保っていることに驚かされるとともに、そこに描かれた生き生きとした生命感あふれるその線の表現に漆の新しい可能性を見出してその技法の再生に取り組むようになる。[124] 第八回帝展（昭和二年）に六角紫水が出品した《刀筆天部奏楽方盆》（口絵3）には楽浪漆器に見られる細くて流麗な描線で鳳凰や雲気の模様が描かれている。なお、この作品については代作の疑いがかけられたが、六角紫水は自作であることを証明し名誉を回復した。

日本に伝世してきた「唐物」とは異質な造形感覚と文様表現を備えた楽浪の出土遺物に対しては、漆芸家以外の工芸家も高い関心を寄せている。例えば、染織家の龍村平蔵（一八七六―一九六二）が第八回帝展（昭和二年）に出品した《漢羅「楽浪」》（口絵4）は、楽浪から出土した筒状の青銅器で、やはり後漢時代の中国で馬車の傘の支柱として制作された《金錯狩猟文銅筒》（図24）の表面に描かれた狩猟文をもとに制作した壁掛である。流動的で不定形な文様表現が仏教伝来以前の神秘的な世界観を感じさせる作品といえるが、こうした作品は工芸家が「東洋」という文化多元主義的な集合体において民族の違いを超えて共感を呼びうる造形言語を楽浪からの出土遺物に見出そうとしていたことをうかがわせる。それはすなわち、「帝国」として拡大する多民族国家日本において、民族の違いを超えて共感を呼びうる造形言語を出土遺物に探り出し、それを通じて「帝国」日本を構成する諸民族の意識統合を促し、ナショナリズムを強化するという役割を工芸家が引き受けていたことを示しているともいえる。

このように大正から昭和戦前期の日本を取り巻く国際情勢を念頭に置いて振り返ってみるならば、中国や朝鮮の古陶磁コレクションもさることながら、遺跡や窯址などの発掘調査事業もまた「東洋」というコンセプトの強化と密接に関わっていたことは明らかである。「帝国」としての日本の版図拡大に伴い、あたかも「自己」の一部でもあるかのようにアジアと直接接触することができるようになった日本人は、「東洋」という多元的な文化的集合体の共通の基盤を地中に探り出そうとするかのように鶏龍山窯址や楽浪遺跡などの発掘に取り組んでいたのである。つまり、日本人の工芸家が朝鮮の鶏龍山や楽浪の遺跡から発掘によって出土した陶磁器や漆器などに高い関心を抱いたのは、たんなるオリエタリズム、あるいは、懐古趣味ではなく、そこに日本という枠組みを超えて、アジアのさまざまな民族が共感しうる共通の造形言語を探り出し、「東洋」という文化多元主義的な共同体、すなわち「帝国」としての日本という共同体を構築する基盤を見出そうとしていたからだったのではないかと考えられるのである。

四　帝展の工芸部門開設――「工芸美術」が描き出すもの

昭和二年（一九二七）、帝展に工芸部門が新たに開設されたことにより、「工芸美術」という概念が工芸家の間で共有されるようになる。文展（帝展）に工芸部門が開設されていなかった大正期には農展（農商務省主催図案及応用作品展）[125]が官制の公募展として工芸家の作品発表の舞台となっていた。しかし、農展は農商務省主催ということからも明らかなように、明治以来の殖産興業政策の延長線上にあり、「産業としての工芸」の振興を図るための展覧会という色彩が強かった。そのため、個人作家として画家や彫刻家と同じような意識で「美術としての工芸」の制作に取り組んでいた工芸家は、工芸を美術のひとつのジャンルとして確立するために、そして、工芸家の地位向上のために、文展（帝展）への工芸部門開設を求める運動を大正時代に展開し始める。

大正八年（一九一九）、帝国美術院が創設されたことによって文展の運営主体は文部省から帝国美術院にかわり、その名称も帝展（帝国美術院美術展覧会）となったが、これを機に工芸部門を開設しようとする機運が高まりを見せ、同年十一月、東京美術学校の卒業生を中心とする約三五〇名の工芸家によって工芸美術会（新興美術会）が結成された。そして、「元来工芸美術は古来本邦美術史上絵画彫刻と併立して他国に誇るべき幾多の優秀なる美術品を有し純真に美術の領域を確保して居りながら（……）遂に単純なる工芸と同等に誤認せらるる結果を来したのは社会文化の為め甚だ遺憾とするところであります」と記した請願書を帝国美術院に提出し、工芸部門の開設を要請した。[126] この請願書に記されているように、そもそも絵画や彫刻と同等の地位にあった「工芸美術」が、現在では「単純なる工芸」と同等のものと見なされておりきわめて遺憾だとして工芸家は帝展への工芸部門開設を求め、その地位回復を計ったのである。

この工芸美術会の活動が直接実を結んだわけではなかったが、大正十一年七月、工芸部門の開設に賛意を示していた黒田清輝（一八六六―一九二四）が帝国美術院長に就任すると、国外にその比を見ない日本の工芸を奨励するという趣旨のもとに、帝展の第四部として工芸部門を新たに開設することが帝国美術院で決定された。[127]

ところが、そのために必要な予算が認められなかったため工芸部門の開設は見送られることになり、さらに、大正十二年十二月に開催された帝国美術院臨時総会においても、大正十五年に予定される東京府美術館（現在の東京都美術館）の開館をまって工芸部門を開設することが満場一致で決議されたにもかかわらず、またもや予算不足を理由に先送りとなった。そのため、大正十五年六月、業を煮やした工芸家が結集して日本工芸美術会を結成し、「工芸美術」を絵画や彫刻に鼎立させその真価を現代に問わん、[128] という趣旨のもとに、同年十月、東京府美術館において第七回帝展と同時期に第一回工芸美術展（日本工芸美術会主催）を開催して工芸の現況を示し、その水準の高さをアピールした。そして、この年の帝国美術院会議において工芸部門開設があらためて可決されるとともに、そのための予算一万三〇〇〇円が計上され、ようやく翌年の第八回帝展（昭和二年）から第四部として工芸部門が開設されることになったのだった。

ところで、帝展への工芸部門開設運動を通じて工芸家は「工芸美術」という言葉を繰り返し使用してきたのだが、帝展の工芸部門の正式名称として使われたのは明治二十年代以来使われてきた「美術工芸」という言葉だった。「美術工芸」と「工芸美術」はいずれも「美術としての工芸」を意味しており、当時の美術雑誌などの記述を見る限りでは、用語法上において、「美術工芸」と「工芸美術」との間に区別があったとは考えにくい。むしろここで重要なことは、帝展への工芸部門開設運動を通じて、絵画や彫刻と同格の工芸を意味する言葉として「工芸美術」という言葉を工芸家が意識的に使用するようになったことだろう。

帝展への工芸部門開設運動において煽動的な文章を書いて工芸家を鼓舞する役割を果たしていた金工家の高村豊周《とよちか》（一八九〇―一九七二）は「工芸美術」を「純粋工芸」とも呼び、「工芸美術」とは外見上は実用品のかたちをしているが実用を第一目的とするのではなく、絵画や彫刻と同じ意味での鑑賞を旨とする工芸作品のことと定義し、「工芸美術」の要件として作者の感覚の鋭さ、作家個人の個性、作品の唯一性などを挙げて「美術」との共通点を強調し、農展（商工展）が振興を図ろうとしていた「産業工芸」との違いを明確にしている[129]。

帝展の工芸部門開設とは、「工芸美術」が美術のジャンルのひとつとして認知されたことを意味していたが、その「工芸美術」の実体については、帝展の開催を通じて工芸家自身によっていわば生成されることになる。はじめて工芸部門が開設された第八回帝展には一〇一八点の作品応募があり、そのなかから入選作品として選ばれたのは一〇四点[130]、じつにおよそ十倍の入選倍率だった。この時の審査員の一人である金工家の香取秀真《ほつま》によれば、最初の二日間で市中の呉服店にありそうなものや商工展に出した方がよさそうなものを除外してまずは三五〇点ほどに絞っていき、あとの二日間で本格的な審査を行ったという[131]。この言葉からもうかがえるように、帝展に工芸部門が開設されたばかりの段階では、作品を応募した工芸家の間でも「工芸美術」についての共通認識がしっかりと確立されていたわけではなく、帝展の入選審査というプロセスを通じて、一般向けの工芸品や産業工芸を除外していくことで、「工芸美術」という新しい領域の輪郭線が事後的に描き出されることになったのである。

図25　内藤春治《壁面への時計》（東京国立近代美術館工芸館所蔵）

昭和初期の帝展に出品された工芸作品を眺めてみると、種類としては、花器や飾筥、置物や壁掛などのように室内に飾って鑑賞するタイプの作品が大部分を占めているのだが、それとは別に、数としてはそれほど多くはないものの、例えば、暖炉前の衝立、装飾扉、照明器具、家具セット、モデルルームなどのように、必ずしも鑑賞を目的とする工芸作品というわけではなく、むしろ洋風邸宅の室内装飾の一部分といえそうなものも作品として出品されていた。当時の工芸家によって選別されたこれらの総体が「工芸美術」の実体ということになる。

昭和初期の帝展では、高村豊周、杉田禾堂《かどう》（一八八六—一九五五）、内藤春治《はるじ》（一八九五—一九七九）、北原千鹿《せんろく》（一八八七—一九五一）ら、「構成派」と呼ばれた新興工芸運動の工芸家が相次いで特選を受賞するなど注目を集めた。例えば、内藤春治が帝展に出品した《壁面への時計》（昭和二年、図25）や《照明のある噴水》（昭和三年）などは、アール・デコの影響が日本にもほぼ同時代的に伝播していたことを示す構成派の典型的な作例といえる。だが構成派に対しては、当時、たんなる「西洋かぶれ」とする批判もあった。こうした批判にこたえるかのように、内藤春治は西洋からの影響をかたくなに否認し、あくまでも「日本人の生活」に基盤を置き、その生活の拡充を促す作品を制作することに工芸家の役割があると主張していた[132]。関東大震災（大正十二年）からの復興をとげつつあった昭和初期の東京には鉄橋、地下鉄、鉄筋コンクリートの建物、工場の煙突などが出現し、新しい都市風景が作り出されたが、そうした日本人の生活環境の変容に伴う美意識や生活スタイルの変化に応じてこうした作品を制作したというのである。

内藤春治が西洋からの影響をかたくなに否定して「日本人の生活」を強調していることを念頭に置き、あらためて昭和初期の帝展の工芸作品を全体的に眺めてみるならば、「工芸美術」とは、生活のさまざまな場面を連想させる実用的な形態のオブジェを媒介として、日本人のかつての生活の記憶をよみがえらせ、あるいは、日本人が求める生活の理想を喚起する「用」の形を備えたオブジェとして捉えることができる。であるとするならば、帝展の工芸部門を通じて工芸家が生成した「工芸美術」には、昭和初期の日本人の生活に対する理想や憧れを喚起し、日本という「共同体」を構成する人々の共感を通じて国境を内側から支えるという役割、すなわちナショナリズムを強化するという役割が期待されていたということができそうである。

五　新古典派が描き出す「東洋の理想」――工芸家の「古典探し」

昭和初頭の帝展の工芸部において審査員を歴任するなど、中核的な位置を占めていたのは工芸済々会《こうげいさいさいかい》（大正十四年発足）に参加した工芸家たちだった。工芸済々会の創立時の会員は、六角紫水、板谷波山、香取秀真、沼田一雅、佐々木象堂（一八八二—一九六一）、山本安曇（一八八五—一九四五）、杉田禾堂、海野清（一八八四—一九五六）、清水南山（一八九五—一九四八）、北原千鹿、桂光春（一八七一—一九六二）、石田英一（一八七六—一九六〇）、二十代堆朱楊成（一八八〇—一九五二）、赤塚自得（一八七一—一九三六）、植松包美（一八七二—一九三三）という顔ぶれである。中心メンバーと目されるのは、いわゆる「新古典派」の代表的存在である香取秀真、板谷波山、六角紫水の三人だが、東京美術学校出身の第一世代というべきこの三人に共通するのは、いずれも岡倉天心が校長を勤めていた明治二十年代に東京美術学校で学び、工芸史研究にも高い関心を抱いていた点である。

新古典派の工芸家の作品は、一見したところ、古作の模倣あるいはたんなる懐古趣味と思われるかもしれない。しかし、当時の工芸評論家渡辺素舟（一八九九—一九八六）によれば、日本の歴史的様式に基づきながらも、日本民族という枠組みを超えて現代世界において普遍性を獲得しようとする意志に基づいて作品を制作するのが新古典派である[133]。このような前提で新古典派の作品を眺めるならば、むしろそこには、当時の日本人が抱いていた「東洋の理想」が投影されているのではないか、アジアを主体的に考え、アジアの同胞とともに歩もうとしていた日本人の理想が投影されているのではないか、という関心が浮かび上がってくることになる。もっとも、「アジアはひとつ」という有名な一文で始まる『東洋の理想』（明治三十六年）が出版されたのは岡倉天心が東京美術学校を去ったあとのことで、しかも英文での出版だったが、日本美術史の叙述を通じて、「東洋」を文明論的に確立しようとする同書の理念は、同校で天心の薫陶を受けた彼らにも植え付けられたに違いない。

古作をよりどころとして制作に取り組む「新古典派」の姿勢は反近代的と捉えられなくもないが、父祖から受け継がれてきた様式や製法をただ盲目的に墨守するのではなく、時間的な連続性を飛び越えて過去の作品に範を求め、すでに継承が途絶えてしまった様式や製法を再生しようとするその工芸への取り組み方は、むしろ、近代の工芸家としての主体性に裏打ちされたものといえる。「東西一に帰せんとする将来の文明に」「無限の創造を我等日本人に俟《ま》つ所の未来の文化建設に」「淵源の遠いわが工芸美術を進行せねばならぬ」、という工芸済々会の声明が示しているように[134]、彼らはたんに欧化主義的な傾向を批判しようとしたのではなく、日本人としての立場から近代の理想というものを工芸の制作を通じて示そうとしていたと考えられる。

新古典派の代表的な金工家である香取秀真がはじめて工芸部門が開設された第八回帝展（昭和二年）に出品したのは、平安時代の銅鏡に範を取った《蝶鳥文八稜鏡》（図26）だった。審査員として第八回帝展で無鑑査出品が認められた立場にあったとはいえ、銅鏡を帝展に出品するというのはあまりに時代錯誤ではないか、と思われるかもしれない。とりわけ、構成派と呼ばれた若手の新興工芸運動の工芸家たちが「新しい現代の工芸をやる」[135]ことを共通の課題として掲げ、アール・デコや構成主義の影響をうかがわせる斬新な幾何学的形態の工芸作品を出品して注目されていた時期だったことを思えば、香取秀真が帝展に出品した復古調の銅鏡はきわめて異色といえる。だがそれだけに、香取秀真が帝展に銅鏡を出品した意図とはいったい何だったのだろうか、という疑問が浮かび上がってくることになる。

図26　香取秀真《蝶鳥文八稜鏡》

香取秀真が第八回帝展に出品した《蝶鳥文八稜鏡》は、当時の工芸家や評論家からは、古典研究の成果を示すもの、古典主義の美しい作品などと評価されていた。例えば、工芸家の畑正吉（一八八二—一九六六）は、「香取氏は金属の古典芸術研究の第一人者であるだけに（……）構図といい、技巧といい、よく古鏡の真味を理解して作り上げしところは、他の企ておよばざるところである」[136]と称賛しており、評論家の渡辺素舟も、「古典主義の美しさを物語る作品として香取秀真氏の鏡がある（……）鳥や草文の古典的文様の美しさが諧調的リズミカルに流れているのが麗しく感じられる」[137]と述べ、その古典的な文様表現の美しさを評価している。確かに、香取秀真の《蝶鳥文八稜鏡》を見てみると、八稜形の鏡の背面の内区には瑞鳥文（鳳凰）と蝶文を、外区には瑞鳥文と草花文を肉薄の浮き彫りでほどよく抑制を効かせてあらわした優美な銅鏡で、様式的に見れば、国風文化が育まれた平安時代、中国の唐鏡をベースとして和鏡が成立するその過渡期にあらわれた双凰八陵鏡の形式をふまえた作品といえる。

もしかすると、銅鏡というともはや昭和初頭の日本社会とは無縁のものと思う人もいるかもしれないが、香取秀真は朝鮮半島の総鎮守として大正十五年に京城に創建された朝鮮神宮の御神鏡を制作したほか[138]、日本の主要な神社の御神鏡をこの頃相次いで制作していたから[139]、少なくともこの頃の香取秀真にとっては銅鏡というのはアクチュアルな課題だったのである。そして、帝展に出品した《蝶鳥文八稜鏡》もまた、香取秀真の生家（現在の千葉県印西市）の近くの宗像《むなかた》神社に奉納された[140]。

昭和五年（一九三〇）には、香取秀真を中心に金工史の研究会として七日会が発足した。七日会には、香取秀真、香取正彦（一八九九—一九八八）、会田富康（一九〇一—八七）、伊東春三、桂信春、北原三佳《さんか》（一八九五—一九七二）、佐々木象堂、長野垤志《てつし》（一九〇〇—七七）、山本安曇《あずみ》、山本純民（一八八八—一九六二）、渡辺紫鳳、齋藤鏡明、伊藤忠雄、林万寿人《ますと》（一八九六—一九八五）、丸谷瑞堂、山本自炉、二橋美衡《にはしびこう》ら金工家のほか、彫刻家の大川逞一《ていいち》（一八九九—一九九二）、漆芸家の高野松山（一八八九—一九七六）らが参加した[141]。

七日会の機関誌『なのか』の創刊号（昭和六年一月）に掲載された、同会の声明文とも受け取れる「工舎放語」（山本安曇）には次のような文言が記されている。「吾々の向う所は帝展にあらずして芸術の殿堂である」「吾々は思想的にも芸術的にも東西文化の合流地点にある」「作家各自が日本の位置と時を考へ流派や傾向や団体を超えて親み千載一遇の東西合流期をして最も光輝あらしめたい」――現状を「東西合流期」と捉えたうえで、「東西文化の合流地点」たる日本において、帝展の動向、工芸界の政治的な動きに振り回されることなく制作に励み、優れた工芸品を作り出すことに工芸家が果たすべき本来の役割があるという意思がここにははっきりと表明されている。

必ずしも帝展を重視することはないという姿勢を七日会が示していることからもうかがえるように、香取秀真は帝展に工芸部門が開設されることによって、工芸が絵画や彫刻と同じような「会場作品」になってしまい、工芸の本来のあり方が見失われてしまうのではないか、創作性や個性的表現の競い合いに工芸家が翻弄されてしまうのではないか、という懸念を抱いていた工芸家でもあった(142)。さらに、花器や香炉を作るだけでは銅器の制作は今後幾年続くだろうかとも述べているが(143)、確かに工芸品とは人々の生活の用に供されてきただけでなく、古来、宝物や仏具として神前や仏前に奉げられ、何百年後の現在にまで人々に大切に受け継がれてきたものである。だから、香取秀真が銅鏡を第八回帝展に出品したのは、工芸家とは古来、神前の宝物を制作してきた誇り高い仕事なのだ、という自負心のあらわれでもあったのではないかとも思われるのである。

香取秀真の若い頃の著作に『日本古鏡図録』（東京鋳金会、明治四十五年）がある。明治四十四年（一九一一）九月に東京上野の竹之台陳列館において開催された第四回鋳金展に出品された古鏡六五七面のなかから和鏡一〇〇面を選んで収録した名品図録だが、この本に収録された香取秀真の「鏡師」という論考には、わが国の鏡師の系譜は天照大神《あまてらすおおみかみ》が天の岩戸に隠れた際に使われた八咫鏡《やたのかがみ》（三種の神器のひとつ）[144]を作ったとされる石凝姥命《いしこりどめのみこと》に始まると記されている。工芸史の記述に日本神話の神々が登場するのは現代の私たちには奇異に感じられるかもしれないが、この文章からは、記紀神話の時代から受け継がれてきた鏡師という職に対して香取秀真が深い崇敬の念を抱いていたことがうかがえる。

ところが、昭和初期には鏡師の系譜はもはや断絶の危機に直面していた。京都で宮中の御用鏡師を代々勤めてきた青家に伝わる「御鏡仕用之扣書」を紹介した「鏡師の古記録」（『アルト』昭和三年五月）で香取秀真は、もはや鏡造りの技術は絶滅寸前だと述べ[145]、さらに『和鏡の話』（昭和七年）では、銅鏡を作る技術は御本家の中国でもすでに滅びてしまい、日本においてかろうじて命脈を保っているだけだと述べている[146]。こうした文章からすると、香取秀真が銅鏡を帝展に出品したのは、近代化によって日本人の生活環境が変化するなかで、日本神話の時代から続く鏡師の系譜、そして、東アジアの中でもかろうじて日本で受け継がれてきた鏡造りの技術がいずれ途絶えてしまうであろう現実に対する危機感の表明という意味も含まれていたのではないかと思われる。

香取秀真は金工家として作品の制作に取り組む一方で、金工史の研究者として多数の著作を著し、日本の金工史研究の基礎を確立した人物でもあった。開校四年目の明治二十五年に東京美術学校に入学した香取秀真は、ちょうど岡倉天心が校長を務めていた時代に同校に在籍しており、その思想的影響を強く受けた工芸家の一人である。香取秀真は明治三十年に鋳金本科を卒業するが、ちょうどその頃、帝国博物館では明治三十三年のパリ万国博覧会に向けて『稿本日本帝国美術略史』の編纂事業が行われており、秀真は鎌倉時代以後の金工に関する部分を担当することになった。さらに、明治三十六年からは黒川真頼のあとを受け継いで東京美術学校で鋳金史の授業を、さらに翌三十七年からは彫金史の授業も担当することになり、金工史研究に本格的に取り組むことになる[147]。

だが、その頃は金工史に関する参考図書はまだほとんどなかったため、香取秀真は学生時代に受講した黒川真頼の講義ノートを足掛りとして、制作活動の合間をぬって日本各地の神社や寺院を意欲的に訪ね歩き、作品の実地調査を重ねていった(148)。戦時中、東京田端の香取秀真の自宅が被災したため、収集した文献や拓本の多くを焼失したが、それでも東京文化財研究所には香取秀真の調査記録ノート、古文献の写本、拓本、雑記帖などの資料が数多く残されている(149)。その調査記録ノートを見ると、作品に刻まれた銘文からその制作背景を探り、工人の名前や職位の記録からその系譜を追跡するなど、地道な基礎調査に基づいて金工史の研究を重ねていた様子がうかがえる。

金工史の専門家として国宝保存会（昭和四年発足）の委員を務めた香取秀真は、金工史研究を通じて過去の作品の比較と選別を繰り返し行い、何を規範的作品として位置づけるかという、いわば「古典探し」の最前線に立ち会いながら制作活動を展開していた工芸家だったといえる。

しかし、工芸家が規範となる作品を「古典」として選び出すということ自体、「古典」というものの本来のあり方に相反するようにも思われる。歴史研究に基づく倣古的な作品を、当時の批評家や工芸家は、「新古典主義」「古典主義」などという言葉で評していたのだが(150)、「古典」という言葉の適不適については当時においても議論があった。高村豊周は「古典」といえば文芸上はギリシア、ローマ時代を指し、日本の美術では推古、天平ということになるが、しかし、工芸においては「『古典』とは、いつ時分のことをいうかというと、日本では工芸史上にそういう芸術運動がなかったから、確立した範疇がないと言ってもいい」と述べ、擬古的な工芸作品に対して、「古典」の定義も曖昧なまま「新古典主義」「古典主義」という言葉を使って評する批評家に再考を促している(151)。

確かに、新古典派の工芸家が参照したと思われる作品は、飛鳥、奈良、平安……、あるいは、周、漢、唐、宋……など、広範囲にわたっており、ある特定の時代や様式を規範として見定め、その復興をめざしていたわけではない。むしろ、高村豊周が指摘しているように、工芸における共通概念としての「古典」の不在を露呈しているとも考えられるのである。いわば「古典」不在のなかで、共通の基盤となる工芸史観を確立すること、そして、共有すべき規範を確定することを課題として捉え、熱心に歴史研究に取り組みつつ制作活動を展開していったのが香取秀真であり、新古典派の工芸家だったということができるだろう。

長年にわたって金工史研究に取り組んだ香取秀真は、「複雑を単純化することとの趣味は、建国以来の国民性」であり、「時代転換する毎に支那を手本として趣味好尚の変遷が行われているものの、何時のまにか日本風に浄化されてしまっている」と述べ、「単純化」あるいは「浄化」という作用、すなわち、外来の文化を消化吸収し「日本的なもの」を創出することに日本文化の独自性を見ていた。(152) さらに香取秀真は、「我国文化の有様を通観すれば、世界的綜合文化である、世界中の文化を吸入れてそれを消化し応用する特殊の性能を有した最上乗の文化能力ある大文化である。これは日本人が鋭敏な感受性をもち、周匝《しゅうそう》な応用力があり、その根底に統綜的能力があるからである。畢竟これは民族的に固有した力で我国体の先天的能力である」(153) とも述べていることからもうかがえるように、中国をはじめとする海外の文化を幅広く受け入れ、鋭敏な感受性と応用力によって消化吸収してきたところに日本民族の特殊性を見出していた。

こうした香取秀真の日本文化観からは、東西文明の融合による「もうひとつの近代」ともいうべきものを日本人が得意とする応用力で創出することができるという自負心を抱いていたことがうかがえる。そして、このような日本文化観を念頭に置くならば、香取秀真が制作したいわゆる「新古典主義」的作品とは、たんに懐古趣味的な志向に根差したものではなく、「東洋の盟主」としての日本という自覚、日本文化の独自性や日本民族の特殊性という自覚に基づいて作り出された作品として捉えることができよう（口絵5）。

新古典派と構成派は帝展の入選審査や受賞作品をめぐって、ときには論争を繰り広げることもあった。例えば、香取秀真の長男で金工家の香取正彦が第十一回帝展（昭和五年）に出品した《鋳銅花器》（図27）が特選を受賞したことに対して、構成派の先鋒ともいうべき高村豊周が、「支那古代銅器の模造に和臭を混じたもの」で、作家としてのオリジナリティを見出すことができない、と辛らつに批判した[154]。

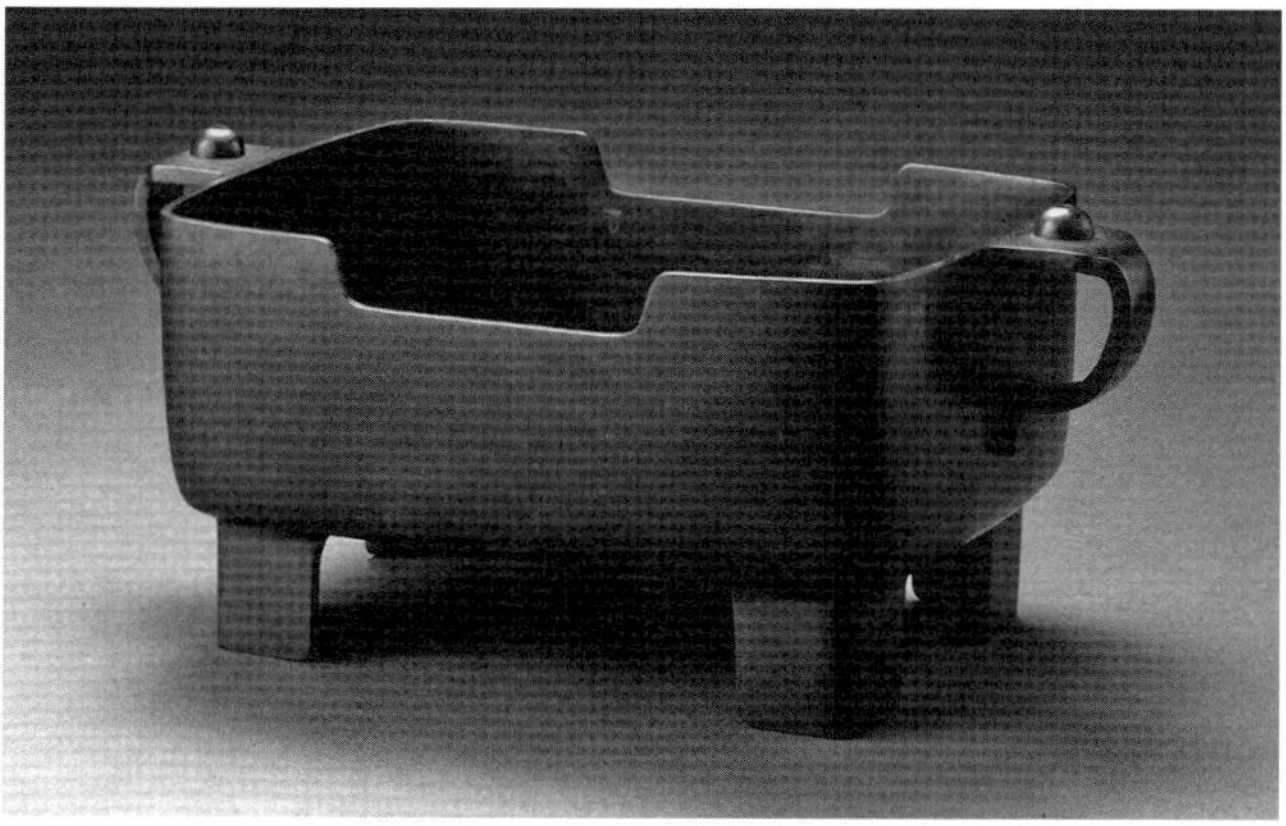

図27　香取正彦《鋳銅花器》
（東京国立近代美術館所蔵）

こうした高村豊周の批判に対して香取正彦は、「漢の銅器より想を起した[155]」ことをあっさりと認め、「伝統の上に立つ時代性と、独自性があるから日本風」なのであり、「和臭」のない日本美術の傑作があったら教えてもらいたいものだ、と反論している[156]。漢代の青銅器を手本としているのはそのとおりだが、そのまま模倣しているわけではないし、また、中国の作品を手本にするというのは日本では古くから行われてきたことで、それを日本化することで日本独自の工芸が作り出されてきたことは歴史が示している、というのである。

一見すると新古典派の作品は古作を手本とした懐古趣味的なものというふうに見えるかもしれないが、この香取正彦の反論からすると、歴史研究を通じて日本の工芸の歴史的な土壌というものをつねに意識していた新古典派の工芸家たちは、中国をはじめとするアジアの工芸に幅広く規範とすべき「古典」を求め、日本民族という範囲を超えて拡張する「帝国」としての日本という「共同体」を構成するさまざまな民族の共感を喚起しうる作品を作り出そうとしていたのではないかとも思えてくる。

このように、「帝国」日本のナショナリズムという観点から昭和戦前期に作り出された新古典派の作品を眺めてみるならば、それらは伝統的でも古典的でもなく、「東洋」というコンセプトを強化しようとする文化多元主義的な理想、すなわち、「帝国」としての日本の国境を内側から支えナショナリズムを強化しようとする意思が投影されたアジア主義的なものとして捉えることができると考えられる。

Ⅲ　工芸における「日本的なもの」

国家主義時代の工芸史観を背景に

一　「日本的なもの」の創出という課題——閉塞する国際社会

第二次世界大戦へと向かって国際情勢が緊迫を見せ始めた一九三〇年代には、国家主義的なナショナリズムが高揚を見せるが、そうした潮流のなかで「日本的なもの」の創出が工芸の領域においても課題として意識されるようになる。

第一次世界大戦（大正三—七年）後の一九二〇年代の建築やデザインの領域においては、ドイツのバウハウスやフランスのル・コルビュジエ（Le Corbusier、一八八七—一九六五）の仕事に見られるように、歴史や民族や風土の違いを超えて国際的に共通する普遍的なモデルを探究しようとするモダニズムが台頭を見せる。合理主義的な精神を土台に、機械による大量生産と大衆による大量消費時代の到来を見据えた新たなる時代のものづくりのあり方を模索するかのように、また、第一次世界大戦という悲劇を生み出す要因ともなった国民国家という枠組みを克服しうるユートピアの実現を夢見るかのように、歴史様式や民族固有の土着的な様式から解放された抽象的

表4　日本からの対外輸出貿易の大陸別割合

大陸名	1920年（大正9）	1940年（昭和15）
アジア	51.2%	68.3%
アフリカ	2.1%	3.5%
ヨーロッパ	10.0%	5.0%
北アメリカ	31.1%	16.4%
中南アメリカ	2.1%	4.5%
オセアニア	3.5%	2.3%

（出典）『数字で見る日本の100年　改定第5版』（矢野恒太記念会、平成18年）より作成

な形態、機械を思わせる無機的な外観を備えた建築、家具、工芸などが生み出されるのである。

ところが一九三〇年代になると、こうしたモダニズムの躍進に抗うかのように、土着的なもの、伝統的なもの、ローカルなものへの志向が高まりを見せ、民族固有の様式や伝統的な手工芸を保護しようとする動きが各地で現れる。こうした内向き志向というのは、モダニズムの浸透と機械による大量生産によって、モノに表出される民族性や地域性が希薄化していくなかで、その反動として、伝統的な生活文化や風土に根差した土着的なものに人間的な温かさを見出そうとする新たな価値観の発現と捉えることができるだろう。

だがそれだけでなく、こうした内向き志向の背景には、第二次世界大戦の火種ともいえる保護貿易の強化による国家間の経済摩擦という要因があったことを見過ごすことはできない[157]。ニューヨーク株式市場の大暴落（昭和四年）に端を発する恐慌が世界各地に広がりを見せると、経済不況に苦しめられた各国は国内産業保護のために外国からの輸入品に対して高い関税を課すなど保護貿易策を強化したため、世界はいくつかの経済ブロックに分断されることになった。

例えば、大正九年（一九二〇）と昭和十五年（一九四〇）の日本からの輸出先の占める割合を見てみると、北米向けが三一・一%から一六・四%にほぼ半減、ヨーロッパ向けが一〇%から五%へとやはり半減している（表4）。なかでも、八〇%近くをアメリカ向けの輸出に頼っていた製糸業は世界恐慌の影響によって不振に陥り、生糸の

価額も暴落したため、繭の生産者である農家は深刻な打撃を受けた。さらに昭和九年には東北地方を大凶作が襲い、青田売りや娘の身売りが行われるという悲惨な状況に陥っていた[158]。閉塞感を強める国際社会のなかで日本は中国東北地方（満洲）での権益の拡大を画策、柳条湖事件（昭和六年）と盧溝橋事件（昭和十二年）を経て、宣戦布告がないまま日本と中国は事実上の戦争状態となっていた。

「日本的なもの」の創出という課題が一九三〇年代に浮かび上がることになった背景には、日本における軍国主義体制の強化に伴う国家主義的なナショナリズムの高揚だけでなく、こうした国際的な内向き志向という潮流もあったことを念頭に置いておきたい。閉ざされた市場のなかで、そのブロック圏内の人々の共感を喚起しようとするかのように、民族固有のもの、土着的なものが尊重されるようになるのだが、日本の場合、西洋と東洋の相克という明治以来の対立構造を前提としながらも、そこに中国への対抗意識も加わり、西欧だけでなく、中国とも異質な「日本的なもの」の創出が課題として意識されることになるのである。

二　「固有工芸」――日本の土着的な手工業

いまだ前近代的な産業構造が根強く残っていた昭和初期の日本において、合理的な生産システムの導入による工芸産業の近代化、という役割を担うことを期待されたのが、昭和三年に仙台に設立された商工省工芸指導所だった。工芸の「科学化」「大衆化」「輸出化」を三大方針に掲げる工芸指導所は、商工省の管轄下にあったことからも、また、戦後、昭和二十七年には産業工芸試験所と改称されたことからもうかがえるように、「産業工芸」の研究指導が使命であり、そこでは規範原型、標準寸法、規格統一、工業品の美化、代用材料などといったデザイン研究の先駆的な取り組みが行われていた。

工芸指導所は、昭和初期の日本において、デザイン研究の拠点として重要な役割を果たした国立機関といえるのだが、しかし、その開所式の「告辞」で、ときの商工大臣中橋徳五郎が、手先の巧みな日本人に最も適しているのが手工業であり、他国の模倣追随を許さない日本在来の手工業に最新の科学技術を応用して輸出の振興を図ろう、と訴えていることからもうかがえるように、工芸指導所には、あくまでも伝統的な手工業を基盤とする輸出産業の育成が期待されていた[159]。西欧諸国が世界に先駆けていち早く近代化を成し遂げたがために、近代化と西欧化が不可分なものとして、いわば西欧近代があたかも近代化の普遍的なモデルでもあるかのように捉えられがちだが、ものづくりの近代化とは必ずしも西欧化を意味するわけではなく、また逆に必ずしも非西欧的な要素を排除しようとするものでもない。そうした意味では、工芸指導所が伝統的な手工業を土台としながらその近代化を促すためにデザイン研究に取り組もうとしたのは、いわば日本型モダンデザインとでもいうべきものの確立の可能性を探ろうとしていたことをうかがわせる。

明治以来、「殖産興業」の掛け声のもと、日本の製造業は西欧をモデルとして鉄鋼や機械などの重工業や繊維産業を中心に生産設備の機械化や生産体制の合理化を推し進めてきたものの、台所用品などの生活雑貨を生産する手工業は半農半工の生活を営む人々の手に委ねられ、前近代的な家内制手工業の段階のまま足踏みしていた。例えば、大正十年の時点においても製造業者の八七%は一〇人以下の小規模な零細工場で占められており、日用雑貨の大半はそうした昔ながらの小さな工場で製造されていたのである[160]。工芸指導所が手工業を重視する姿勢を示したのは、昭和初期になってようやくその近代化が課題として認識されるようになったことを意味していた。

手工業を重視する工芸指導所の姿勢をよく示すのが、「固有工芸」、すなわち、日本固有の伝統的な地場産業の輸出産業化への取り組みであろう。工芸指導所設立以来、昭和十八年まで十五年間にわたって所長を勤めた国井喜太郎（一八八三―一九六七）は、昭和七年十二月から約半年間にわたって欧米視察を行っているが、その帰国後、工芸指導所においては「固有工芸」の研究が事業として行われるようになる。工芸指導所における「固有工芸」の研究事業が、欧米視察から帰国して間もない国井喜太郎からの発案であったということは、モダニズムの台頭に抗うかのように土着性という価値が重視され、風土に根差した民族固有の様式や伝統的な生活文化に裏打ちされた手工芸を保護奨励しようとする傾向が現れた一九三〇年代の国際的な潮流と連動する動きとしてこれを位置づけることができるように思われる。

国井喜太郎による論説のなかでも、「固有工芸」にかける意気込みやその目的が最も明解に示されているのは、『工芸ニュース』（昭和九年六月）に掲載された次の一節であろう。

> 本邦工芸品の輸出振興上、本邦固有の工芸技術又は意匠を応用改善し、従来兎角不評と不振とをかこちたる本邦輸出工芸商品の声価を高め、新しき需要を増進せんが為め、其の着想又は見本を一般業者に展示する目的を以って施行するものである。色々の意見はあるが今日工芸品の輸出振興は固有工芸の長所を発揮する外途はないと固く信じている。(161)

日本から海外に輸出される模造品めいた工芸品に対する欧米での厳しい批判を現地で目の当たりにした国井喜太郎は、日本固有の伝統的な手工業にむしろ輸出産業としての可能性を見出すようになったのである。昭和初期には、日本の輸出工芸の関係者の間でも、かつてのジャポニスム全盛の頃にもてはやされた花鳥風月を描いた日本的な図案を身にまとった工芸品がもはや時代遅れのものとして認識されるようになっていたが、国井喜太郎は、日本的な図案によってではなく、日本の風土のなかで育まれた土着性を持ち味として生かした工芸品を「日本的なもの」として評価し、輸出産業として育成しようとしたのである。

工芸指導所が「固有工芸」の研究事業に着手したのは昭和九年からのことだったが[162]、その前年には、商工省主催の輸出工芸展が新たに始まるとともに、社団法人日本輸出工芸連合会が設立され、さらに、工芸振興費の交付や全国各県への工芸専門職員の配置が行われるなど、「工芸立国」の気運が盛り上がりを見せ、輸出産業としての工芸産業を後押しするための施策が商工省を中心に次々と打ち出された時期でもあった[163]。このようなタイミングで工芸指導所が「固有工芸」を研究事業として立ち上げたのは、世界恐慌のあおりを受けて疲弊した農村の救済のために、日本の伝統的な地場産業を輸出産業として育成し、その活性化を図ることが課題として浮かび上がってきたからでもあった。

昭和九年度、工芸指導所では、「固有工芸」の研究事業の第一弾として「竹材応用工芸品の研究試作」および「編組工芸品の研究試作」に取り組んだ。その研究成果については、工芸指導所で技師を勤めていた岡安順吉が簡単な報告にまとめ、『工芸ニュース』（昭和九年十一月）に掲載している。「竹材応用工芸品の研究試作」の研究成果としては、竹製の椅子、輪切りにした真竹を塩基性染料で臙脂色、緑色、黄色などに染めて漆で仕上げたビールカップ（図28）、花台、電気スタンド、盆類の試作品が、また、「編組工芸品の研究試作」の研究成果としては、竹皮や籐を材料に使い、それを塩基性染料や酸性染料を使って臙脂色、緑色、黄色に染めた屑籠、果物籠、洋酒籠、切花入などの試作品が制作された[164]。だが岡安順吉の報告によれば、椅子の材料に竹を利用したのは、竹が日本的な材料だからという理由からではなく、あくまでもスプリングやクッションなどの緩衝材の代用品としての利用を試みてみたというレベルを出るものではなかった。また、竹や籐など日本の土着的な工芸素材を用いながらも、それをあえて化学染料で臙脂色、緑色、黄色などのカラフルな色彩に染めた試作品が作られていることからうかがえるように、「固有工芸」の研究事業はあくまでも海外への輸出を前提としていた。つまり、「固有工芸」の研究事業を通じて工芸指導所で作り出されたのは、竹や籐などの素材そのものが持つ色や質感を土着性を備えたものとして前面に押し出していこうとするものでは必ずしもなかったのである。

図28　工芸指導所《ビールカップ》

また、岡安順吉の報告には、工芸指導所が提案する試作品の実際の生産にあたっては、ほとんど設備投資をする必要もなく、農家の副業として好適という所感も添えられている。つまり、工芸指導所における「固有工芸」研究事業とは、日本の土着的な工芸素材そのものに価値を見出してそれを前面に押し出そうとするものではなく、あくまでも日用雑貨を生産してきた既存の手工業の生産設備をベースとして、輸出向け生活雑貨の生産を促すことをめざすもの、すなわち、半農半工の生活を営みつつ日用雑貨の生産に従事する製造業者に対して、最小限の工程を加えることで製造可能な輸出向けの生活雑貨を提案することにあったと見られる。

「固有工芸」という、いまではほとんど耳にすることがなくなった言葉をあえて現在流通している言葉で言い換えるならば、もしかすると、「伝統工芸」が該当すると考える向きもあるかもしれない。確かに、「伝統工芸」という言葉が一般的に使用されるようになったのは戦後になってからのことであるため、戦前まで「固有工芸」という言葉によって意味されたものが、戦後は「伝統工芸」と呼ばれるようになったという整理の仕方もできなくはなさそうだからである。しかしながら、工芸指導所において「固有工芸」の名のもとに作られたのは、現在「伝統工芸」として制作されているような工芸品とはまったく異質なものであり、そこには連続性はなかったといえる。というのも、「伝統工芸」とは、V章で詳しく見ていくように、戦後の高度経済成長に伴う産業構造の近代化や日本人の生活習慣の変化によって断絶が生じた日本社会の共同体としての連続性を回復しようとする意思のもとに成立を見せたものであるのに対して、戦前期における「固有工芸」は、あくまでも、伝統的な手工業の輸出産業化をめざすものであり、「固有工芸」という言葉には工芸的手工業が保持してきた、歴史や風土に裏打ちされた土着的な要素を日本独自のものとして尊重しようとする意思が必ずしも含まれてはいなかったのである。

このように工芸指導所の活動実態に即していえば、国井喜太郎の提唱によって着手された「固有工芸」とは、歴史や風土に裏打ちされた日本独自の土着的な要素を持ち味として生かした工芸品を生産すること、あるいは、モダニズムが要請する普遍的なものと土着的なものとの共生の可能性を示すことをめざしていたのではなく、あくまでも、いまだ前近代的な段階に踏みとどまっていた当時の日本の地場産業をとりまく現実のなかで、その輸出産業化をめざすものだったのである。

三 「日本的なもの」としての桃山陶芸――古窯址の発掘

工芸における「日本的なもの」とは、工芸指導所における「固有工芸」に見られるように衰退しかかった前近代的な手工業の輸出産業としての再生、あるいは懐古趣味的な日本回帰としてではなく、日本の工芸史観の確立を背景に、歴史上のある時代の様式や技法を「正統」とする歴史認識が確立されることによって創出されることになる。

開国以来、日本人は、欧米でのジャポニスムの流行を背景に、花鳥風月を描いた日本的な図案や、欧米人の好奇心をくすぐるような珍奇な意匠や、装飾過剰ともいえるほどに緻密な装飾や彫刻細工をほどこした工芸品を盛んに制作して万国博覧会などに出品し、異国趣味的なものを期待する欧米人のまなざしにこたえようとしてきた。ところが、アール・ヌーヴォーが流行を見せた十九世紀末にはジャポニスムはもはや下火となり、日本の工芸に対する熱気に陰りが見えはじめていた。パリ万博（明治三十三年）における「日本古美術展」の開催や『稿本日本帝国美術略史』の出版とは、十九世紀後半のジャポニスムの時代に欧米からのまなざしを意識しながら確立された受身的な日本美術観にかわって、東洋の精髄として日本美術を位置づける美術史観を主体的に確立し、対外的に提示しようとする意図のもとに企画されたものだった。

さらに一九三〇年代には、ジャポニスム時代に欧米で形成された日本美術観の修正を促すかのように、日本固有の美学の成立時期を室町時代に見定める学説が相次いで発表され、鈴木大拙や大西克禮《よしのり》（一八八八―一九五九）の著作を通じて「幽玄」「わび」「さび」という言葉で示される禅的なものが、日本固有の美意識を示す言葉とし

て提示されるようになる。(165)

こうした美意識の転換を反映し、例えば、昭和十一年（一九三六）にブエノスアイレスで開催された国際ペンクラブ大会において島崎藤村（一八七二―一九四三）が「もっとも日本的なもの」と題して講演を行うとともに、雪舟の《山水長巻》の原寸大複製の展観を行っているように、それまで欧米においてもてはやされてきた江戸期の浮世絵などにかわって、室町期の水墨画を日本人独自の美意識を反映したものとして、また、精神性や深遠さを備えた日本美術の正統として重視する傾向があらわれる。(166) そして、禅的な美意識を反映したものを日本美術の正統として評価するこうした美術史観の修正と足並みをそろえるかのように、一九三〇年代には桃山陶芸を日本工芸の正統、すなわち「日本的なもの」として評価する工芸史観が確立されてくることになる。

桃山時代に作り出された志野や織部などのやきものを「日本的なもの」として重視する傾向があらわれた一九三〇年代とは、体系性を備えた日本陶磁史というものが確立されてきた時期でもあった。古陶磁の収集と鑑賞が趣味として盛り上がりを見せた昭和初期には、奥田誠一が主宰する東洋陶磁研究所の『陶磁』（昭和二年十一月創刊）、北大路魯山人（一八八三―一九五九）の『星岡』（星岡茶寮、昭和五年十月創刊）、民芸運動を推進した柳宗悦による『工芸』（聚楽社、昭和六年一月創刊）、『東京日日新聞』の社会部長をしていた小野賢一郎による『茶わん』（西屋書房、昭和六年三月創刊）、鈴木恵一による『やきもの趣味』（学芸書院、昭和十年十月創刊）など、古陶磁に関する雑誌が相次いで創刊される。これらの雑誌からは数寄者や古陶磁の研究者だけでなく、実業家や文化人など、幅広い領域の人たちが古陶磁に高い関心を抱き、茶道具としての由緒来歴や箱書にとらわれることなく新知見を求め、熱心に研究や収集に取り組んでいた当時の様子が生き生きと伝わってくる。

こうした雑誌を通じて公表された陶磁器に関する研究成果を集大成するようにして、昭和十年頃には『陶器大辞典』（全六巻、陶器全集刊行会編、昭和九―十一年）や『陶器講座』（全二十五巻、雄山閣、昭和十―十二年）などが出版される。そしてこれらの出版物を通じて、日本陶磁史の通史的な流れや各窯の変遷や陶家の系譜などについての共通認識が確立され、そうしたなかで志野や織部などの桃山陶芸を「日本的なもの」とする工芸史観が形成されることになるのである。(167)

桃山陶芸が脚光を浴びるきっかけとなったのは、荒川豊蔵による志野の陶片発見（昭和五年四月）だった。当時、北大路魯山人の星岡窯で働いていた荒川豊蔵は、魯山人の個展に同行して名古屋に滞在した折に、当時関戸家に所蔵されていた《志野筒茶碗「玉川」》を実見する。それまで志野は瀬戸焼と総称され、愛知の瀬戸あたりで作られたものと考えられていたのだが、「玉川」を見たとき荒川豊蔵は、その高台の内側に「はまころ」と呼ばれる小さなドーナツ形の窯道具（焼成時に陶磁器と陶匣《サヤ》との溶着を防ぐための道具）の痕がかすかに残っていることに気がつき、その土の色を見て直感的に志野は美濃地方で作られたのではないかと推測する。荒川豊蔵は岐阜の多治見の出身だが、数年前、美濃地方の山道で陶片を拾ったときの記憶がよみがえってきたのである。荒川豊蔵はさっそく美濃地方に探索に出かけ、いくつかの古窯址を歩きまわったすえ、ついに大萱《おおがや》（岐阜県可児市）の牟田《むた》洞《ぼら》と呼ばれる窯址で志野の陶片を発見、志野がそこで焼かれていたことを実証する。しかも偶然にもそれは、数日前名古屋で見た「玉川」と同じように筍の絵が描かれた志野の陶片だった(168)（図29）。

荒川豊蔵から志野の陶片発見の知らせを聞いた北大路魯山人はさっそく資金を投じて美濃地方の古窯址発掘に着手し、いち早く大量の陶片を収集した（図30）。そして、志野の窯址発見からおよそ四ヵ月後の昭和五年八月、北大路魯山人は、美濃の古窯址から出土した陶片を東京の星岡茶寮に並べ、正木直彦（一八六二―一九四〇）、今泉雄作（一八五〇―一九三一）、高橋箒庵（一八六一―一九三七）、小野賢一郎、塩田力蔵、川崎克（一八八〇―一九四九）、外狩素心庵（一八九三―一九四四）ら、当時の主要な陶磁器研究者や骨董商や新聞記者を招待して志野の窯址発見の説明会を開催した。[169] いまでは志野の窯址が荒川豊蔵によって発見されたことは周知の事実となっているが、当時、北大路魯山人は、自分が志野の窯址を発見したと公言しており、この説明会を受けて外狩素心庵が『中外商業新報』に書いた「『志野』が焼かれた窯」では、魯山人が志野や黄瀬戸の陶片を美濃地方の大萱、大平、笠原の古窯址で発掘した、と報じられるとともに、その周辺から陶土や志野の釉薬の原料である長石を採集し、さっそくその再現にも取り組み始めていることを伝えている。[170] とはいえ、北大路魯山人の命を受けて何度も美濃地方に出かけ、現地で陶片を採集し、原料の探索を行っていたのは、荒川豊蔵だった。荒川豊蔵は、窯址から出土した陶片を通じて、桃山時代の志野茶碗の名品として名高い「卯花墻《うのはながき》」や「橋姫」などがかつて牟田洞で焼かれたものであることを明らかにしただけでなく、桃山時代の陶工がどのような陶土や長石を釉薬の原料として使用していたかということを含めて解明しようとしていたのである（図31）。

このように、昭和五年の荒川豊蔵による志野の陶片発見という出来事は、陶芸家が古窯址の探索に高い関心を抱き、日本陶磁史というものが確立されてくる現場の最前線に立ち会っていたことを、また、古窯址の探索と桃山復興への取り組みが同時進行していたことを象徴的に物語っているといえる。だが、当時、古窯址発掘に高い関心を抱いていたのは陶芸家だけではなかった。一九三〇年代の桃山陶芸の再評価とは、陶芸家だけでなく、陶磁史の研究者、骨董商、新聞記者、コレクターなどといった幅広い領域の人たちを古窯址の発掘現場という日本の陶磁史研究の最前線に巻き込んでいくなかで、発掘現場の熱気や興奮を伴いながら発生した現象だったのである。

荒川豊蔵による志野の陶片発見からしばらくすると、美濃地方では窯址発掘ブームと呼ばれる状況が訪れ、ほ

図29　志野筍絵陶片（牟田洞窯址出土、豊蔵資料館所蔵）

図30　星岡窯の陶片陳列場と北大路魯山人
魯山人は約十万点の陶片を所蔵し、星岡窯で来客に公開していた

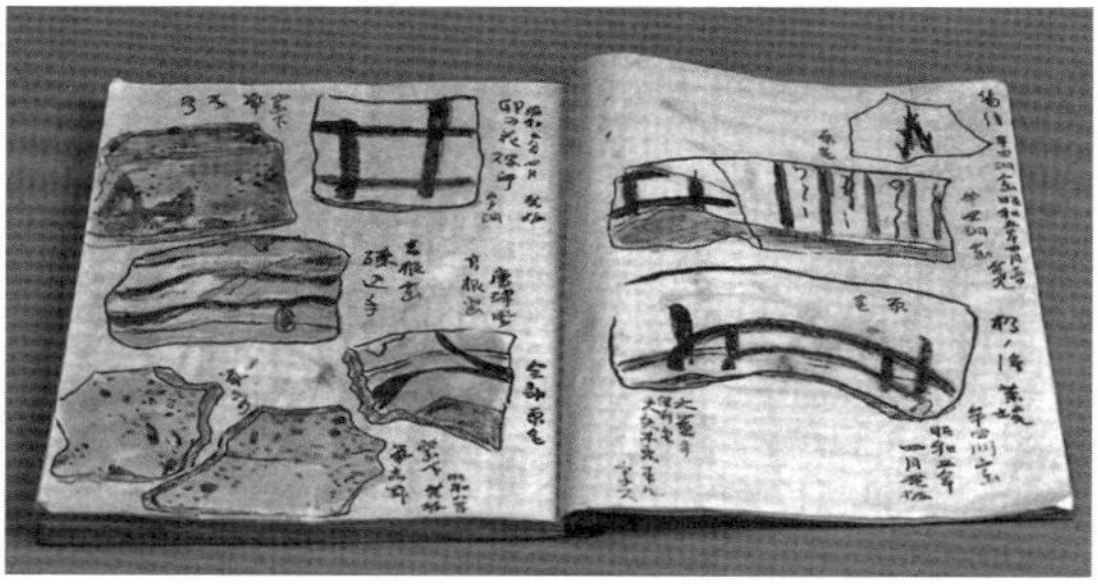

図31　荒川豊蔵『諸やきもの帖』画帖
（豊蔵資料館所蔵）
「橋ノ絵茶碗牟田洞窯昭和五年四月発掘」「昭和五年四月卯の花片牟田洞」などと記されている

とんどの古窯址がきちんとした学術調査が行われることもないまま掘り返されてしまうことになる。美濃地方で発掘ブームと呼ばれる状況になったのは、昭和六年後半から翌年にかけてのことである。その直接のきっかけになったのは、昭和六年七月、大阪毎日新聞社の社長本山彦一（一八五三—一九三二）と記者の井上吉次郎（一八八九—一九七六）が中心となって行った発掘だった。一週間がかりで大萱の牟田洞、窯下、弥七田などの古窯址を「文字通り『草を分け瓦を起し』鍬先の及ばぬ土塊を残さぬ徹底ぶりで調べ上げる大探査」を行ったのだが、[171]この発掘にはその計画段階から岐阜県陶磁器試験場の場長の井深捨吉（一八七五—一九六一）や、当時そこで技師を勤めていた陶芸家の加藤土師萌《はじめ》（一九〇〇—六八）らが関わっており、発掘作業には地元の久々利村の人々が大勢参加して協力した。

このときの発掘の様子を井上吉次郎は、『大阪毎日新聞』紙上に三回（昭和六年八月四・五・六日）にわたって連載している。「出た、出た。こんなにも無数、美の残片が、三百年山の土に埋もれて元の姿を隠していようとは、私どもには意表外だつた。美の発掘は、宝の掘出しのように、一鍬々々に注意がいる。いつどこから、どんな絶品が飛び出して来るか予期されない。私どもは作業の第一日から、眼を光らして、出土の泥にまみれた珠玉の肌に気を配った。大萱牟田洞からは殆ど完全に近い茶碗が出た……」[172]（図32）。井上吉次郎は志野、黄瀬戸、瀬戸黒の陶片が続々と窯址から出土することを、しかもそのなかには完品に近いものも含まれていることを伝えるとともに、発掘現場の熱気や興奮をいきいきと描き出している。

この新聞報道ののち、地元の村人たちが陶片を求めて宝探し感覚の発掘を行うようになり、昭和七年いっぱいまでの間に、美濃地方一帯のほとんどの古窯址が、きちんとした学術的な発掘調査も行われることもないまま、掘り返されてしまうことになったのだった。ここまで発掘が過熱したのは、古窯址から出土した陶片までもが古美術商の手によって売買されるようになったからだった。例えば、瀬津雅陶堂を創業した瀬津伊之助は、この頃、美濃と東京の間を足繁く往復し、五〇銭、一円で仕入れた陶片を東京の愛好家に一〇円、一五円という値段で売っていたというから、出土した陶片を買い求める愛好家がたくさんいたことがうかがえる(173)。

こうした窯址発掘ブームの時代を象徴的に物語るのが、出土した陶片を集めて作り出された呼継《よびつぎ》茶碗である。呼継茶碗とは、本来、茶碗などの欠損した部分に取り合わせのいい陶片を嵌め込んで漆で継ぎ合わせたものを指すのだが、この窯址発掘ブームの時代には、古窯址から出土した陶片同士を継ぎ合わせた呼継茶碗が好事家によって作り出されている。例えば、瀬津伊之助が作った《志野呼継茶碗「五十三次」》は向付型の筒茶碗で、正面には筍が描かれた陶片が配されており、荒川豊蔵が筍絵の志野陶片を発見したことがきっかけとなってさまざまな人たちが陶片の採集に夢中になった昭和初期の古窯址発掘ブームの時代を象徴するものといえる（図33）。

倉橋藤治郎によれば、志野や織部などの桃山陶芸が東京の陶磁器のコレクターの間で人気を集めるようになったのは昭和七年あたりからのことで、その背景には美濃地方での古窯址発掘ブームがあったという(174)。さらに倉橋藤治郎はもうひとつの理由として、その頃「日本人の性格に即した陶器」というものが求められるようになったからでもあったとも述べているが(175)、昭和初頭の陶磁器関係の出版物に掲載された桃山陶芸に関する記述を追跡していくと、桃山陶芸を「日本的なもの」とする歴史観の形成にとりわけ大きな役割を果たした人物が北大路魯山人であったことが浮かび上がってくる。

北大路魯山人は『星岡』や『茶わん』などのやきもの雑誌に志野や織部など桃山時代のやきものを讃美する文章を寄稿してその魅力を力説している。志野について魯山人が雑誌『星岡』（昭和五年十月）に書いた最初の文章「志野焼の価値」には、「古伊賀古志野は日本の生んだ純日本的作風を有することがまず第一の権威に価する(176)」と

図32　《絵志野茶碗「時雨」》（益田鈍翁旧蔵）
大阪毎日新聞社の美濃地方の古窯址発掘時に出土したもの

図33　《志野呼継茶碗「五十三次」》
（瀬津伊之助旧蔵）

記されており、その翌月号では、「志野の出来のよい物になると足利前後の絵画彫刻に比して一歩も譲らない芸術的価値を持っている（……）志野は善い陶器であり稀に見る純日本的陶器であり珍重すべき陶器であり尊敬すべき陶器である」[177]と述べて称賛している。いち早く魯山人は志野を「純日本的陶器」として、また、絵画や彫刻と同等の「芸術的価値」を持つ美術品として賛美し始めたのである。

さらに北大路魯山人は、志野、瀬戸黒、黄瀬戸など美濃地方で作られた桃山陶芸について、「全く支那風の感じを失って、純日本式に出来上っている（……）世界的にその比を見ないといっても宜いほどに、芸術的価値を持つものである」[178]と述べ、また織部については、「織部の特徴の一つは、まずその絵の巧妙なことをあげねばならぬ。が、更に又最も取りあげておくべきことは、矢張り全体の感覚から受ける独創的な点である。これだけは支那にもまた西洋にも全く類例のないものをもっているのである。意匠といい、型といい、独り日本人のみが有するところの独創的なもので、この点の表現に成功したということはいくらやかましくいっても、威張ってもよいと思う」[179]と述べている。このように魯山人は志野や織部を、「芸術的価値を持つもの」として、また「独創的なもの」として評価し、なおかつそれを、中国や西洋には見られない「純日本的なもの」として繰り返し賛美しているのである。

それ以前の例えば大正時代に出された大西林五郎編『日本陶器全書　鑑定備考』（大正二年、全四巻、松山堂書店）や、今泉雄作の『日本陶瓷史』（小森彦次との共著、大正十四年、雄山閣）を見てみると、茶の湯の隆盛に伴って各窯業地で茶器が盛んに生産された時代として桃山時代が位置づけられてはいるものの、日本独自のやきものとして志野や織部を捉えるような陶磁史観はまだ示されていない。志野、黄瀬戸、織部、唐津などの桃山陶芸を、茶道具としての評価を離れ、いち早く「日本的なもの」として称賛し始めたのは北大路魯山人だったのである。

四　一九三〇年代の日本陶磁史観――帝室博物館

北大路魯山人が昭和五年（一九三〇）から提唱し始めた、桃山陶芸を「日本的なもの」とする陶磁史観は、帝室博物館の本館の建物の開館を記念して開催された「復興開館陳列展」（昭和十三年十一月）や、同館が編集した『日本美術略史』（便利堂、昭和十三年）においても示され、いわば公認されることになる。

盧溝橋事件（昭和十二年）を機に勃発した日中戦争（支那事変）が泥沼化の様相を呈し、国家総動員法が制定されて戦時体制がしかれた昭和十三年、帝室博物館は和風の瓦屋根を載せた日本趣味の洋風建築、いわゆる帝冠様式の本館の開館を記念し、「復興開館陳列展」を開催した。「復興」とは関東大震災からの復興を意味している。関東大震災によって大きな被害を受け三つの陳列館が使用できなくなった帝室博物館では、表慶館において規模を縮小したかたちで展示を行っていたのだが、昭和天皇の即位（昭和三年）を記念して新しく本館を建設することになり、ようやく昭和十三年にいたって開館にこぎつけたのである。その開館を記念して、考古、宗教、服飾、染織、調度、武具、刀剣、陶磁、彫刻、絵画、金工、漆工、書蹟の分野別に、約一八〇〇点もの作品を一堂に展示し、東洋における日本美術の位置を示す一大プレゼンテーションを行ったのが「復興開館陳列展」だった。関東大震災後、帝室博物館では天産課を廃止して動物や植物の標本類を他機関に移管するなど大胆な組織改革を行っていたから、「復興開館陳列展」には、実質的に「美術」博物館として新しく生まれ変わった同館の姿を広く世間に示すという意味もあった(180)。

「復興開館陳列展」の目録によれば、陶磁部門には約八〇点の日本陶磁が出品されたことがわかる。内容的には、鎌倉時代の古瀬戸に起点を置き、「尾張・美濃」「備前・丹波・伊賀・信楽」「楽焼」「京都」「京焼系諸窯」「九州諸窯」「加賀諸窯」と分類して、室町末期から江戸時代にかけて発達を遂げた日本陶磁の歴史的展開をいくつかの系統に分けて展望することができる構成となっていた。桃山時代の美濃系のものとしては、《黄瀬戸茶碗「鷺」》(岩崎家蔵)、《志野茶碗「振袖」》(岩崎家蔵)、《志野茶碗「朝萩」》(団家蔵)など黄瀬戸二点、志野三点、織部三点が、また備前・伊賀系のものとしては、《備前火襷水指》(重要美術品、畠山家蔵)、《伊賀花生》(重要美術品、小倉家蔵)、《織部伊賀水指》(笹岡家蔵)など備前二点、伊賀二点が出品された。満岡忠成がこの展覧会について、「鑑陶史上特筆大書さるべき一大壮挙[181]」と評しているように、ただやみくもに名品を集めて展示するというのではなく、主として近世の主要な窯に焦点をあて、それぞれの特色を示す典型的な作品を一点ないし二点展示することにより、日本陶磁の多彩な様相を実作品で系統的に展望することができる内容の展覧会となっており、昭和初期のやきものブームの時代に確立された日本陶磁史観を反映するものといえる。

ここで注目しておきたいのは、「復興開館陳列展」の目録『東京帝室博物館復興開館陳列目録　陶瓷』に記された解説である。そこには、日本における中国陶磁からの影響とは、あくまでも製陶技術の面での影響であって、「陶瓷工芸」としての美的発展においては日本独自の姿を示しているとし、「近世日本における陶芸の華々しい発展は、鎌倉時代瀬戸窯の興隆にその端緒を発するのであるが、日本陶瓷の著しい特色はまず茶道の興隆に沿って生れた茶器窯に最も明瞭に現われている(……)その根底に流れているものは当時の大茶人がもっていた特異なかつ洗練された美意識に他ならない[182]」と記されている。室町末期から江戸初期にかけての茶の湯の流行に伴い、茶人の洗練された美意識に基づいて作り出された桃山時代の茶陶、すなわち、志野、黄瀬戸、織部、備前、伊賀などには、中国陶磁の影響を脱した日本独自の陶芸としての美的発展が顕著にあらわれているという陶磁史観が示されているのである。

さらに帝室博物館は、この「復興開館陳列展」と同時に『日本美術略史』を出版した。かつてパリ万国博覧会（明治三十三年）に向けて出版した『稿本日本帝國美術略史』（仏語版：明治三十三年、日本語版：明治三十四年）以来およそ四十年ぶりとなる帝博による「日本美術史」だった。この『日本美術略史』は「復興開館陳列展」の展覧会図録というわけではなく、日本美術史の通史的な概説書で、上古、飛鳥、奈良、平安前期、平安後期、鎌倉、室町、桃山、江戸と時代ごとに章立てし、それぞれの時代ごとの概説と絵画、彫刻、工芸（金工、漆工、陶瓷、染織）、建築の各分野についての解説を加え、日本美術の歴史的な展開を総合的に示そうとしたものである。

『日本美術略史』の序論（「日本の風土的特殊性」「日本の民族的特殊性」「日本美術の特殊性」「日本美術の発展性」）には、「［日本文化の特色は］外来文化に憧憬した接取時代と、自国文化に自覚した建設時代とを交互に繰返したこと」にあり、「外邦文化の流入は自国文化を自覚せしむる契機を与えたものであり、又自国文化を更新せしめる糧をもたらしたものといい得る」と記されている。(183) 古来日本は大陸文化の吸収を行ってきたものの、民族的な伝統を尊重する意思が強かったため、たんなる追随模倣に陥ることなく、たくみに同化の妙を発揮してきたとして、中国文化の影響を受けながらも首尾一貫して独自の文化を育んできた日本文化の自立性、特殊性、優越性を強調している。また、日本独自の美意識として、「わび」「さび」という概念が示されており、長期化する中国との戦争（昭和六―二十年）、そして、やがて太平洋戦争（昭和十六―二十年）へと突入していくことになる当時の日本をとりまく国際情勢のなかで、日本独自のものを美術史という学問領域においても「日本的なもの」として評価して日本の国民文化を称揚しナショナリズムを強化しようとする意図がここからは読み取れる。つまり、昭和十三年という時点における『日本美術略史』出版の背景には、中国からも欧米からも文化的に独立し、首尾一貫して固有の文化を維持してきた日本という国家の美術史を提示することによって日本文化の自立性、特殊性、優越性を歴史的に描き出そうとする意図があったと考えられるのである。

『日本美術略史』の陶磁に関する解説（北原大輔、藤岡了一）には、昭和初年以来の古窯址発掘ブームの時代を経て蓄積されてきた古陶磁や主要な陶磁器の産地に関する情報が簡潔に整理されており、この本の陶磁関連の部分を通読すれば、各時代の傾向や主要な窯業地において生産された陶磁器の特徴をおさえながら、日本陶磁史の歴史的な流れを把握することができるようになっている。

『日本美術略史』での室町から桃山にかけての陶磁史の展開については、同書の「序論」に示された大陸文化の吸収と自国文化の自覚というストーリーをそのまま踏襲するかのように次のように描かれている。かつて日本では中国文化への強い憧れから青磁や天目などの中国陶磁が珍重され、室町時代には唐物趣味が完成期を迎えたが、やがて侘茶が起こったことにより朝鮮や日本の陶器に眼が向けられるようになり、備前、信楽、伊賀などに「唐物とは対蹠的な稚拙美とも称すべき妙味」「独特の陶磁美」が見出された。さらに、桃山時代になると、茶人によって発見された「陶磁の特異性」が極度に発展し、指や篦《へら》で器面に自由な変化を加えて塑造的な効果を与え「作者の個性を端的に器物に表現」した茶器が作り出されるようになった[184]。そして、そのような器物が作り出されるようになったことを、同書では日本陶磁の「新しい飛躍」「本邦窯芸独特の発達を示す」ものとして評価しているのである。

その後、帝室博物館の出品作品を紹介する名品図録として出版された『名陶大観』（田中作太郎、博雅書房、昭和十七年）でも、『日本美術略史』の陶磁史観が踏襲され、美濃地方で作られた志野、黄瀬戸、瀬戸黒、織部などの桃山陶芸については次のように解説されている。「器形は前代と異り、舶載陶芸の影響を完全に離脱した本邦独特の所謂日本的な姿を形成し、殊に茶碗、鉢などの茶陶にそれが顕著であって、轆轤を用いて成形した器面に指頭及箆を加えて種々な変化を与えている。この技法は近代の洋式彫塑法と相通ずるもので、他国に類なき本邦独特の窯芸である」[185]。日本人が中国陶磁からの影響を脱し、日本人の美意識に基づいて日本独自のやきものを作り出した時代として桃山時代を位置づけるとともに、桃山陶芸を西洋の近代彫刻の先駆けとし、さらに、桃山時代の茶陶を「作者の個性」を器物に表現した日本独特のやきものとして捉える陶磁史観がここでも示されているのである。

こうした桃山陶芸に対する歴史的評価は戦後も踏襲されることになる。戦後、小山冨士夫は『日本の陶磁』（中央公論美術出版、昭和三十七年）で、桃山時代について、自由で変化に富み、いきいきとしたやきものが作られたわが国の陶芸の「黄金時代」とし、とりわけ美濃地方で作られた黄瀬戸、瀬戸黒、志野、織部は、器形、文様に変化があり、溌剌として生気溢れ、あたたかくやわらかい日本的な特質を持っていると評しており[186]、また、『日本のやきもの　八　美濃』（淡交新社、昭和三十八年）では、「日本のやきもので、最も日本的な特質をもつものはなにだろうか。私は桃山時代の美濃ものではないかと思っている。（……）最も日本的な特質をもち、日本の歴史で最も魅力のある、安土桃山という時代がうんだ、新鮮で生々とし、情趣あふれるやきものがつくられている」[187]と述べている。

そして、小山冨士夫が示した桃山陶芸に対するこうした捉え方は、現在においてもおおむね踏襲されている。例えば、『カラー版日本やきもの史』（矢部良明監修、美術出版社、平成十年）では桃山時代の茶陶を「日本人が日本人のために作り上げた」創造のやきものとし、志野、織部、唐津、伊賀、備前について、「華やかな色彩と造形力によって強烈な個性を主張している」と評している[188]。また、平成十七年（二〇〇五）に開催された愛知万博の記念特別展として愛知県陶磁資料館が開催した「桃山陶の華麗な世界」展の図録では、桃山時代のやきものを、日本的な美を求め、自由で独創性に満ち満ちた世界を開いたと評している(189)。桃山陶芸を「日本的」「自由」「独創性」「創造的」「個性」といった言葉で評価するこうした捉え方は、一九三〇年代に登場して以来、現在にいたるまでほぼそのまま踏襲されているのである。

以上を整理すると次のようになる。古窯址発掘ブームが巻き起こった一九三〇年代、北大路魯山人によって桃山陶芸が「日本的なもの」と賛美され、その後、帝室博物館による「復興開館陳列展」や『日本美術略史』を通じて、桃山という侘茶の隆盛期に作り出された茶陶を、茶道具としての評価を離れ、「日本独特のやきもの」「芸術的価値を持つもの」「作者の個性をあらわした器物」などと捉える陶磁史観が確立される。そして、この頃確立された桃山陶芸を「日本的」「自由」「独創性」「創造的」「個性的」とする捉え方は現在にまで受け継がれているのである。しかし、こうした言説が出現した一九三〇年代当時の資料を眺めてみれば、桃山陶芸を「日本的なもの」として評価する発言の周辺には、中国陶磁の影響を軽視して日本陶磁の優越性を訴えようとする言葉が伴っているケースがほとんどであり、桃山陶芸を「日本的なもの」とする陶磁史観が成立を見せた背景には、日中戦争という外的要因に根差した中国への対抗意識が作用していたことは明らかである。桃山陶芸を日本陶磁の「正統」として、すなわち「日本的なもの」として歴史的に位置づける陶磁史観が成立を見せた背景には、一九三〇年代の日中間の緊張を背景に、中国とは異質な日本独自の国民文化というものを確立し、ナショナリズムの強化を促そうとする意志がその背後に働いていたと考えられるのである。

五　陶芸家の桃山復興──「伝統工芸」の源流

かつて美濃地方で志野や織部などが茶陶として生産されたのは、桃山から江戸初期にかけてのおよそ四十年間というごく短い期間にすぎず、その後、美濃地方では茶陶の生産は途絶え、その作陶技法が継承されることもないままおよそ三百年の歳月が流れていた。そして、昭和五年（一九三〇）に荒川豊蔵によって志野の陶片が発見されるまでは、志野や織部などがかつて美濃地方で生産されていたということさえも忘れ去られてしまっていた。美濃地方だけでなく、備前、唐津、伊賀など、桃山時代に優れた茶陶を産出したほかの窯業地においても、桃山時代のような茶陶の生産はいつしか途絶えてしまっており、昭和初期、これらの窯業地で陶磁器生産に携わっていた陶芸家の多くは、過去の歴史を忘れ、進むべき方向を見失い、制作に行き詰まりを感じていた。そうした低迷状態を打ち破る契機となったのが、志野や織部などの桃山陶芸を復興しようとする取り組みだった。

昭和五年以降、古窯址の発掘が流行し古陶磁の愛好家の間で桃山陶芸に対する関心が高まりを見せると、発掘現場の熱気のなかで陶片を手にした陶芸家は桃山時代に茶の湯のために作り出されたやきものに憧れを抱き、往時の陶工が使用した窯の構造、焼成方法や作陶技法、その周辺で採取される陶土や釉薬の原料などについても関心を向けるようになり、やがて出土した陶片を手掛りとしてその再生に取り組むようになる。古陶磁の再現というともしかすると簡単なことのように聞こえるかもしれないが、継承されることもなくいったん途絶えてしまった作陶技法を現代に甦らせるというのは実際にはそれほど容易な仕事ではない。しかも当時は茶道具の名品の多くが裕福な実業家のもとに秘蔵されており、実物を見る機会がきわめて限られていたため、桃山復興に取り組み始めた陶芸家は、発掘によって出土した陶片を手掛りとして、試行錯誤を重ねて材料や制作工程を吟味しながら、往時の作陶技法の解明に取り組むことになったのである。

荒川豊蔵は志野の陶片を発見したのち、しばらくは美濃の古窯址群と鎌倉の星岡窯を行き来して陶片の採集を行っていたが、昭和八年に星岡窯を辞め、北大路魯山人のもとから独立する。そして、志野の陶片を発見した美濃地方の大萱に工房を構え、その周辺で桃山時代の陶工が使用したであろうと思われる陶土や釉薬などの原料を探索するとともに、かつて桃山時代に志野の名碗を生み出した牟《む》田《た》洞《ぼら》の窯址の遺構を手掛りとして、桃山時代の陶工が使用したのと同じような半地下式の穴窯を築き、出土した陶片を手掛りとして桃山志野の再生に取り組み始める（図34）。

いち早く桃山復興に取り組み始めた荒川豊蔵は、後年、その動機をことあるごとに「随縁《ずいえん》」（縁に随《したが》う）、すなわち、運命的な成り行きとして説明するようになる。「随縁」とは達磨大師が道に入る方法として説いた随縁行に由来する言葉だが、荒川豊蔵が『日本経済新聞』に連載した「私の履歴書」（昭和五十一年）をまとめて出版した自叙伝のタイトルは『縁に随う』（日本経済新聞社、昭和五十二年）であり、また、志野陶片発見のきっかけとなった「玉川」の写しとして制作した作品には、「随縁」という銘を付している。志野の陶片を発見し、古窯址発掘ブームと桃山陶芸再評価のきっかけを作った荒川豊蔵が志野の再生に取り組むようになったというのは、確かに自然な成り行きと思われなくもない。しかし、それはあくまでも後解釈であって、「志野の陶片を発見したこと」と、「志野の再生に取り組んだこと」との間には何ら必然性はなかったはずである。というのも、桃山復興への取り組みがまだ作家活動として認知されていないばかりか、「伝統工芸」という概念すらまだ確立されていなかった当時の工芸界の状況を考えてみれば[190]、桃山復興とは着地点の見えない、無謀ともいえる取り組みだった

図34　荒川豊蔵《志野茶碗》(豊蔵資料館所蔵)

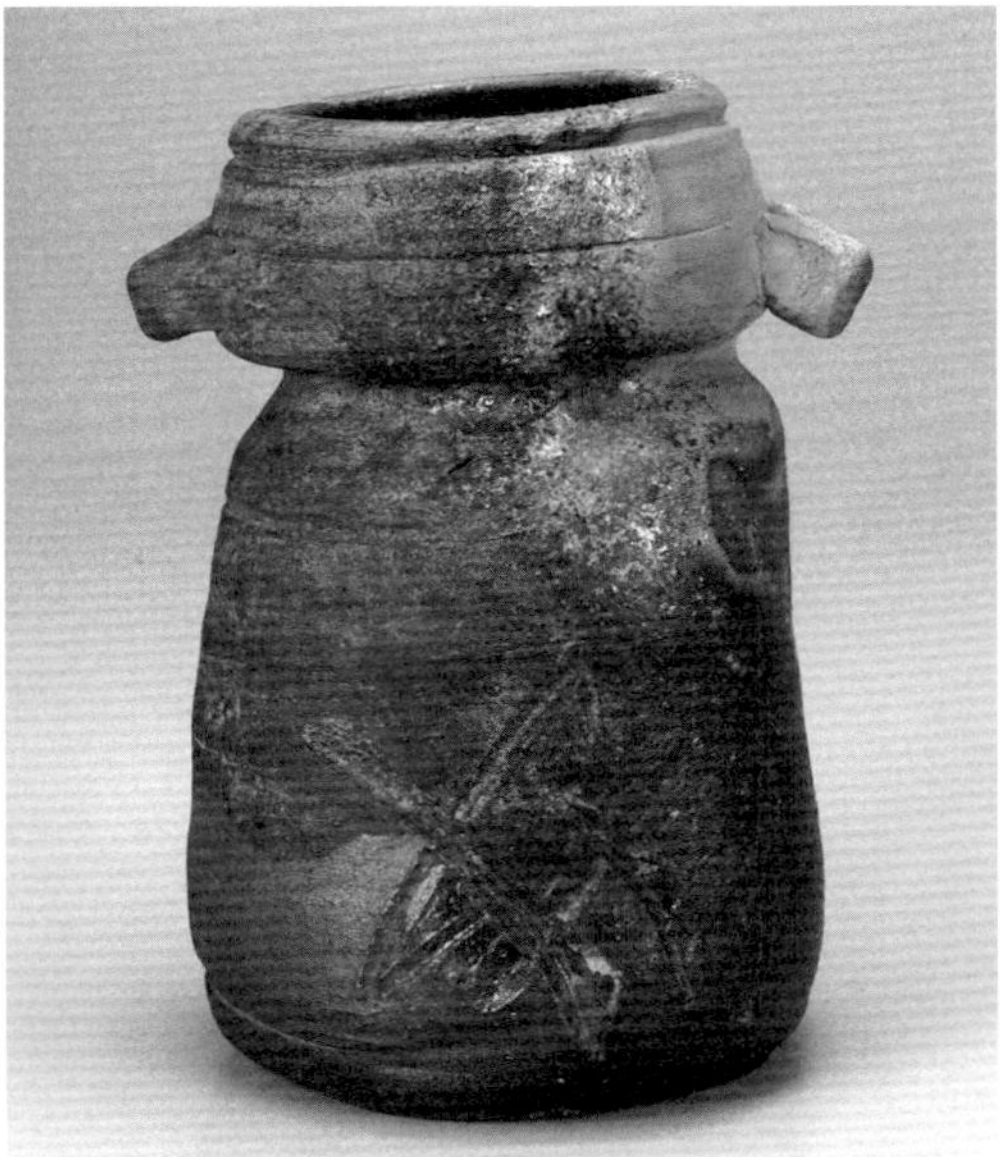

図35　金重陶陽《備前耳付花入「瑞雲」》

はずだからである。

しかしその頃、桃山復興に取り組み始めたのは荒川豊蔵だけではない。同じ頃、備前地方では金重陶陽（一八九六―一九六七）が桃山回帰を提唱し、やはり、桃山時代の古備前の復興に取り組み始めている。[191]江戸時代以来、備前では、置物や香炉など、緻密で技巧的な細工物を制作することが陶芸家の仕事として重視されており、金重陶陽も若い頃から置物や香炉などの細工物の名工として評価を確立していた。ところが、桃山時代に操業していた南大窯の窯址から出土した陶片を手に取り、古備前の名品を訪ね歩いて研究していくなかで、備前焼本来の持ち味である「土味《つちあじ》」を生かした制作が行われていた桃山古備前の存在を知った金重陶陽は、そこに目標を見定め、細工物の制作を行う細工師から、茶陶の制作を行う轆轤師への転向を決意する。そして、当時、備前焼の陶工の間では当然のように行われていた水簸《すいひ》による土の精製をやめ、田んぼの底から掘り出した土をそのまま使い、土味を生かした備前焼を制作することによって桃山時代の古備前に見られるような素朴な力強さを備えた作品を制作し始めたのである（図35）。

また、桃山時代に優れた茶陶を産出した唐津地方では、昭和四年頃から十二代中里太郎右衛門（無庵、一八九五―一九八五）が唐津在住の実業家高取九郎や古舘九一の依頼を受けて、古窯址を探索して陶片を採集していた。[192]中里太郎右衛門は昭和二年に「太郎右衛門」を襲名して御茶碗窯を引き継いだものの、その頃は唐津焼の衰退期で、唐津焼の名門中里家といえどもやきものでは食えず、陶土を採取しては売って生計を立てていた。ところがやがて、昭和初期のやきもの鑑賞ブームのなかで、鑑賞陶器として古唐津の人気が高まりを見せるに従い、中里太郎右衛門の御茶碗窯には桃山の古唐津に憧れを抱いた石黒宗麿（昭和十年、図36）や川喜田半泥子（昭和十一年）らが相次いで長逗留して陶片の採取を行うとともに、古唐津風の作品の試作を行うようになり、やがて中里太郎

図36　石黒宗麿《唐津茶碗》
（東京国立近代美術館所蔵）

図37　十二代中里太郎右衛門《朝鮮唐津粽掛花生》

右衛門自身も古唐津の復興に取り組むようになった（図37）。

このように一九三〇年代には、美濃の荒川豊蔵、備前の金重陶陽、唐津の中里太郎右衛門らが相次いで桃山復興に取り組み始めるのだが、彼らに共通するのは、古窯址の発掘現場に立ち会い、従来の通説が覆されたり、あるいは実証的に裏づけられたりしながら、日本陶磁史が形成されてくる状況のなかで、桃山陶芸を立ち返るべき規範として見定めるようになったことである。

日中間の緊張が高まりを見せた一九三〇年代には中国陶磁の影響を軽視し、日本独自のやきものとして桃山陶芸を捉える工芸史観が確立されるのだが、陶芸家による桃山復興とはこうした時代背景のなかで桃山陶芸を日本陶磁の正統として捉える歴史観を追認する取り組みでもあった。古窯址の発掘を通じて桃山陶芸の陶片を手にした陶芸家は、桃山陶芸を正統の系譜として捉えそれを現代によみがえらせること、すなわち、「日本的なもの」たる桃山陶芸を現代に再生することを課題として意識することになったのである。さらに、桃山復興に取り組んでいた陶芸家同士が互いの工房を行き来して横のつながりが次第に形成されてひとつの工芸運動ともいうべき様相を示すようになり、やがて桃山復興は戦後成立を見せる「伝統工芸」の源流のひとつとなっていくことになる。

「伝統工芸」というと、古くからの工芸技術が変わることなく、また、中断することもなく連綿と現在にまで受け継がれ、守り続けられているものというのが一般的な理解と思われるが、工芸が産業として人々の求めに応じて生産されてきたものである以上、時代の変化に伴って様式や製法が変化してきたのは不可避だったといえる。現在では「伝統工芸」とされるもののなかには、桃山復興のように、いったん継承が途絶えてしまったものを現代になって再生させたものも少なくない。むしろ、工芸における伝統とは、たんに伝統的な工芸技術を継承する

図38　水野愚陶《穀稼成熟鼠志野角水指》

ことによってではなく、歴史観の確立を伴いながら、歴史上のあるものを正統的なもの、日本文化の独自性を示すものとして意識することによって創出されてきたものなのである。

しかし、「工芸美術」の出品が求められていた昭和初期の帝文展では、絵画や彫刻と同じように工芸においても創作性や個性的表現が重視されており、桃山復興のような古陶磁再生への取り組みは作家活動としては評価されていなかったため、桃山復興に取り組んだ陶芸家の作品はまったくといっていいほど出品されていなかった。第八回帝展（昭和二年）から戦時特別展（昭和十九年）までの帝文展の出品作を眺めてみても、桃山陶芸をよりどころとして制作したものと見なすことができる作品は、管見の範囲では、美濃地方の笠原で鼠志野の制作を行っていた水野愚陶《ぐとう》（脩吉、一九〇四―五三）による《鼠志野牡丹文角皿》（第五回新文展、昭和十七年）と《穀稼成熟鼠志野角水指》（第六回新文展、昭和十八年、図38）の二点にすぎない。V章で詳しく見ていくように、陶芸家による桃山復興への取り組みが作家活動として評価されるようになるのは、戦後、無形文化財制度が確立され、日本伝統工芸展（昭和二十九年）が開催されるようになった一九五〇年代のことなのである。

陶芸家による桃山復興への取り組みをいち早く評価したのは、当時、東洋陶磁研究所で『陶磁』誌の編集に携わっていた小山富士夫だった。小山富士夫は荒川豊蔵の初個展（昭和十六年）の目録に寄せた序文で、地理的にも歴史的にも日本の真ん中にある美濃で、最も日本的な特質を持つやきものの再生に取り組んでいる荒川豊蔵の仕事が日本人にわからないはずはないと述べ、荒川豊蔵の志野復興を「日本的なもの」を創出する取り組みとして評価している。[193] さらに小山冨士夫は、帝文展を舞台に活躍する「工芸美術」の陣営の工芸家を「薄っぺらなモダニズム写しの自称作家たち」と皮肉を込めて批判しており、「工芸美術」に対抗する日本独自の工芸のあり方を予感させる取り組みとして荒川豊蔵による桃山復興に期待を寄せていたことをうかがわせる。すなわち、一九三〇年代における桃山復興の背景には、西欧の美術概念に沿うようにして成立を見せた「工芸美術」の対抗軸として日本独自の工芸のあり方を新しく確立しようとする意志が働いていたとも考えられるのである。やがて桃山復興をひとつの源流として一九五〇年代に「伝統工芸」が確立されることになるのだが、桃山復興とは昭和戦前期の帝文展の「工芸美術」の対抗勢力としての性格を当初から備えていたと捉えることができる。

六　戦時体制下における工芸技術の保護――手工芸の文化的価値

「伝統工芸」が成立を見せるのは戦後だが、伝統的な工芸技術の保護という課題が浮上してきたのは、手工芸の存在理由が厳しく問い直され、その存続が危機にさらされた戦時期のことである。盧溝橋事件（昭和十二年）を契機として勃発した日中戦争以来、日本は国際的な孤立を深め、燃料や金属をはじめとする資源の確保が深刻な課題となっていた。政府は昭和十二年（一九三七）から、金、銅、銑鉄、鉛、亜鉛、錫など軍需産業に必要不可欠な金属や燃料に関する制限規則を相次いで発令するが、昭和十三年五月には「国家総動員法」を制定し、総力戦遂行のため、人的、および、物的資源を統制する権限を掌握した。

戦時期の経済統制政策のなかでも、工芸家に最も大きな打撃を与えたのは、昭和十五年七月七日に施行された「奢侈品等製造販売制限規則」（商工農林省令第二号）いわゆる「七七禁令」である。これによって、金銀糸を使った着物や宝飾品、銀製品など贅沢品の製造と販売が禁止されるとともに、例えば友禅染の着物については一反あたり七二円を上限とするというように、さまざまな物品の販売上限価額が定められた。当初、上限価額が決められた物品は、染織品を中心にわずか一二六品目にすぎなかったが、その後対象物品は次第に増加し、昭和十六年末の時点においては、政府において指定されたものが約一二万五〇〇〇品目、地方庁において指定されたものが約四〇万九〇〇〇品目を数えるまでに増加、上限価額を示された物品にあてはまらない規格外れの商品を販売することも制限された[194]。工芸家は戦時体制下における経済統制の影響をまともに被り、作品を制作するための材料の入手が困難になっていたばかりか、「贅沢は敵だ」（昭和十五年、国民精神総動員中央連盟）、「欲しがりません勝つまでは」（昭和十七年、大東亜戦争一周年国民決意の標語）というスローガンに象徴される社会情勢のなかで、物価統制により作品の販売価額においても厳しい制約を受けることになったのである。

「七七禁令」によって工芸家の作家活動は実質的には継続不可能となってしまうことになるため、政府はその例外許可の具体的な基準を「芸術保存ニ関スル件」（商工次官通牒、昭和十六年八月十二日）で示し、次の条件に当てはまる工芸家を芸術保存資格者として認定した。（一）帝国芸術院会員や、帝文展で審査員を務めたことがある工芸家、および、帝文展で無鑑査出品の資格を得たことのある工芸家、（二）帝文展に二回以上入選したことのある工芸家、（三）これらに準ずるもので地方長官が適当と認めた工芸家——このいずれかの条件に当てはまる工芸家は毎年の割当生産額の範囲内において、作品の制作および自由な価額での販売が認められることになったのである[195]。この例外措置によって販売が許可された工芸品には、そのことを示すために、丸枠のなかに「芸」

の字と府県名を入れた証票が貼り付けられたため、芸術保存資格は「丸芸」と通称された。

一方、それまで帝文展に出品していなかった工芸家に対しては、地方長官の許可があれば「丸芸」として例外扱いされることになってはいたものの、作家としての活動実績に乏しい工芸家が「丸芸」の資格認定を受けることは実質的には難しかった。そのため、それまで「工芸美術」に反発し、帝文展に出品していなかった工芸家までもが「丸芸」の資格認定を求めて帝文展に出品するようになり、第四回新文展（昭和十六年）の応募点数は、第三回新文展（昭和十四年）の五九九点に比してほぼ倍増し一〇七三点にまでふくれ上った。しかも応募作品のなかには、それまでほとんど帝文展に出品されることがなかった茶碗や茶釜などが多数含まれていたため関係者を驚かせた。(196)

「芸術保存ニ関スル件」では帝文展での実績が重視されたが、そもそも「工芸美術」というジャンルそのものが、工芸に美術としての意味を付加することで手工芸を存続させようとする意図のもとに成立したものである。そうした意味では、「丸芸」制度は手工芸の保護という側面も備えていたと見なすことができそうだが、実質的に手工芸の生産者として大勢を占めていたのは「工芸美術」とは無縁の零細な手工業者だった。

さらに政府は労働力と資源の有効利用のため零細企業の整理統合を強制的に推し進めた。例えば、陶磁器製造業について見れば、明治以来の生産設備の近代化によって一部では大規模化がすでに進められてはいたものの、大勢においては細分化した工程の一部分を専業的に行う従業員五人未満の小規模な零細工場が無数に乱立しているという状況だった。(197)そのため政府は「陶磁器工業整備要綱」（昭和十七年）を発令して、一企業あたりの年産額が二〇万円以上となるように事業者の統廃合を行ったため、零細工場は合併または転廃業を余儀なくされた。日本陶磁器工業組合連合会の調査によれば、整理以前には従業員数五人未満の零細工場が全体の七三・二%を占めていたのが、整理統合によって大半の工場は約三〇人以上の規模となり、八五〇〇戸（昭和十七年一月）あった陶磁器製造業者は二三〇〇戸（昭和十九年三月）にまで激減した。戦時期、物資および物価統制のために発令されたこれらの法令によって、旧来の手工芸を支えてきた生産体制の合理化が強制的に行われたため、製陶業者に限らず零細な手工業者は存続の危機にさらされることになったのである。

だが、伝統的な手工芸のなかにはいったん生産されなくなってしまえば、それまで人から人へ、世代から世代へと連綿と受け継がれてきた技の継承が途絶えてしまう可能性があるものもある。そのため、伝統的な手工芸には日本独自の文化的、精神的価値があるという主張がなされ、その保護が訴えられるようになる。

当時、商工省物価局で工芸分野の統制を担当していた西川友武（一九〇四―七四）のもとには、工芸関係の団体から多数の陳情書が寄せられた。例えば、日本漆器組合連合会の理事長古屋惣太郎は、「我国における漆工技術は世界に比類なくその伝統的技術は古代より発達し爾来益々技円熟して今日に及びたるものにして、殊に蒔絵は我国独特の技術にして他の模倣を許さず……」[198]と述べ、世界に類を見ない日本独特の伝統技術である漆芸の保護を訴えた。また、日本雛人形組合連合会会長の山田徳次郎は、「三月及五月節句は共に一千年の歴史を有する皇国伝統の美俗的行事にして之が飾品たる雛人形、武者人形、具足、兜等の製作は本邦独特の美術的手工業として発達（……）本邦独特の伝統と技術を後世に伝えるがためには製品の一般価格による抑制は考慮を要する処と思料せられ候[199]」と述べ、日本の伝統行事に欠かせない雛人形や皐月人形の伝統技術を後世に伝えるためには上限価額の撤廃が必要と訴えた。

また、日本民芸協会は『月刊民芸』（昭和十五年十月）で「民芸と新体制」特集を組み、その巻頭論説「新体制の工芸文化組織に対する提案」で、「日本精神の最も濃厚にあらわれた具体的な姿とは、各地方に存続する手工芸そのものである」「地方的手工芸には機械工芸にはない日本的な姿」が備わっているとし、手工芸を日本精神の現れ、日本的な姿を示すものとして賞揚、手工芸の奨励による日本文化の強化を唱えた[200]。柳宗悦は同誌に「新体制と工芸美の問題」を寄稿し、伝統はこれまで古臭いものとして軽視されてきたが、日本の伝統を国民の経験や知恵の堆積として再認識するときが来た、いまは「日本的なもの」を発揚せしめる絶好の機会であり、健実な日本の固有性を示したものを海外に送り出さねばならないと述べている[201]。

さらに、商工省の関連組織からも手工芸の保護が訴えられた。工芸指導所の国井喜太郎は、『工芸ニュース』（昭和十六年四月）の巻頭論説で、日本固有の「国宝」の名に価する伝統的な工芸技術については無形の国家的資源として保護し次世代に伝えよう、と訴えており[202]、また、商工省の外郭団体である社団法人日本輸出工芸連合会は、昭和十七年三月、物価局長官宛に「工芸産業技術保存ノ実施ニ関スル建議書」を提出して[203]、芸術保存資格者（丸芸）の認定制度のような例外措置の適用範囲を「工芸美術」以外の手工芸にも広げ、とくに、「伝統的及新興工芸品の特殊技術」と「輸出品の工芸技術」を保護するための対策を講じることを訴えた。

このように、地方に存続してきた伝統的な手工芸は日本精神の現れであり、有力な輸出産業としての潜在的な可能性を備えているなどといった訴えを受け、昭和十七年三月、商工省内に工芸技術保存委員会が設置され、商工大臣あてに工芸技術保存対策要綱を提出、工芸技術の保護の具体策を提案した[204]。これを踏まえて商工省は「技術保存ニ関スル件」（昭和十七年六月二日）を通達し、「丸芸」認定の対象から外れた伝統的な工芸産業の保護のため技術保存資格者、いわゆる「丸技」の認定に動き始めることになる。

商工省は各道府県知事に対して、「戦争に勝ったあかつき、輸出産業の基本となるべき工芸技術を根絶やしにしてしまっては、国家百年の計をあやまるもの[205]」として、まずは保護すべき伝統的な工芸産業の実態調査を依頼した。その結果、全国各地から保護を要するものとして三五〇件あまりの伝統的な工芸技術に関する調査報告が商工省に提出され、これに基づいて工芸技術保存の措置が講じられることになった[206]。この工芸技術保存のための調査を通じて、岩手県の南部鋳鉄や石川県の輪島塗、茨城県の結城紬や新潟県の小千谷縮、岡山県の備前焼や山口県の萩焼などが保護すべき対象として浮かび上がってきた。

昭和十八年度には、技術保存資格者（丸技）として二〇五六件、生産額にして約一億二〇三六万円の申請があったのに対して、承認されたのは五七二件、約九三八万円だったから[207]、件数的にも、金額的にも、けっして十分な数字ではなかったと思われるが、物資統制と物価統制によって工芸の存続が危ぶまれた戦時中において も、技術保存資格者としての認定を受けることによって、材料や燃料などの配給を受け、ある程度自由な価額での販売が認められたこと、そして何よりも、全国各地の伝統的な工芸産業の実態調査が行われ、伝統的な工芸技術の保護が文化的な意味を備えた課題として認識されたことの意義は大きかった。というのも、戦時期における「丸技」の延長線上に戦後の無形文化財制度が位置していることは明らかであり、結果的にはそれが、戦後の「伝統工芸」および「伝統的工芸品」の原型となったからである。

ちなみに、昭和十九年度に芸術保存資格者（丸芸）として認定を受けたのは、金属工芸二二八名、漆工芸一五八名、陶磁工芸一三八名、染織工芸九二名、木竹・人形等四一名の計六五七名だった。これに対して、技術保存資格者（丸技）は、金属八八名、漆工一四六名、窯業一二五名、染織一八一名、木竹工五九名、人形二七名、紙六名、版画二一名、雑五六名の計七〇九名だった[208]。このうち、窯業の分野で技術保存資格者（丸技）に認定された一二五名の顔ぶれを見てみると、おおむね次の三つのグループに分類することができる。（一）主要な輸出用洋食器メーカー（日本陶器、深川製磁、香蘭社など）、（二）地方の由緒ある有力な窯元（樂吉左衛門、永樂善五郎、三輪休雪、坂倉新兵衛、中里太郎右衛門、今泉今右衛門、酒井田柿右衛門ら)、(三)帝文展に出品することなく個展を中心に活躍する陶芸家(北大路魯山人、荒川豊蔵ら)。

このように、戦時体制に伴う経済統制によって手工芸の存続意義が厳しく問い直されるなか、土着的な地場産業に文化的、精神的な価値を認め、技術保存資格者の認定に動いたのは、商工省をはじめとする産業工芸の関係者だった。工芸指導所の「固有工芸」研究に見られるように、彼らは経済統制によって存続の危機に立たされた手工業者の救済や、手工業の輸出産業としての潜在力を訴えたのだが、こうした手工芸保護策が産業工芸の関係者から発案された背景には、土着的な手工芸に文化的、精神的価値を見出し、民族精神の表出物として保護しようとする一九三〇年代の国際的な潮流が作用していた可能性が考えられる。例えばドイツでは、ナチスが政権を獲得した一九三〇年代、新手工業法によって手工業者は公認の組合組織への加入が義務づけられ、国家の統制下に置かれることになったが[209]、その一方で、人間の豊かな心情と個人の習熟した技術によって完成される手工業製品は、国民に祖国愛と郷土愛の観念を育むとして、伝統的な手工業の保護策が取られていた[210]。

また、昭和十三年五月には、機械万能主義と規格画一主義に対抗し手工業の社会道徳的使命を宣示するというドイツ政府の呼びかけに応じて、ベルリンで第一回国際手工業博覧会(Internationale Handwerks Ausstellung、一九三八・五・二八—七・一〇)が開催され、日本、イギリス、フランス、イタリア、スカンジナビア諸国など約二五ヵ国が参加した[211]。国際手工業博覧会においては、「国際手工業特別展覧室」(第一部)で参加各国の代表的手工業品の展示、「文化史展」(第二部)でヨーロッパ、イスラム、アジア、アメリカ、南アメリカの五つの文化圏における手工業品の歴史的展示、「製作場国際展」(第三部)で各国独特の手工業品と仕事場の展示、「手工業に関する刊行物並に手工業に関する文献」(第四部)で手工業に関する出版物の展示、「国際流行展」(第五部)で服飾関連の展示、「手工業用原料、補助器具及び必需品目の陳列」（第六部）で手工業の原料や器具などの展示が行われ、各国の手工業の歴史と現状が体系的に示された[212]。

　この第一回国際手工業博覧会にあわせて刊行された日本の対外宣伝用のグラフ雑誌『ＮＩＰＰＯＮ』臨時特別号には国際文化振興会（国際交流基金の前身）の会長を務めていた近衛文麿（一八九一―一九四五）がメッセージを寄せ、手工業には国民の精神と本性が明白に表されていると述べて国際手工業博覧会開催への賛辞をおくっている[213]。日本からは現代の手工業品として南部鉄瓶、釣竿、団扇、柳行李、竹籠などの日用雑貨のほか、山田徳兵衛の人形、安藤重兵衛の七宝、道明新兵衛の組紐、加藤文助の花瓶、そして、帝文展作家の六角紫水や堆朱楊成の漆器、飯塚琅玕齋《ろうかんさい》の竹籠なども出品された[214]。

　このように、戦時期に商工省が技術保存資格者の認定を通じて行った伝統的な手工芸の保護というのは、産業構造の合理化によってその存在意義が厳しく問い直されることになった手工芸の救済策としてだけでなく、歴史や風土のなかで育まれてきた土着的な手工芸品を民族精神の表出物として尊重しようとする、閉塞感漂うこの時代の国際的な潮流に呼応するものでもあったと見なすことができる。「大東亜戦争」を「物質文明＝アメリカ」に対する「精神文明＝日本」の優位を示すための戦争と位置づけていた戦時期の日本の政治指導者は、「日本は必ず精神力で物質力に勝つ」「この戦争はアメリカ人の物に対する信仰と日本人の精神に対する信仰との戦いだ[215]」と唱え、物質に対する精神の優位を説いていた。戦時期における手工芸保護策の背後には、存続の危機に直面した手工芸にむしろ精神的な価値、すなわち、物質文明を凌駕する精神性、日本精神の現れを見出そうとする国家主義的な色彩をおびたナショナリズムがあったのである。

Ⅳ　戦後の日米文化交流のなかの工芸
冷戦を背景に

一　伝統意識の目覚め——アメリカの見えざる力

アメリカは戦後日本に対して、政治経済的な面だけでなく文化的な面においても絶大な影響を及ぼしてきた超大国だが、ある意味においてその存在が大きすぎるがために、明確に意識化されることもないまま影響力を及ぼしてきた部分も少なからず認められる。近年になって、戦後日本の美術の動向に見えざる力として作用したアメリカの影響を浮かび上らせようとする研究が行われるようになってきた。おそらくその背景には、冷戦体制が崩壊して二十年以上が経過した現在の視点から、これまで見えざる力として、さほど意識されることもなく作用してきたアメリカの力を浮き彫りにすることで、グローバル化が進む国際社会のなかにおける日本の文化的アイデンティティをあらためて問い直そうとする意識が働いているのだろう。

近年、軍事力や経済力と同じように現実社会の変革に影響力を及ぼす第三の力としてソフト・パワーが注目されるようになってきた(216)。ソフト・パワーとは、軍事力による強制や経済力による報酬によってではなく、政治的な理想や文化などに対する共感を通じて相手国の人々の協力を得る能力のことである。あまり意識されることなく、いわば、見えざる力として作用する性格を備えたソフト・パワーという概念を念頭に、戦後日本の工芸の展開を振り返ってみたい。すると、日米文化交流事業を通じて日本の伝統文化に対して理解と共感を示してきたアメリカの姿勢は、戦後の日本の工芸の方向性に少なからず影響を及ぼしてきたのではないか、すなわち、日本人に「伝統」という意識を呼び覚ましてそこに価値を認めるように促し、一九五〇年代中頃の日本における「伝統工芸」の成立に少なからず影響力を及ぼしてきたのがじつはアメリカだったのではないかという関心が浮かび上がってくることになる。

ところで、「伝統工芸」については、古くからの工芸技術が何百年にもわたって変わることなく、世代を超えて連綿と現在にまで受け継がれているものというのが一般的な理解と思われる。そのため、「伝統工芸」が一九五〇年代になって成立したというと意外に思う人もいるかもしれない。しかしここでいう「伝統工芸」とは、日本伝統工芸展（昭和二十九年）や重要無形文化財保持者、いわゆる「人間国宝」の認定制度（昭和三十年）を通じて確立されてきた工芸のひとつのカテゴリーを意味している。戦後、産業構造の近代化によって手工業の存続が危ぶまれるなかで「無形文化財」という概念が成立し、日本伝統工芸展や重要無形文化財制度が整備されたことによって、すでに継承が途絶えてしまった、もしくは、途絶えてしまいそうな過去の工芸技術や様式を再生する取り組みを評価する制度が確立され、「伝統工芸」が成立を見せることになったのである。

そのため、「伝統工芸」の成立については、制度史的な観点から検討するのが定石といえるのだが(217)、そうした制度的枠組みを前提としつつも、その根底に流れるもうひとつの力としてナショナリズムを見据え、戦後の日本社会における「伝統工芸」成立の意味を探ろうとするとき、考慮に入れなければならないもうひとつの重要な要素が、戦後日本に圧倒的な影響を及ぼしてきたアメリカの存在なのである。本章では、戦後の一九五〇年代の日米文化交流事業を通じて、日本の工芸の方向性、とりわけ「伝統工芸」の成立に大きな影響を及ぼしたアメリカの見えざる力について探ってみたい。

二　終戦直後の見返り物資として——占領期の輸出工芸

昭和二十年（一九四五）八月以来、GHQ（連合国軍最高司令官総司令部）の管理下に置かれた日本がまず直面したのは、深刻な食糧不足の問題だった。昭和二十年十月には、「［食糧の］闇［取引］をするものは国賊だ」という政府の呼びかけを忠実に守り、配給される食糧だけで生活していた高校教師が栄養失調によって餓死するという事件が発生、翌二十一年五月には飯米《はんまい》獲得人民大会（食糧メーデー）が行われ、皇居前に二五万人もの人々が集まって天皇に空腹を訴えた(218)。日本は、昭和二十年の夏からおよそ二年半にわたって、アメリカからの輸入食糧に頼らざるを得ない深刻な食糧難に見舞われていたのだが、その見返り物資として工芸品が選ばれたため、戦時体制下の経済統制という苦難の時代を乗り越えてきた工芸界はにわかに活気を取り戻すことになった。

見返り物資に工芸品を当てることになったのは、国内にある材料で迅速に生産可能だからという理由からだった。見返り物資としての工芸品については、輸出額で見ると、昭和二十一年度には二五〇〇万円、昭和二十二年度には二億円、昭和二十三年度には七億一〇〇〇万円（染織品六五八一万円、漆器三億五五〇〇万円、陶器一一二五万円、ガラス製品五三八万円、金属加工品一億三四〇万円、木竹製品一八四万円、雑工品一億五二〇〇万円）の輸出計画が策定され、工芸界はいち早く終戦直後の虚脱状態から脱却することができたのだった(219)。見返り物資への対応をめぐる工芸界の取り組みは、昭和二十二年をピークに、昭和二十三年あたりまで、工芸関係の雑誌の誌面をにぎわせることになる。とはいえ、見返り物資に関しては、アメリカ側から具体的な注文があったわけではなかったため、商工省、および、その外局である貿易庁、工芸指導所、社団法人日本美術及工芸会等が主体となってどのような工芸品がアメリカへの見返り物資としてふさわしく、また、アメリカ人の購買意欲をそそるのか、模索が始まった。

商工省は昭和二十年十一月、東洋経済倶楽部に各地の工芸品を集めて、「輸出向手工芸品生産指導会」（商工省主催、東洋経済倶楽部、昭和二十年十一月三十日—十二月十一日）を開催し、GHQの経済科学局輸出入課工芸品係主任マピン・パー大尉に指導を仰ぐようなかたちで、「米国市場向商品として恥ずかしくない」工芸品の選定を行った。[220] もっとも、まだ終戦間もない当時は工芸の材料の入手もままならず、この「輸出向手工芸品生産指導会」に際して集められた工芸品の多くは戦前に生産された在庫品だった。漆器、金属・木竹、染織、陶磁器・ガラス、雑工品の五つの部会に分けて約十日間にわたって開催された生産指導会では、持ち込まれた工芸品に即して、アメリカ人の好む模様や色彩、用途や価格設定などに関する実務的な質疑応答がパー大尉と出品した業者との間で交わされた。

パー大尉はシカゴの百貨店でデザイナーとして勤務した経験があり、デザインの嗜好や流行についても知識が豊富だったため、集められた工芸品に対して見返り物資としての適否を述べながら、その方向性を示唆した。パー大尉は、「富士、鳥居、芸妓ガール」などにアメリカ人はもうあきあきしているし、また、いわゆる現代ものを日本から持っていってもアメリカ人は歓迎しないため、「古典美術を現代の製作品の上に応用」し、「日本固有の古典味を加味」した「日本的なもの」を見返り物資として制作することを提案していた。[221] このように見返り物資としての輸出工芸の生産をめぐる取り組みを通じて、アメリカ側からの示唆を受けるようにして日本の工芸関係者の間では「日本的なもの」が課題として意識されるようになったのだが、あくまでもそれは、民族意識の自覚やナショナリズムの高揚というよりも、アメリカ人の購買意欲を刺激するためだった。

この商工省主催の「輸出向手工芸品生産指導会」を通じて選定された工芸品約一八〇〇点がアメリカに商品見本として送られるとともに、そのなかから選ばれた食器、酒器、喫煙具、文房具、小箱、着物、玩具など実際の生活に使えそうな工芸品の写真を収録した『輸出向工芸品参考資料』（商工省貿易庁・商工省工芸指導所編、昭和二十二年）が出版され、国内の工芸関係機関などに頒布された。同書の巻頭には、戦争による文化財の被害状況を調査するためにGHQ民間情報局最高顧問として昭和二十一年四月に来日した東洋美術史家で、戦時中の米軍による空襲から京都や奈良の文化財を守ったとされるラングドン・ウォーナーのコメントとして、「日本の工芸品はあくまで日本的のものでなければならない」というメッセージが添えられていた(222)。

また、商工省工芸指導所の機関誌『工芸ニュース』においても、終戦直後は見返り物資としての工芸品に関する論考や制作見本や関係資料などに関する記事が矢継ぎ早に掲載されその方向性が示された。例えば工芸指導所の設計部は、パー大尉をはじめとするGHQの関係者やその家族、そして、進駐軍向けの土産品販売店を対象に見返り物資としてふさわしい工芸品のあり方に関する調査を行い、その結果を「輸出向工芸品設計資料調査について」という簡単なリポートにまとめている(223)。そのリポートによれば、見返り物資としての工芸品は、アメリカ人の日常生活において実際に使用できるものであることがまず絶対的な条件であり、意匠については、形態、装飾とも純日本的ですっきりとしたものが、また模様については花鳥図が好まれる、としている（図39）。もっとも、GHQ側が示すこうした意向に従ったからといって、それが即座に輸出に直結したわけではなく、さきの商工省

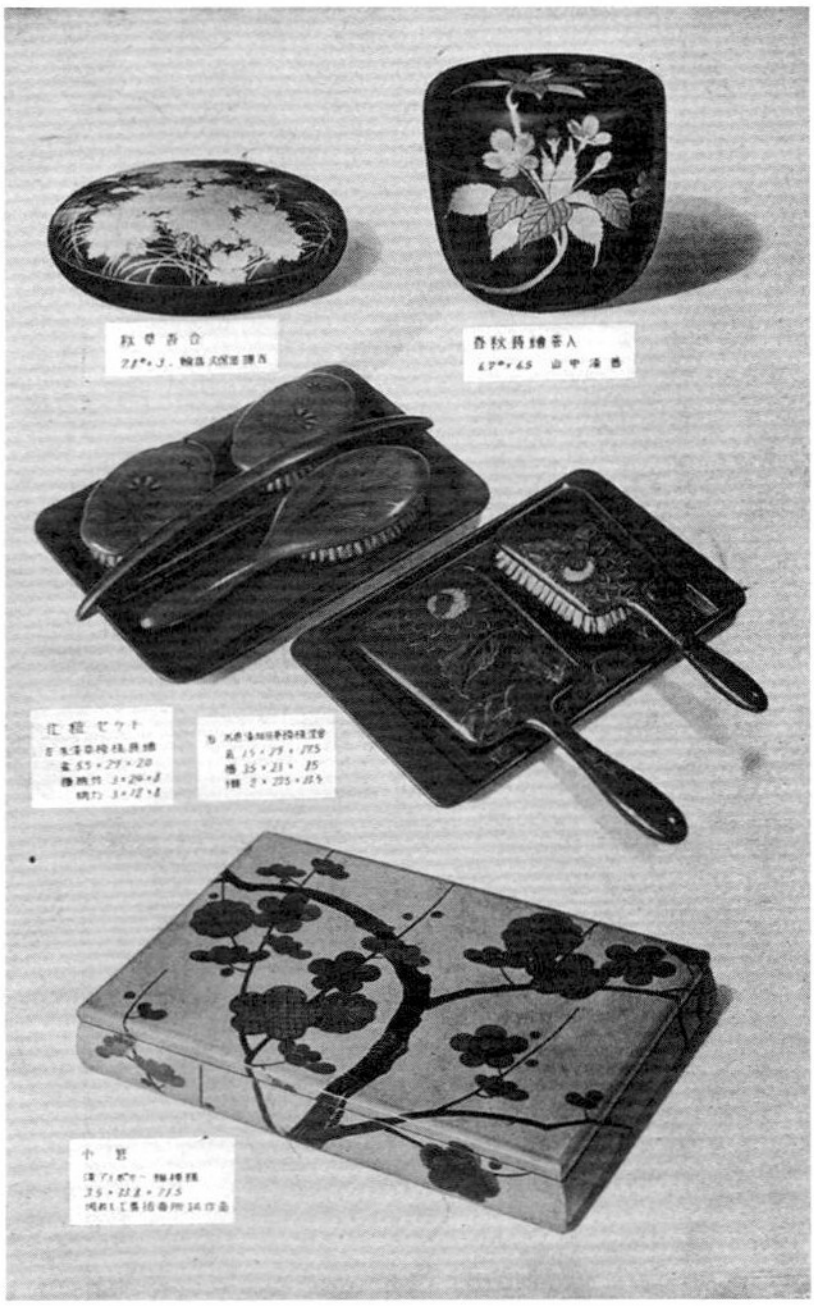
図39　『工芸ニュース』第14巻第１号に掲載された見返り物資の例（昭和21年６月）

主催の「輸出向手工芸品生産指導会」を通じてバー大尉によって選定され、アメリカに見本として送られた工芸品についても、一年以上経過しても注文がひとつもないというのが現実だった(224)。

だがここで重要なことは、戦後日本の工芸は、見返り物資への取り組みを通じて、アメリカ人の目線を強く意識するようになるとともに、「日本的なもの」を模索するところから再出発したことである。そして、「日本的なもの」を求めるアメリカ側からの要望に応えようとするなかで、「伝統」という言葉を前向きに捉えようとする発言が工芸関係者の間で相次いでなされるようになるのである。

商工省の外郭団体である日本美術及工芸会が発行する雑誌『美術及工芸』創刊号（昭和二十一年八月）巻頭の「発刊の言葉」には、工芸においては「伝統」を尊重することが対外進出を促すだけでなく工芸の発展にもつながる、「伝統の尊重とその芸術性の発揮」とが再検討されなければならないと記されている(225)。同誌の創刊号と第二号は内容的には見返り物資特集となっており、当時の主要な工芸関係者が寄稿している。例えば国井喜太郎は、工芸品は単に見返り物資としてだけでなく、「軍国主義を完全に放棄した平和の国、文化の国、日本の姿を代表して無言の中に新生日本を広く海外に向って説明する使命をも負っている」(226)と述べている。また、国立博物館美術課長の野間清六（一九〇二―六六）は、「海外の要求に伝統的なものを求めることが相当強いために、伝統が更めて見直されて来た」と述べて伝統の意義を認めながらも、独善的な民族的自惚れに警戒を促し、伝統の形式を模倣するのではなく、なぜ伝統的なものが優れているのか、その要因を深く探究したうえで、その根底にあるものから日本文化の再建に取り組むべきだと訴えている(227)。これらの論説からもうかがえるように、おそらく日本人の側にも、戦後の日本文化再建のために伝統を尊重するとともに、平和で文化的な民主主義国家として生まれ変わった新しい日本の姿を工芸品に託して対外的に示したい、という期待があったことがうかがえる。

とはいえ、見返り物資としての輸出工芸への取り組みが、そのまま「伝統工芸」へと発展していったわけではない。というのも、見返り物資とは、商工省がそれを主導したことからもうかがえるように、あくまでも産業的な手工業者を中心とする「産業工芸」の領域での取り組みだったからである。ところがやがて見返り物資への取り組みは、それまで商工展や帝文展に出品することもなく、「産業工芸」からも「工芸美術」からも距離を取りつつ独自に制作活動を展開していた在野系の陶芸家にまで波及していく。

戦後、見返り物資としての輸出工芸の生産を事業化しようとしたのが、旧日産コンツェルン（日産・日立グループ）の創始者である鮎川義介（一八八〇―一九六七）である。鮎川義介は日本の戦後復興にあたり、農村の余剰労働力を工芸品の生産に向かわせるという目論見で三〇〇〇万円を投じて昭和二十一年春に農村工業振興会を設立した(228)。農村工業振興会は、「外国の模倣でない日本的陶磁器の新規輸出面の開拓」を謳っていたが、戦後の民間貿易の解禁は昭和二十二年八月十五日からであり、同会の発足当時はまだ民間の外国貿易が認められていなかった時期だったから、同会は見返り物資の活況に乗じて組織された団体と推測される。(229) ところがその後、鮎川義介が戦犯容疑で逮捕されたことにより農村工業振興会の運営資金がGHQに押収されたため、その活動は日本陶磁振興会に引き継がれることになった。

日本陶磁振興会の会長にはかつて第一次近衛内閣（昭和十二―十四年）で商工大臣を務めた吉野信次（一八八八―一九七一）が就任、日本を五つの地域に分割し、五人の指導員（浜田庄司、水町和三郎、日根野作三、石黒宗麿、舩木道忠）がそれぞれの担当地域の中小業者に図案を提供し、独自の商品を作り出す手助けをすることになった。例えば日根野作三の場合は、京都の三つの工場、伊賀の三つの工場、多治見周辺の九つの工場を担当して図案を提供していた。(230) 日本陶磁振興会もまた、外国への輸出工芸の制作をめざしていたのだが、その理事長を務めた水町和三郎が指導員に対して要請したのは、「日本の風土に根ざした工芸品を作ること」だったから、やはり見返り物資としての工芸品の生産にあたって示された指針を念頭に置いて生産指導を行っていたものと思われる。(231)

やがて、日本陶磁振興会は、それまで帝文展に出品することなく、地方の窯業地で地道に桃山陶芸など古陶磁の復興に取り組んでいた陶芸家を集め、「日本伝統工芸展」の中核となる陶芸家同士のネットワークを形成する。昭和二十三年六月、日本陶磁振興会は展覧会を開催しているが、『日本美術工芸』誌に掲載された「日本陶磁振興展」（阪急百貨店、昭和二十三年六月八日―十三日）の案内文には「作陶界の新古典派」として、荒川豊蔵、石黒宗麿、川喜田半泥子、北大路魯山人、金重陶陽、三輪休雪（一八九五―八一）、小山冨士夫、辻晋六（一九〇五―七〇）、宇野三吾（一九〇二―八八）、山本正年（一九一二―八六）、水町和三郎、日根野作三（一九〇一―八四）らが名前を連ねている。(232) このうち荒川豊蔵、石黒宗麿、金重陶陽の三人はのちに重要無形文化財制度が始まると相次いで保持者（人間国宝）に認定され、「伝統工芸」をリードしていくことになる陶芸家なのだが、彼らはそれまで帝文展や商工展などの官制公募展に出品していなかったために、終戦直後はまだ無名といっていい存在だった。[233]というのも、先述のように戦前においては、過去の工芸技法の解明や様式の再生に取り組む工芸家の仕事は基本的には作家活動としては評価されてこなかったからである。日本陶磁振興会には、それまで官制公募展の枠外で作陶に取り組んでいたいわゆる在野系の陶芸家が多数参加しているが、同会の活動を通じて「工芸美術」「産業工芸」「民芸」という昭和戦前期の工芸界を構成してきた三大勢力とは異なる新興勢力として「伝統工芸」という新しい勢力が形成され始めたことをうかがわせる。第二次世界大戦の終結により、戦前までの価値観と工芸を取り巻くシステムが大きく揺らいだ終戦直後、アメリカへの見返り物資の生産事業をきっかけとして、工芸における「伝統」が盛んに議論されるようになるとともに、のちの日本伝統工芸展の基盤となる人間関係が形成されていたのである。

その後、見返り物資としての輸出工芸の生産事業がひと段落したあとも、工芸は日本文化の象徴として、日米文化交流事業のなかで重要な役割を担うようになる。昭和二十六年四月、建築家のアントニン・レーモンド（Antonin Raymond、一八八八—一九七六）とその妻ノエミ・レーモンド（Noemi Raymond、一八八九—一九八〇）の二人が集めた日本の工芸品の展覧会「日本の生活工芸展」（*Japanese Household Objects*、一九五一年四月十七日—六月十八日）がニューヨーク近代美術館で開催された。レーモンドは帝国ホテルの設計を依頼されたフランク・ロイド・ライト（Frank Lloyd Wright、一八六七—一九五九）の助手として大正八年（一九一九）に来日して以来、戦時期はアメリカに一時帰国したものの、戦前戦後を通じて長年にわたって日本で建築家として活躍していた。タイトルに「生活工芸」と銘打たれていることからもうかがえるように、この展覧会には「輸出もの」としてではなく、日本の国内向けの生活雑貨として作られた陶磁や漆による鉢、水注、花瓶、カップ、皿など五、六〇点の工芸品が出品された。そのプレスリリースには出品作家として八木一夫（一九一七―七九）の名前が確認できるものの、基本的には無名の職工による工芸品が出品されたと見られる。[234] 輸出向けにアメリカ人の趣味嗜好に沿うように作られたものよりも、むしろこうした日常的な生活雑貨の方が、その頃、ニューヨーク近代美術館のエドガー・カウフマン・ジュニア（Edgar Kaufmann Jr.、一九一〇―八九）が提唱していたグッドデザインの諸条件、すなわち、直接性、単純性、形態の美しさ、素材の合目的性――を備えており、アメリカ人の共感を呼ぶものとして選ばれたのではないかと思われる。[235] 終戦直後、見返り物資の輸出事業を通じてアメリカ人の購買意欲をそそる「日本的なもの」の模索が行われたが、このニューヨーク近代美術館での「日本の生活工芸展」のためにレーモンドが日本人の生活に根差した工芸品を選んだように、アメリカ側が共感を示した日本の工芸とは、日本的な意匠を身にまとった「輸出もの」ではなく、むしろ、日本人の伝統的な生活文化に根ざした「日本的なもの」だった。そして、日本の前近代的な面影をとどめた工芸品にモダンデザインとしての先駆性や共通点を見出し、共感してみせるというのは、その後の日米文化交流においてアメリカ側が示す基本的な姿勢となっていく。

昭和二十六年九月、日本陶磁振興会はアントニン・レーモンドの設計によってできた東京竹橋のリーダーズダイジェスト社のホールで「現代日本陶磁展」（昭和二十六年九月十七日―二十九日）を開催した。この展覧会には、昭和二十六年四月に解任されたダグラス・マッカーサー（Douglas MacArthur、一八八〇―一九六四）の後任の最高司令官マシュー・リッジウェイ（Matthew Bunker Ridgway、一八九五―一九九三）夫妻やGHQ外交局長ウィリアム・シーボルト（William Sebald）夫妻などGHQの高官が来場、小山冨士夫が会場を案内した[236]（図40）。そして、魯山人の黄瀬戸角大鉢と加藤幸兵衛の青磁香炉をリッジウェイ夫人が、また辻晋六の南蛮写し黒渦模様大鉢をレーモンド夫人が購入したほか、荒川豊蔵の水月窯の粉吹小皿や灰皿などが別の外国人名士によってすでに売約済となっていたと報じられた。この展覧会リポートのなかで邑木千以は、ノリタケ製品のような「輸出もの」の洋食器に飽き足らなくなった外国人が、「日本の古い伝統の中から生れるユニークな陶器に対して非常にモダンな魅力」を感じるようになり、織部、黄瀬戸、志野、伊賀など復古的傾向の作品に関心を示すようになっていると解説している(237)。

ＧＨＱ高官が「現代日本陶磁展」に出品された復古的傾向陶芸家による作品に対して共感を示し織部や志野など日本的なやきものがアメリカ人から評価されたことに対して、邑木千以が、「やっぱり日本人であることを誇らしく思い、あちらの人と通い合える感覚のあることを思って心和むことが出来た」と感想を述べていることか

図40　現代日本陶磁展会場を見学するリッジウェイ夫人・レーモンド夫人・田澤嘉一郎・リーダーズダイジェスト社日本支局長フィッシャー夫人（昭和26年11月）

らもうかがえるように、日本の前近代的な伝統文化の面影をとどめた工芸に対して共感を示すアメリカ人のこうした姿勢は、敗戦によって自信を失っていた日本人の自尊心をくすぐるものであると同時に、アメリカ人に対する親近感を誘発する効果をも備えていた。工芸を通じて日本の伝統的な生活文化を紹介する文化交流事業は、アメリカ人に親日的な心情を育成するだけでなく、日本人の間にもアメリカに対する親近感を生み出すという作用をもたらしたのである。

三　一九五〇年代の日米文化交流——ロックフェラー三世

戦後、文化交流事業を通じて日本に対して影響を及ぼしてきたアメリカの力を検討しようとするとき注目しておかなければならない重要人物がジョン・D・ロックフェラー三世（John Davison Rockefeller III、一九〇六—七八）である。GHQによる日本の占領統治は七年間（昭和二十—二十七年）にも及び、その後もアメリカの影響力は維持されたが、とりわけ一九五〇年代の日米文化交流においては、ロックフェラー三世とそのロックフェラー財団が重要な役割を果たしていた(238)。

「ロックフェラー」という名前は、日本でもアメリカを代表する大富豪として広く知られているが、その第三世代の家長であるロックフェラー三世が日米親善のための活動に情熱を注ぎ、戦後ほぼ毎年のように日本を訪問して日米文化交流において重要な役割を果たしていたことは一般的にはそれほど知られていないのではないだろうか。ロックフェラー三世の祖父の初代ロックフェラー（John Davison Rockefeller、一八三九—一九三七）は、スタンダード・オイル社を創業（一八七〇年）し石油事業で莫大な財産を築いた人物であり、第二世代のロックフェラー・ジュニア以後、ロックフェラー家の家長にとってはフィランソロピー、すなわち、社会貢献事業がいわば「家業」となっていた。[239]昭和二十七年（一九五二）にロックフェラー財団の会長に就任したロックフェラー三世は、一九五〇年代から六〇年代には、毎年、自身の年収の約六割にあたる約五〇〇万ドルをロックフェラー財団などを通じて社会貢献事業に寄付していた。[240]初代ロックフェラーによって設立されたロックフェラー財団は、「世界人類の幸福」をスローガンに、主として、①医療・健康・人口科学、②農業・自然科学、③芸術・人文科学、④社会科学、⑤国際関係の五分野を支援する世界最大級のフィランソロピーのための財団である。

ロックフェラー三世がとくに情熱を傾けたのが日米文化交流事業だった。戦後、ロックフェラー財団は日本研究の専門家チャールズ・B・ファーズ（Charles Burton Fahs、一九〇八—八〇）を迎えて積極的に日本関連の事業を支援するようになり、一九五〇年代後半から一九六〇年代初めには、毎年約六〇件もの日本関連の事業に対して助成を行っていた。[241]さらに、太平洋戦争によって活動を休止していたニューヨークのジャパン・ソサエティ（一九〇七年創設）が昭和二十七年に活動を再開すると、ロックフェラー三世はその理事長（一九七〇年からは会長）となり、生涯にわたって日米親善のための活動に熱心に取り組んでいくことになる。ロックフェラー三世はジャパン・ソサエティに土地を提供しただけでなく、多額の財政支援を行いその活動を全面的にサポートした。ロックフェラー三世はジャパン・ソサエティやロックフェラー財団などの活動を通じて、戦後の日米文化交流事業に深く関わっていたのである。

ロックフェラー三世がはじめて日本を訪問したのは昭和四年のことだった。この年プリンストン大学を卒業したばかりのロックフェラー三世は、アメリカ、カナダ、日本、中華民国、オーストラリア、ニュージーランドの六ヵ国の自由主義的な知識人による非政府組織「太平洋問題調査会」（The Institute of Pacific Relations）の京都会議に、米国代表の補佐として出席し、約四週間にわたって日本に滞在した[242]。京都会議では満洲問題が議題となり、衝突回避の道が模索された。しかし、やがて日中戦争は拡大し、ついに日米両国は真っ向から敵対することになり、両国民の間では反米／反日感情が激しく高まりを見せることになった。ロックフェラー三世は、昭和四年の太平洋問題調査会の京都会議での経験を踏まえ、国家間の戦争を回避するためには、民間レベルでの国境を越えた個人個人の友好関係が重要だと考えるようになったのである。

戦後の日米文化交流事業にロックフェラー三世が深く関与することになったのは昭和二十六年一月、サンフランシスコ講和条約（昭和二十六年九月調印、翌二十七年四月発効）のための講話使節団の文化顧問として、占領統治後の日米文化交流の指針や長期計画を構想するために来日したことがきっかけだった[243]。講和使節団は、国務長官ジョン・フォスター・ダレス（John Foster Dulles、一八八八―一九五九）夫妻、その次官であるジョン・M・アリソン、ダレスの秘書ドリス・A・ドイル、陸軍次官補アール・D・ジョンソン夫妻、陸軍長官官房占領地域担当特別補佐官カーター・B・マグルーダー少将、マグルーダーの部下で民生部門長のC・スタントン・バブコック大佐、国務省北東アジア局のロバート・A・フィアリィ、そして、ロックフェラー三世夫妻で構成された。この講和使節団に民間人のロックフェラー三世が加わることになったのは、第一次世界大戦後、過酷な賠償を敗戦国であるドイツに課してその経済を破綻させ再び世界大戦へと導いたヴェルサイユ条約の教訓から、ダレス国務長官は日米講和にあたっては、民間ベースの文化交流事業を長期的に展開して日米両国民の友好関係を草の根的なレベルで構築する必要があると考え、そのためにはロックフェラー三世の協力が必要と判断したからだった。

ロックフェラー三世の昭和二十六年の日本訪問（一月二十五日―二月二十二日）については、講話使節団の文化顧問という公的な使命を帯びての来日だったため、当時の日本の新聞でもその足取りをある程度追跡することができる。というのもGHQによる占領統治からの解放を意味する講和条約調印に向けた動きは当時の日本においては国民的な関心事であったため、約一ヵ月におよんだ講和使節団の動向は連日のように新聞に報道されていたからである。しかも、その講話使節団の一員として「ロックフェラー」という、日本でも広くその名を知られた大富豪が加わっていたために、その動静は人々の注目を集め、行く先々で新聞記者が待ち構えていた。当時の新聞報道からは、戦後の日米文化交流計画の立案という任務のために、日本の知識人との面談を重ねながら、忙しく動き回るロックフェラー三世の様子がうかがえる。

昭和二十六年一月二十五日に羽田に到着し、帝国ホテルを宿舎としたロックフェラー三世は、『読売新聞』に報じられているだけでも、南原繁東京大学総長（一月三十日）、鮎沢巌ユネスコ事務局長（同日）、蝋山政道お茶の水女子大学長（一月三十一日）、星野あい津田塾大学長（同日）、三井家十一代当主三井高公《たかきみ》（同日）、大倉総評国際部長（二月一日）、潮田江次慶応義塾塾長（同日）、アメリカ研究者高木八尺《やさか》（同日）、直井武夫（自由人クラブ、二月三日）、政治家鶴見祐輔（二月七日）と連日のように面談を重ね、日米文化交流のあり方や長期計画に関し日本側の意向を調査した。

こうした知識人との面談以外にも、二月四日には昭和天皇の来賓として鴨猟を見学、二月六日には高松宮宣仁《のぶひと》親王（一九〇五―八七）と懇談、[244] 二月十日には国立博物館を訪問し、文化財保護委員長高橋誠一郎（一八八四―一九八二）および国立博物館長浅野長武と日米文化交流について意見交換するとともにアメリカで日本美術を紹介する展覧会の開催を打診、[245] 約一時間かけて館内を見学して本阿弥光悦《舟橋蒔絵硯箱》や横山大観《生々流転》などに対して高い関心を示した。[246] そして、二月十二日には日比谷公会堂で開催されたリンカーン記念講演会で講演を行い、約二〇〇〇人の聴衆を前に、「日本は世界にも類例のないほどの豊かな文化的資源を持っている」「それぞれ民族の歴史をふりかえり自分たちの伝統の中のすぐれた面から力と叡智とを引出すことにより思想や理想を明確にすることが重要」と訴えた[247]。

日比谷公会堂の講演を終えて、その日の夜行列車で京都に向かったロックフェラー三世夫妻は、翌十三日の朝、京都駅に到着。その後、ロックフェラー三世は京都の日仏会館を訪問、その一方で、日本の古民家に関心を抱いていた妻ブランシェット・ロックフェラー（Blanchette Ferry Rockefeller、一九〇九―九二）は、陶芸家河井寛次郎（一八九〇―一九六六）と美術評論家竹内逸の案内で、大原の斎藤治一郎邸を見学した[248]。その後、桂離宮、嵐山、龍安寺を観光したのち、五条坂の河井寛次郎の自宅兼工房を訪ね、その古い京町屋のたたずまいをブランシェットは「ワンダフル」を連発して絶賛、「写真であこがれていた日本の民家をはじめて見て大変面白く思った」と述べている。翌十四日の午前も夫婦別行動を取り、ブランシェットは奈良見物に出かける一方で、ロックフェラー三世は京都大学の学生と懇談したのち、恩賜京都博物館（京都国立博物館の前身）で富岡館長や高山義三京都市長と面談し、貴賓室で牧谿《観音猿鶴図　三幅対》（大徳寺）、伝藤原隆信筆《伝源頼朝像》（神護寺）、俵屋宗達《風神雷神図》（建仁寺）、《如意輪観世音菩薩半跏思惟像》（岡寺）、《曜変天目茶碗》（龍光院）などを鑑賞した[249]。そして午後、ブランシェットとロックフェラー三世は東本願寺で合流し、法主大谷光暢《こうちょう》（一九〇三―九三）および宗務総長暁烏《あけがらす》敏《はや》（一八七七―一九五四）と面談、ロックフェラー三世は、「講和条約などと騒ぐよりも私はお互いに文化の交流が基盤だと思います。率直にいって日本の仏教を知らねば日本文化の底流を知ることが出来ない」と述べている。そして、この日の夕方には都ホテルでカクテルパーティを行い、同日の夜行列車で東京に戻った[250]。

ロックフェラー三世は帰国直前の二月二十一日、東京の三井本館で会見を行い、日本滞在を通じてまとめた日米間の文化交流の基本構想として、①人物交流計画、②文化センター、③学術研究センター、④美術交換展、⑤

図書交換を提示し、翌二十二日午後、シーボルトＧＨＱ外交局長とともに羽田を出発した。そして帰国後、「日米文化関係報告書」（昭和二十六年四月）をダレス国務長官に提出、アメリカの文化帝国主義的な色彩を薄めるために、「双方向的」かつ「民間主導」による日米文化交流事業の展開を提案した。[251][252]

その後もロックフェラー三世は毎年のように来日し、政治家、財界人、知識人、芸術家など幅広い領域の人たちと草の根的な交流を重ね、いわば民間文化親善大使として、さまざまな文化交流事業を働きかけていった。

ロックフェラー三世夫妻は美術にも造詣が深く、日本美術に対して高い関心と見識を示していたことは、ロックフェラー三世夫人ブランシェットと親しかった白洲正子（一九一〇—九八）のエッセイからもうかがえる。白洲正子は十四歳のとき（大正十三年）にアメリカのハートリッジ・スクール（ニュージャージー州）に留学した経験があったが、白洲正子の父樺山愛輔（一八六五—一九五三）は日米協会会長や国際文化振興会顧問、国際文化会館理事長を歴任し、戦前戦後を通じて日米交流において重要な役割を果たしてきた人物であり、ロックフェラー家とは親子ともども交流があった。白洲正子はブランシェットに誘われて国立博物館を訪問したときのことを回想し、「とかく目につくものは、等伯の屏風であったり、鳥獣戯画図であったりする。鶴林寺の観音様の前では長く足をとどめていた。陶器では、織部と乾山が気に入っていた」と述べているが、《鳥獣戯画》は昭和二十八年にアメリカを巡回する「日本古美術展」の目玉作品であり、ロックフェラー三世夫妻の日本におけるその足取りをたどっていくと、その後一九五〇年代にアメリカで開催される日本美術の展覧会との関連性が浮かび上がってくる。[253][254]

ロックフェラー三世の働きかけにより、昭和二十八年一月、首都ワシントンD.C.のナショナル・ギャラリーを皮切りにアメリカ五都市（ワシントンD.C.、ニューヨーク、シカゴ、シアトル、ボストン）を巡回した「日本古美術展」(Japanese Painting and Sculpture from the Sixth Century A.D. to the Nineteenth Century)[255]が実現することになった。もっとも、この展覧会には日米双方のさまざまな組織および人物が関わっているのだが、この展覧会の開催を審議した内閣の閣議資料には、「J・D・ロックフェラー三世の申出及び斡旋により、日本の文化の力をアメリカ合衆国に紹介普及し、ひいては、日米両国間の親善を緊密にする目的をもって、アメリカ合衆国各地において、日本古美術品展覧会を左記により開催するものとする」と記されており、日本政府はこの展覧会をロックフェラー三世の発案による日米親善のための重要な文化交流プロジェクトとして位置づけていたことがうかがえる。(256)

このロックフェラー三世の「日本古美術展」に先立って、昭和二十六年九月にはサンフランシスコ講和会議の日程に合わせて、「サンフランシスコ日本古美術展（Art Treasures from Japan）」（デ・ヤング記念博物館、九月六日―十月五日）が開催された。この展覧会は絵画五五点、彫刻一五点、書跡一〇点、工芸九四点、考古四点の計一七八点もの作品が出品された大規模な展覧会だったが、サンフランシスコ一都市だけでの開催だったため、ロックフェラー三世はアメリカの他の主要都市でも同じように日本の古美術展を開催することを日本政府、文化財保護委員会、国立博物館などに対して強く要望したのである。

昭和二十七年八月には、「日本古美術展」の出品作の選定のためフリーア美術館長のアーチボルド・G・ウェンリー（Archibald G. Wenley）、メトロポリタン美術館東洋美術部長のアラン・プリースト（Alan Priest）、そして、ラングドン・ウォーナーの三人が来日し、第一級の作品ばかりで構成された「ドリーム・リスト」を提示、日本側との出品交渉が重ねられた。最終的に確定した九一件（絵画七七件、彫刻一一件、工芸三件）一一八点の作品のなかには、《鳥獣戯画》、《伴大納言絵詞》、伝藤原隆信《伝源頼朝像》、雪舟《天橋立図》、俵屋宗達《風神雷神図》、円山応挙《雪松図》など国宝一二件が含まれていた。各時代を象徴するような有名な作品で日本美術の通史的な流れを紹介する充実した内容で、この展覧会はその後のアメリカにおける日本美術の展覧会の「規範」として位置づけられることになる。[257] ワシントンD.C.のナショナル・ギャラリーでの展示では三十二日間の会期中に一八万七四六〇名の観客を動員しただけでなく、展覧会場で作品を鑑賞するアイゼンハワー大統領の姿が日本の新聞や雑誌でも報道されるなど、外交的な意味でも成功をおさめた（図41）。

全米の五会場の総計では四二万二九八三人を動員し、大成功をおさめたこの「日本古美術展」の終了後に文化財保護委員会が発行した報告書にロックフェラー三世は、次のようなメッセージを寄せている。「異なる国民が互いに理解し合うためにはその国民の文化を理解するのが早道であります。なぜならば文化というものは一つの国民の本質的な意志表示ともいうべきものであるからであります。文化とは一つの国民の信仰、働き、関心及び悦びの表現であり、更にはその日常の生活と思想に示されるこれらすべてのものの具体的なあらわれであります」とコメントし、さらに、「この展覧会において期待されたことは、それを通じて米国人が日本の文化的、精神的価値と伝統をよりよく知ることでありましたが、単にこの目的が充分に達成されたばかりでなく、この美術展覧会が機縁となって更に美術とは形式を異にする日本芸術をアメリカに持ち来たらしめようという企画を鼓舞してくれたのであります」と述べている。[258] このメッセージにも示されているように、「日本古美術展」の成功をはずみに、日本文化をアメリカで紹介する文化

図41　日本古美術展会場で新木栄吉駐米大使の説明を聞くアイゼンハワー大統領夫妻（昭和28年2月）

交流事業は、工芸や建築、そして、映画や演劇や文学などの大衆文化へと広がりを見せていくことになる。

四　ニューヨーク近代美術館の日本展──陶芸・建築・書

大成功をおさめた「日本古美術展」（昭和二十八年）の翌年、昭和二十九年（一九五四）には、「ジャパニーズ」を冠した陶芸、建築、書の三つの日本の展覧会がニューヨーク近代美術館で開催された。昭和二十六年二月の京都旅行の折に、ロックフェラー三世夫人ブランシェットが日本の古民家に関心を示していたことは先述のとおりだが、白洲正子によれば、日本滞在中ブランシェットはふだん使いのために志野の器を買い、また、書にも興味を示していた[259]。日本滞在中にブランシェットが示した日本の建築、陶芸、書への関心は、たんなる個人的な趣味のレベルにとどまるものではなく、日本文化をアメリカで紹介するための展覧会へと発展していくことになる。

昭和二十九年四月ニューヨーク近代美術館は、館内のペントハウスと呼ばれるスペースを会場に「日本陶芸展」（Japanese Pottery、四月二十九日―五月二十一日）を開催した。タイトルには「日本陶芸」と掲げられていたが、この展覧会は実質的には北大路魯山人の近作約八〇点による個展だった。日本人の陶芸家がニューヨーク近代美術館で個展を開くというのはきわめて異例だが、ジャパン・ソサエティの財政支援と、ニューヨーク近代美術館の理事を務めていたブランシェットの後押しのもとに実現したものと見られる。魯山人の作品は日本的でありながらも国境を越えて共感を呼ぶ力を備えており、昭和二十五年にフランスで開催された「現代日本陶芸展」（チェルヌスキー美術館ほか）でも高く評価されていたし[260]、ロックフェラー夫妻が定宿としていた帝国ホテルからもほど近い銀座には外国人旅行者向けに魯山人作品を販売する専門店「火土火土美房」（銀座五丁目）があった。ロックフェラー三世夫妻は魯山人作品のファンで、昭和二十八年にはブランシェットが鎌倉の魯山人の工房を訪問している。[261]

ロックフェラー三世夫妻と魯山人との間には、多くの仲介者が存在した可能性が考えられるが、最も有力なのは彫刻家イサム・ノグチ（一九〇四―八八）であろう。日本人の父とアメリカ人の母との間に生まれたイサム・ノグチはニューヨークに制作拠点を置いていたが、昭和二十五年以来しばしば来日するようになり、女優山口淑子と結婚した昭和二十七年からは北鎌倉の魯山人の住居兼工房「星岡窯」の広大な敷地の一角にある日本家屋に住居を構えて日本滞在時の拠点としていた。

北大路魯山人は二十世紀の日本を代表する陶芸界の巨匠の一人といえるが、生前からその傲慢な振る舞いで悪名高い人物でもあり、日米親善のための文化使節としてはあまり適切な人物ではなかった。魯山人はニューヨーク近代美術館での展覧会を機に四月三日から六月十八日まで、アメリカおよびヨーロッパを旅行し、講演や制作実演を行うのだが、魯山人は行く先々でさまざまなトラブルを巻き起こした。例えば、ワシントンD.C.のフリーア美術館では懇談を行うことになっていたにもかかわらず、泥酔のため懇談が成立しなかった。[262]また、陶芸コースがあるニューヨーク州のアルフレッド大学では、制作実演の直前になってビールを飲ませろと言い出した。ところがその町は禁酒地区だったため、教授の一人が二〇マイル離れた別の町まで、魯山人のためにビールを買いに行かなければならなかった。[263]そして、ニューヨーク近代美術館での展覧会では、オープンのわずか一〇分前になって、備前焼の作品の表面が水で濡らされていないといって怒りだし、ステッキを振り回してガラスケースを壊さんばかりに脅かしたりもした[264]（図42）。

北大路魯山人はさまざまなバリエーションの作品をてがけているが、高級料亭「星岡茶寮」で使用する食器を

図42　ニューヨーク近代美術館で談笑するロックフェラー三世・同夫人・北大路魯山人（昭和29年４月）

作るために作陶を始めた魯山人の作品の本分は料理のための器であり、ニューヨーク近代美術館での展覧会には備前、志野、黄瀬戸、伊賀などの桃山風の食器を出品した。『ニューヨーク・タイムズ』紙は、魯山人の「器は料理の着物」という有名な言葉とともに、魯山人の作品が料理と密接な関係にあることを紹介した[265]。魯山人は食を中心に、生活のあらゆる面において美の探究に取り組んだ芸術家であり、しかも魯山人の作品は、実際に料理が盛りつけられて食卓に供されることによって真価を発揮する生きた芸術品でもあったから、アメリカ人に日本の生活文化を紹介するうえではうってつけの陶芸家だったといえる。

なお、当初、北大路魯山人のアメリカ渡航の旅費についてはジャパン・ソサエティ（あるいはロックフェラー財団）が出資する予定だったが[266]、「自由にモノが言えなくなる」という理由で魯山人はこれを拒否し、旅費および作品輸送などの費用すべてを自費でまかなった[267]。その旅費の工面を支援するためイサム・ノグチは、ニューヨークのグレース・ボルゲニヒト・ギャラリーで魯山人の個展をアレンジしたが、展示目的で輸入したものを販売目的に変更する税制上の手続きがあまりにも煩雑だったため、販売には漕ぎ着けなかった[268]。結局、魯山人の作品は、ジャパン・ソサエティを介してアメリカ各地の美術館や大学などに寄贈されることになり、ニューヨーク近代美術館にも備前、信楽、志野の鉢や角皿や壺など七点が収蔵された。

ニューヨーク近代美術館で昭和二十九年に行われたもうひとつの日本関連の展示は、「日本の家」（Japanese Exhibition House、六月二十日―十月三十一日）だが、これにもロックフェラー三世が深く関わっており、昭和二十八年に来日した際には毎日新聞社の社長に対して、「ニューヨーク近代美術館の中庭で日本家屋の展示会を開きたい」とサポートを依頼していた[269]。この展示の準備のために昭和二十八年一月、ニューヨーク近代美術館の建築デザイン部キュレイターのアーサー・ドレックスラー（Arthur Drexler、一九二五―八七）が来日し、日本の古い建造物の調査を行った[270]。当初は古い日本の民家をそのままニューヨークに移築して展示する予定だったが、結局、建築家吉村順三（一九〇八―九七）設計による十六―十七世紀の書院造風の日本建築を新たに建設することになり、日本の社団法人日米協会（The America-Japan Society）が主たるスポンサーとなってその経費を負担することになった[271]。

吉村順三が設計した「日本の家」は、昭和二十八年にあらかじめ名古屋で組み立てたのちいったん解体され、六三六箱のクレートに納めて、翌二十九年一月、船便でアメリカに送られた[272]。そして、三月から吉村順三監督のもと、伊藤平左衛門を棟梁とする日本人大工の手によってニューヨーク近代美術館の中庭に建設が進められた。四月二十二日には棟上げ式が行われ、ロックフェラー三世もジャパン・ソサエティ理事長として出席した。そして、六月二十日に一般公開され、寒期のために十月三十一日に閉鎖するまでの約四ヵ月間に一二万一一八七名を動員（入場料は大人六〇セント、子供二〇セント）[273]、十一月七日には訪米中の総理大臣吉田茂（一八七八―一九六七）のために特別公開され、ロックフェラー三世夫妻がエスコート、翌日の『ニューヨーク・タイムズ』紙にも報道された[274]（図43）。翌昭和三十年四月二十七日に「日本の家」は再び公開され、十月十六日の閉会までの半年間に一〇万一九三七名を動員（二年間で計二二万三一二四名）した。

吉村順三によって「松風亭」と名づけられたこの「日本の家」は、広間と書院を備えており、その襖には日本画家東山魁夷（一九〇八―九九）による風景画が水墨で描かれていた。このほかにも、日本の昔の邸宅さながらに、かまどのある台所や木製のバスタブを備えた風呂場があり、渡り廊下の先には四畳半の茶室が付属していた。来場者は靴を脱いで畳の上を歩きまわり、縁側に腰掛けて日本庭園と池を眺めてくつろぐことができた（図44）。

ニューヨーク近代美術館のドレックスラーが十六―十七世紀の日本の書院造風の建物を吉村順三に依頼したのは、日本の前近代的な建築が、西洋の伝統的な建築以上に、西洋のモダニズム建築との共通性を備えていることを示すためだった。来場者向けのリーフレットでドッレックスラーは、西洋のモダニズム建築との共通性を意識させる四つの重要な特徴――①柱と楣枠《まぐさ》の構造、②自由に変えられる間取り、③室内と室外の密接な関係、④構造材そのものの装飾性――に来館者の注意を促し、日本建築に対する理解を助けようとした(275)。ドレックスラーは、西洋のモダニズム建築に見られる鉄枠によるスケルトン構造は日本の八世紀の建築にすでに見られるものであることを、また、壁面が屋根を支えるのではなく柱で支える日本建築の構造がいまや西洋のモダニズム建築では当たり前になっていることを、そして、フランク・ロイド・ライトが自然素材の美しさをそのまま生かす姿勢を日本建築から学んでおり、ミース・ファン・デル・ローエ（Ludwig Mies van der Rohe、一八八六―一九六九）やル・コルビュジエの建築に見られる開放的な室内空間と簡素な表面仕上げというのも日本の近代以前の建築に見られる特色として指摘、日本の古い建築とモダニズム建築との共通性を示すだけでなく、その先駆性を評価した(276)。

なお、ニューヨーク近代美術館での展示終了後、この建物はフィラデルフィアのフェアモント・パークに移築（昭和三十三年）され、現在もそこで保存されている(277)。そしてその後、吉村順三はジャパン・ソサエティ（一九七〇年）やロックフェラー三世の弟ネルソンの「ポカンティコヒルの家」（一九七四年）の設計も担当することになる。

図43　ニューヨーク近代美術館中庭に建てられた「日本の家」を見学する吉田茂とロックフェラー三世（昭和29年11月）

図44 「日本の家」の縁側でくつろぐ来場者（昭和29年）

昭和二十九年にニューヨーク近代美術館で行われた第三の日本展は、「日本の抽象書道展」（Abstract Japanese Calligraphy、六月二十三日—九月十九日）である。この書の展覧会は「日本の家」の展示に合わせて、やはりドレックスラーが企画したもので、タイトルに「抽象《アブストラクト》」と掲げられているように、抽象的な現代書、いわゆる前衛書道が出品された。[278] この書展に出品されたのは、上田桑鳩（一八九九—一九六八）、森田子龍（一九一二—九八）、篠田桃紅、井上有一（一九一六—八五）ら三六名四二点の作品で、その多くは書道芸術院や墨人会などに所属して前衛書道に取り組んでいた書家たちだった。この「日本の書」展に対して、『アート・ダイジェスト』（一九五四年八月）では、日本の芸術家にとっては抽象化や象徴化は伝統として受け継がれてきたものであるのに対して、西洋においては日本よりはるかに遅れ、ようやく十九世紀にいたって、物的世界と芸術家との間の既存の関係が取り払われ、抽象主義や象徴主義への取り組みが始まったと述べて、日本の書の先駆性を評価している。[279]「日本の家」の会期にあわせて開催されたこの前衛書道展のねらいは、ジャクソン・ポロック（Jackson Pollock、一九一二—五六）に代表されるアメリカの抽象表現主義絵画とも共通する感覚を備えたものとして日本の書を展示し、日本の伝統的な美意識を踏まえつつも新しい表現を確立しようと模索する前衛書家の作品と現代のアメリカ抽象表現主義絵画との類似性を示すことにあったと考えられる。

なお、これらの三つの展覧会がニューヨーク近代美術館で開催されたのは、当時のジャパン・ソサエティはまだ自前の展示ギャラリーを持っていなかったからでもあった。だがこれらの展覧会がニューヨーク近代美術館という「モダンアートの殿堂」で開催されたことによって、もの珍しい異国趣味的なものとしてではなく、造形芸術の領域におけるモダニズムと日本の近代以前のものとの構造的な共通性を示す題材として日本の陶芸、建築、書が提示され、現代のモダンデザイン、モダニズム建築、そして、モダニズム絵画に重要な示唆を与えるものとして、日本の伝統的な造形芸術が眺められることになったのである。

ニューヨーク近代美術館での昭和二十九年の三つの展覧会のあとも、ジャパン・ソサエティは、日本の生活文化を広くアメリカ国民に紹介するプロジェクトを展開しており、昭和三十一年には、全米各地を巡回する「日本の生活文化展」（Japanese Life Culture exhibition in U.S.A.）を立ち上げた。この展覧会は、「衣類と染織」「陶磁器」「人形」「日本の書（A）」「同（B）」「日本の現代版画（A）」「同（B）」「同（C）」というジャンル別の八つの展覧会がそれぞれパッケージとなっており、昭和三十一年から昭和三十八年までの長期間にわたって継続的にアメリカ各地の美術館、図書館、学校などを巡回した。(280)

このうち「陶磁器」展に関しては小山冨士夫が作品を選定した。この事業の準備に国際文化振興会が着手したのは昭和三十年十一月からのことだったが、小山冨士夫はそれに先立つ同年七月に駐日アメリカ大使館に招かれて来日中のロックフェラー三世夫妻とともに夕食をしている。(281)そのことがこの展覧会の企画への関与と直接関係しているかどうかは不明だが、東洋陶磁史研究を専門とする小山冨士夫によって、アメリカ人に日本人の生活文化を紹介するという目的のもとに、日本の同時代の陶磁器として約一二〇点の作品が選定されることになったのである。そこには北大路魯山人、浜田庄司、荒川豊蔵、石黒宗麿など個人作家の作品が二五点、ノリタケや大倉陶園など高級洋食器メーカーのテーブルウエアが数セット、そして、丹波や小鹿田などの無名の職人による民芸品が二〇点含まれており、人間国宝クラスの作品から、比較的安価な民芸品まで幅広く多種多様なもので構成されていた。(282)そして、日本橋三越での国内展示（昭和三十一年一月五日―八日）を経て、昭和三十一年一月、アメリカに向けて送られた。日本側でこの事業をとりまとめたのは国際文化振興会だったが、基本的にはあくまでも民間主導型の相互主義的な文化交流事業として行われており、陶磁器作品の購入費については三越百貨店が、また、アメリカまでの輸送費を日本政府が、そして、米国内の巡回費用をジャパン・ソサエティがそれぞれ負担するというかたちで実施された。

かつて昭和四年の太平洋問題調査会の京都会議のために来日した際、ロックフェラー三世はその日記に日本の印象を次のように記している。「日本に関して四つのものが気に入った。女性の着物姿、日本庭園の美しさ、人と町の清潔さ、人々の礼儀正さと親切さ」(283)――一九五〇年代、ニューヨーク近代美術館が日本の陶芸、建築、書の展覧会を開催し、ジャパン・ソサエティが日本の陶磁器や染織などを通じて日本の生活文化を広くアメリカ国民に紹介するための展覧会を全米各地に巡回させたのは、ロックフェラー三世が自らの日本での体験を通じて、日本人がこれまでの生活のなかで育んできた伝統的な生活文化こそが、アメリカ人が日本人に対して身近なレベルで深い共感を呼び起こす有効な文化的資源であることを確信していたからではないかと思われる。

五　アメリカのまなざし――冷戦のなかで

戦後、日本とアメリカが自由民主主義という政治的理想を共有し、日米同盟（昭和三十五年）という強固な関係を確立した背後には、第二次世界大戦後の国際社会を二分した米ソ冷戦という対立構造があった。だが、太平洋戦争で直接対決し、互いに激しく憎悪しあっていたアメリカと日本が、同盟関係を結ぶまでに関係を強化するにいたった背後には、文化への共感が生み出す力、すなわちソフト・パワーという見えざる力が少なからず作用していたに違いない。

昭和二十八年（一九五三）に開催された「日本古美術展」の報告書でロックフェラー三世は、「日本的なものから着想されたデザインや技術や、様々の素材が今日米国の日常生活の中に深く入り込み、その生活様式を豊かにしている（……）米国人は日本的なものにいよいよ深い関心をいだき、その豊かな文化遺産を学びたいという慾をますます盛んにしている」[284]と述べている。このコメントには文化帝国主義的な色彩を薄めるために、民間ベースの相互主義の原則に基づく日米文化交流事業を提唱するとともに、「日本的なもの」を最大限尊重する態度をつねに示していたロックフェラー三世の基本姿勢が鮮明に示されている。

ロックフェラー三世は文化交流事業を通じて日本の古美術や工芸や建築などをアメリカに紹介し、アメリカ人に対して謙虚な気持ちで日本の伝統的な生活文化を眺めそれを現代生活に生かす道筋を模索することを提案していた。欧米とは歴史的背景や文化的素地だけでなく宗教や民族も異なる日本において育まれてきた文化が、必ずしも排他的で偏狭な価値観に基づく理解不能なものなのではなく、西欧近代のモダニズムとの共通性や先駆性を備えたものであることを、そして、現代のアメリカ人にも重要な示唆を与えるモダニズムの源泉としての価値を備えていることを文化交流事業を通じて提示することで、ロックフェラー三世は太平洋戦争中に形成された日本人に対する悪しき偏見を取り除くとともに、日本人の自尊心の回復を促そうとした。

昭和二十六年六月にニューヨークでロックフェラー三世と面談した旧三井財閥当主の三井高公（一八九五―一九九二）は、戦前までの旧秩序が第二次世界大戦終結とともに崩壊したことによって発生した「この真空を満たせるような何かが実際に必要なのです」と語り、その苦しい心境を打ち明けていたが、こうした精神的な危機状態に日本の国民全体が直面しているというのが当時の駐日アメリカ大使館の認識でもあった[285]。一九五〇年代の日米文化交流からは、アメリカ的な価値観を日本に押し付けようとするような、あるいは、日本の伝統文化を否定するような文化帝国主義的な色彩はほとんど感じられない。むしろアメリカは、終戦とともに旧秩序が崩壊したことによって自信を喪失していた日本人の自尊心の回復を促そうとするかのように、日本人の旧来の生活に根差した工芸や建築などの伝統文化を「日本的なもの」として尊重する姿勢を示してきた。ロックフェラー三世は日本人に対して、「その豊かな文化遺産を学びたい」と言明するとともに、文化交流事業を後押しして日本の伝統文化に対する共感を示し、敗戦によって自信を喪失していた日本人の自尊心を奮い立たせようとしたのである。

日米関係における一九五〇年代とは、サンフランシスコ講和条約調印（昭和二十六年）から日米安全保障条約改定（昭和三十五年）によって日米同盟という強固な関係が確立されるまでの時期にあたる。この間日米両国は、両国民がともに自由民主主義という政治的理想を共有しうる盟友としての関係を構築することをめざして、政治、経済、文化などさまざまなレベルにおいて交流事業を展開した。つまり、一九五〇年代にアメリカで日本古美術展をはじめとする展覧会事業が相次いで開催された背景には、日米同盟成立に向けた友好関係作りという目標があったのだが、さらにその背後には当時の国際社会を二分していた米ソ冷戦という対立構造が作用していた。第二次世界大戦後、日本の周囲では共産主義勢力が躍進を見せ、昭和二十四年には中華人民共和国が建国され、昭和二十五年には朝鮮戦争が勃発、共産主義勢力の脅威が日本のすぐ対岸にまで迫ってきたため、アメリカは日本を「共産主義に対する防波堤」「アジアの工場」と見なして軍事的、経済的支援を行い、西側の自由民主主義陣営に取り込もうと躍起になっていた。

終戦直後、アメリカは日本の武装解除を行い、象徴天皇制と戦争放棄を定めた日本国憲法（昭和二十一年十一月公布）を制定して民主化への道筋をつけたのだが[286]、やがて冷戦時代の到来とともに、今度は日本の左傾化をおそれるようになり、朝鮮戦争（昭和二十五—二十八年）勃発を機にそれまでの対日占領政策を方向転換していわゆる「逆コース」路線を取る。日本共産党を弾圧する一方で、公職追放の解除を行って戦中の指導者層の社会復帰を後押しして日本の保守化を推し進め、さらには日本の再軍備（昭和二十五年警察予備隊設置）を促した。

こうした流れを受け、サンフランシスコ講和条約発効によって主権を回復した一九五〇年代の日本では、自主独立路線を構想する動きも現れた。例えば、アメリカからのお仕着せ憲法の改正をめざそうとする動きというのもそのひとつで、公職追放の解除によって政界復帰を果たした岸信介（一八九六―一九八七）を会長とする憲法調査会（昭和二十八年）は、再軍備の肯定、天皇元首制、参議院議員の推薦制、都道府県首長の公選制の廃止、天皇の国会停止権限などを盛り込んだ、戦前回帰を志向するかのようなきわめて反動的な憲法改正案を作成している。[287]その一方で、アメリカとは主権回復後も依然として密接な関係を維持しており、昭和二十八年十月、池田勇人（一八九九―一九六五）特使とロバートソン国務次官補との間で行われた日米会談では、アメリカからの経済援助の見返りとして、日本政府は、教育および広報を通じて、「愛国心と自衛のための自発的精神が成長するような空気を助長する」ことをアメリカに対して誓約している。[288]米ソ冷戦を背景にナショナリズムの強化が促されるのだが、そうした流れのなかでやがて「伝統工芸」が成立を見せることになるのである。

次章では、戦後日本における「伝統工芸」の成立を眺めていくのだが、その前提として、終戦直後の見返り物資としてのアメリカ向けの輸出工芸の生産事業や、展覧会による文化交流事業を通じて、日本人に「伝統」意識を呼び覚まし、「日本的なもの」を問いかけ、そうしたものに価値を見出すように促したアメリカ人のまなざしを念頭に置いておきたい。終戦を機に、戦前期までの価値観や日本の旧来のものを全面的に否定しようとする風潮がさまざまな領域で現れるなかで、文化交流事業を通じて日本の伝統的な工芸や建築などに対して共感を表明してきたアメリカ人のまなざしは、日本の戦後ナショナリズムの強化を促し、「伝統工芸」の成立に少なからず作用した可能性があると考えられるのである。

V 「伝統工芸」の成立

無形文化財制度と戦後ナショナリズム

一 倣作――「工芸美術」に抗って

「伝統」とされているものが、その言葉に対する一般的な理解に反して、じつは比較的新しく、近代社会において国民意識の統合を促すために創出されたものとする指摘がなされているように、「伝統の創出」[289]という観点から眺めるならば、戦後日本における「伝統工芸」の成立とは、第二次世界大戦を境として分断された日本社会の共同体としての再統合を促し、ナショナリズムを強化しようとする意志がそのようなかたちで表出したものとして捉えることができる。

工芸が産業として人々の求めに応じて生産されてきたものである以上、時代の推移に伴って様式や製法が変化してきたのは不可避だったといえるが、「伝統工芸」として捉えられているもののなかには、例えば荒川豊蔵による志野復興の例のように、歴史を遡り、時代の変化のなかでもはや忘れ去られてしまった過去の技法や様式を現代に甦らせたものも含まれている。近代工芸という領域において歴史の淘汰に抗うかのように、継承が途絶えてしまいそうなもの、もしくは、すでに継承が途絶えてしまった過去の工芸技術や様式を再生しようとする動きが現れ、そのような取り組みが評価されるようになったのは、「無形文化財」という概念が生まれ、日本伝統工芸展（昭和二十九年）や重要無形文化財保持者（人間国宝）の認定制度（昭和三十年）が整備された一九五〇年代のことである。そして、こうした無形文化財制度を支えに工芸の新たなカテゴリーとして成立を見せたのが「伝統工芸」なのである。そのため伝統工芸の成立については、制度史に基づいて検討するのが定石といえるのだが、「伝統の創出」という観点から眺めるならば、そうした制度的枠組みを前提としつつも、その根底に流れるもうひとつの力としてナショナリズムが浮かび上がってくることになる。そして、ナショナリズムという観点から「伝統工芸」の成立を検討しようとするとき、注目しておきたいのが、草創期の日本伝統工芸展に出品されていた古作の模造品、すなわち倣作である。

倣作というのは、古作の忠実な複製、完全な模倣を意味しており、そういう意味では限りなく贋作に近いが、模作者の銘印を入れるのが鉄則となっており、贋作とは明確に区別される。陶磁史家の奥田誠一は、倣作とは原作を忠実に模倣することをめざすもので、江戸時代の名工と呼ばれる奥田頴川《えいせん》（一七五三—一八一一）、青木木米（一七六七—一八三三）、永楽保全（一七九五—一八五四）、永楽和全（一八二三—九六）などはみな倣作の名人でもあり、彼らは倣作への取り組みを通じて腕をあげ、それを礎として自己の個性や特色を打ち立て、新しく独自の様式を確立してきたと述べ、倣作に対して肯定的な見解を示している[290]。近代においても工芸家は、技の研鑽のために、あるいは、原品を所蔵する社寺や文化庁など公的機関からの依頼により倣作の制作に取り組んできたし、現在でも正倉院宝物や国宝などの指定文化財の模造事業が行われており、そうした取り組みが完全に否定されているわけではない。とはいうものの、近代においては倣作への取り組みは、あくまでも技術研究の一環として、工芸家としての本来の制作活動とは別次元のものとして位置づけられてきた。

倣作には創作性も個性もない、というのが近代の工芸家の基本的な立場ということになるだろう。確かに、創作性や個性を否認し、原作をただただ忠実に再現しようとする無私の表現が倣作ということになる。にもかかわらず、一九五〇年代、草創期の日本伝統工芸展において倣作が容認されていたのは、たんに手仕事を保護し伝統的な工芸技術を後世に伝えるためだけでなく、西欧の美術概念に基づいて確立された既存の「工芸美術」の対抗軸となりうるような新たなる造形理念に根差した工芸のあり方を模索する場として同展が出立したことを示しているように思われる。

というのも、倣作とは、素材と技法と表現の関係を慎重に吟味しながら、自らの知の限界を乗り越え、未知の領域に踏み込もうとするクリエイティブな取り組みと捉えることも可能だからである。草創期の日本伝統工芸展における倣作の容認とは、創造する個人主体としての作者、独創性の発露としての作品、複製とは区別されるオリジナル、などといった西欧の美術概念に基づいて成立を見せた「工芸美術」に同化されることもないような、むしろ、「工芸美術」の対抗軸たる新しい工芸ジャンルのひとつとして「伝統工芸」というものが模索されていたことを如実に示しているように思われる。すなわち、草創期の日本伝統工芸展に倣作が出品されていたという事実は、日本独自の造形表現の領域を確立しようとする意思に基づいて同展が出立した可能性を示していると考えられるのである。

もっとも、日本伝統工芸展に倣作が出品されたのは草創期の数年だけのことで、やがて倣作から脱却するようにして「伝統工芸」が成立を見せることになるのだが、本章では、近代の工芸家による複製制作の意義を検討するとともに、草創期の日本伝統工芸展に出品された倣作を手掛りとして、「伝統工芸」成立の背後で作用した日本の戦後ナショナリズムについて検討していきたい。

二　日本伝統工芸展の倣作――無形文化財

昭和二十五年（一九五〇）五月に制定公布された文化財保護法は、戦前までの古器旧物保存方（明治四年）、古社寺保存法（明治三十年）、国宝保存法（昭和四年）などを統合する形で戦後誕生した法律だったが、この法律が画期的だったのは、絵画、仏像、工芸、建造物のような有形のものを文化財として保護するだけでなく、演劇、音楽、工芸技術など、人が身に付けた実体を伴わない「わざ」についても、「目に見えない文化財」、すなわち、「無形文化財」として法律で保護することを定めたことだった。[291]

文化財保護委員会委員を務めていた美術史家の矢代幸雄（一八九〇―一九七五）は、昭和三十年五月に創刊された『日本文化財』（文化財保護委員会監修）に寄稿した「日本美の問題」において、文化財とは「日本美」の体現であるとし、その「日本美」とは「日本の国土でなければ育って来ないところの、そしてまた日本人の民族性、歴史、風俗、生活、及びすべてそれ等によって養成されたところの、日本人の特有の思想、並びに感覚、を体して表現されたる芸術上の特性」と述べている。[292] してみると、工芸技術が無形文化財の名のもとに法律で保護されることになったのは、日本人の生活風俗のなかで育まれた工芸技術そのものが日本人の民族性や感覚を通じて育まれた「日本美」、すなわち、日本人特有の思想や感覚を反映しているからであり、そのような意味において工芸技術には絵画や仏像などの有形文化財と同じように文化財としての価値があると考えられたためと理解することができる。

工芸技術を文化財として保護するという発想が芽生えたのは、敗戦と占領統治という体験を経て日本人の価値観や旧来の生活習慣が大きく変化したことにより、やがて手工芸の後継者が途絶えてしまうのではないかという危機感が生まれたからだった。戦後間もない昭和二十一年三月、文部省は社会教育局に芸術課を設け、「古き文化を保存し、新しき文化を昂揚し国民を鼓舞し明日の建築のための力を養う」ことを目的に芸術祭を実施して歌舞伎や能楽など古典芸能の上演を支援していたが、それと工芸技術の保護という戦時期の技術保存資格者（丸技）の認定制度を統合するような形で無形文化財の保護制度が誕生することになったのである。(293)

「助成の措置を講ずべき無形文化財」の工芸技術の選定にあたったのは、陶磁史研究者の小山冨士夫、金工家で金工史の研究者でもあった香取秀真、漆芸家の松田権六、日本画家で人形の研究者でもあった西澤笛畝《てきほ》（一八八九―一九六五）、大彦《だいひこ》染繍美術研究所所長の野口真造（一八九二―一九七五）、民芸運動の指導者柳宗悦、建築家の堀口捨己（一八九五―一九八四）、刀剣の研究者本間順治（一九〇四―九一）の八名の文化財専門審議会専門委員であり、(294)文化財保護委員会事務局の職員としてその実務を担当したのは小山冨士夫、杉原信彦、中村元雄、山辺知行だった。(295)

昭和二十七年三月、「助成等の措置を講ずべき無形文化財」として選定された工芸技術は二四件だったが、その二年後の昭和二十九年三月にはほぼ二倍の四七件にまで増えている。その内訳は、加賀友禅、京友禅、揚枝のり、江戸小紋、長板中形、伊勢型紙、縞小紋、道具彫、突彫、伊勢型糸入れ、黄八丈、小地谷縮、紫根染・茜染、唐組、羅、表装金襴、墨流し、木版画、御所人形、三つ折人形、衣装人形、七宝、銅鑼、塗、沈金、蒟醤《きんま》、存清《ぞんせい》、乾漆型物の成形、蒔絵に応用される乾漆成型、蒔絵工具、木画、日本刀、志野、瀬戸黒、織部、備前焼、天目釉、辰砂、黄地紅彩《こうちこうさい》、色鍋島、九谷焼などだが、(296)そこには例えば友禅や蒔絵などのように作家性の強いものが含まれている一方で、友禅に欠かせない糊おきの技術（楊枝のり）や漆器の乾漆成型や蒔絵工具の制作技術などのように裏方的な、しかし工芸制作には不可欠な工芸技術が混在していた。

「助成等の措置を講ずべき無形文化財」を紹介することを目的に開催されたのが第一回日本伝統工芸展（会場：日本橋三越、会期：昭和二十九年三月十六日―二十一日、主催：文化財保護委員会、財団法人文化財協会）[297]だったが、同展が出立した当初の頃には、「伝統」と「工芸」という二つの言葉を組み合わせた「伝統工芸」という言葉はまだ聞きなれない、こなれない言葉だったという。[298]「伝統工芸」という言葉を冠したこの日本伝統工芸展の開催を通じて、やがてその実体が事後的に確立されてくることになるのだが、当然ながら、その発足当初は日本伝統工芸展に出品した工芸家の間でも「伝統工芸」についての共通認識があったわけではなかった。

陶芸の分野で「助成の措置を講ずべき無形文化財」として選定を受けたのは、志野・瀬戸黒（荒川豊蔵）、天目釉（石黒宗麿）、備前焼（金重陶陽）、織部焼（加藤唐九郎）、上絵付（加藤土師萌）、辰砂（宇野宗甕）、色鍋島（今泉今右衛門）、九谷焼（徳田八十吉）だった。例えば、このうち「上絵付」で「助成の措置を講ずべき無形文化財」に選定された加藤土師萌は、第八回帝展（昭和二年）以来帝文展への出品を重ね個人作家として認知されていた陶芸家だった。加藤は染付、色絵、金襴手、辰砂、青白磁、織部、鈞窯、古瀬戸など、幅広くありとあらゆる技法をこなしたが、とりわけ戦後は、中国の明代の色絵磁器に傾倒し、黄地紅彩や萌《もえ》葱《ぎ》金襴《きんらん》手《で》の技法の解明に取り組んで成功させ、その黄地紅彩が「助成の措置を講ずべき無形文化財」として選定されることになったのだった。

黄地紅彩とは中国明代の嘉靖年間（一五二二―六六）に行われていた雑彩と呼ばれる上絵付の技法の一種で、日本でその技法が受け継がれてきたわけではなく、また中国でももはや忘れ去られていた技法である。ある個人コレクターが所蔵する黄地紅彩による《菊牡丹文角皿》を見てその格調の高さと特異な色彩感覚に心魅かれた加藤

図45　加藤土師萌《倣嘉靖黄色紅彩角皿五枚（工程見本）》
（京都国立近代美術館所蔵）

土師萌は、その作品を借り受けて手元に置き、およそ二年がかりでその製法を解明した。

その名が示すとおり、黄地紅彩というのは黄釉で彩色した上に赤で彩色して模様を表す技法なのだが、赤と黄色の鮮明な色彩の対比に特色がある。この技法の解明にあたっての最大のポイントは、黄釉の発色、すなわち黄釉の焼付温度を突き止めることにあった。黄釉が溶けて流れ、高台の先で飴色になっていることに注意しながら試行錯誤を繰り返すのだが、さすがの加藤土師萌にもその焼成温度がつかめず、なかなか解明には到らなかった。ところがあるとき、たまたま窯のスイッチを切り忘れたときに本歌に迫る発色が得られ、黄釉が上絵付けの常識では考えられない約一〇〇〇度という高い温度で焼成されていたことを偶然発見し、技法解明の糸口を掴んだのだった。(299)

昭和二十七年三月、この黄地紅彩の技法で「助成の措置を講ずべき無形文化財」に選定されことを受け、加藤土師萌は黄地紅彩の工程見本を制作し（昭和二十八年、図45）、さらに、素材や製法についての詳細な記録を『黄地紅彩技術記録』（昭和二十九年、文化庁蔵）として文書化し、文化財保護委員会に提出している。「助成の措置を講ずべき無形文化財」とは、あくまでも、工芸技術の保護と継承を目的とした制度だったから、その技法を公開するとともに、その技術記録を作成することが求められたのである。『日本美術年鑑』昭和二十八年版（東京文化財研究所、昭和二十九年）によれば、昭和二十八年、加藤土師萌は文化財保護委員会から一九万六〇〇〇円の助成を受けているが、おそらくこれが黄地紅彩の工程見本《倣嘉靖黄地紅彩角皿五枚》の対価ということになるのではないかと思われる。

第一回無形文化財日本伝統工芸展（昭和二十九年）については出品目録が文化庁にも日本工芸会にも残されていないため、その出品内容については判然としないが、この開催時に発行された二〇ページのパンフレット『無形文化財第一回日本伝統工芸展』（昭和二十九年三月、文化財協会）には、加藤土師萌の作品としては《倣嘉靖黄地紅彩菊牡丹文角鉢》の小さな白黒図版が掲載されている。おそらくこれは文化財保護委員会に提出した工程見本《倣嘉靖黄地赤彩角皿五枚》に含まれる完成見本と思われるが、西沢笛畝が、第一回展では「各種類の作品工程を展示した」と述べていることからすると、[300] 加藤土師萌が「助成の措置を講ずべき無形文化財」の技術記録のために文化財保護委員会に提出したこの工程見本が第一回展に出品された可能性が高いと思われる。

第一回日本伝統工芸展のパンフレットには次のような開催趣旨が掲載されている。

> 我国の工芸は優れた伝統をもっている。伝統的な日本工芸の優秀なことは、ひろく世界各国から認められているが、時の流れに押されて、この優れた伝統が絶えようとしている（……）今日命脈を保っている伝統的な工芸は、少数の強い信念をもつ人たちが、異常な熱意と、多大な犠牲をはらってわずかにその技術を伝えてきたものである（……）昭和二十七年三月以来、無形文化財として四十七種の伝統的な工芸技術を選定し、

記録の作製、後継者の養成などが実施されている。然し一般にはどんな技術が伝わり、どんなものが選ばれているのか、まだよく知られていない憾みがあるので、このたび無形文化財に選定されている工芸技術の第一回綜合展を開くことになった。いずれも名人といえる人たちの作でも、特に優れたものが選ばれていて、わが国の伝統的な工芸技術の最高水準を示すものと思う。(301)

この趣旨文からもうかがえるように、そもそも日本伝統工芸展は「助成の措置を講ずべき無形文化財」に選定された工芸技術を一般公開することを目的として開かれた展覧会だったため、その選定技術を示すための倣作や工程見本が出品されたのは、その趣旨に素直に従ったものだったといえる。だが、加藤土師萌のように個人作家として実績を重ねてきた工芸家によって倣作が出品されていたという事実は、この展覧会が、「工芸美術」を標榜する日展とはまったく性格の異なる展覧会として認識されていたことを如実に物語っている。

第二回日本伝統工芸展（昭和三十年）に加藤土師萌は色絵や古瀬戸による九点の作品を出品しているが、いずれも古作の倣作、ないし、倣古的な作品である。このうち《色絵魚藻文大壺》（図46）は、中国明代の嘉靖年間に作られ、松永耳庵が所持していた作品（図47）を本歌とする倣作である。染付の青に、上絵で赤、黄、緑が加彩された五彩手の作品だが、オレンジ色に見える魚のボディ部分や海藻の部分には黄釉を焼き付けたのち、その上に赤を塗り重ね、焼成温度を変えて焼き付けるという黄地紅彩の技法が見られる。しかも、この作品の成形にあたって加藤土師萌は、本歌に則ってあえて上半分と下半分を別々にろくろ挽きして胴の真中部分で接合するなど、成形の面でも本歌を忠実に踏襲している。そればかりか、底には染付で「大明嘉靖年製」と記しており、徹底的に本歌を写そうとしていることがわかる。なお、倣作には原作の銘とともに、模作した陶工の銘が入っているのが鉄則であり、この作品にも加藤土師萌の作であることを示す銘が陽刻で入っている。

同じく、第二回展に加藤土師萌が出品した《古瀬戸印花巴文壺》（図48）は、縦方向に突帯を設け胴部に巴文の装飾を施していることから、重要文化財の《瀬戸灰釉巴文広口壺》（図49）を手本としたものと見られる。一見するとこれもやはり倣作のように見えるのだが、よく見ると加藤土師萌の作品では頸部はきわめて低くなっており、その口縁部には本歌にはない印花文を加えるなど明らかに違う部分も見られる。成形に関しても、原作はろくろ成形とされるが、[302] 加藤土師萌はあえて紐作りで成形しており、また巴文も本歌では貼花《ちようか》となっているが、加藤土師萌はそれを印花としている。全体的な形状は本歌を踏襲しているのだが、少しアレンジを加えたものとしている。

日本伝統工芸展の草創期の頃、加藤土師萌は日展にも並行して作品を出品していた。例えば、第九回日展（昭和二十八年）には《白磁金彩松梅文大壺》を、また、第十二回日展（昭和三十一年）には《辰砂紅梅之壺》（図50）を出品している。《白磁金彩松梅文大壺》は胴の中央部分を張り出させた、丸みを帯びた算盤玉のようなかたちの白磁の表面に金彩で松と梅の姿を交互に配した清雅な作品である。また、《辰砂紅梅之壺》の方は大ぶりな陶胎の壺で、加藤土師萌が得意とした辰砂によって、表面のところどころに赤い斑文が現されているが、そこに金彩で枝と花の輪郭線を添えることによって、その赤い斑紋を梅の花に見立てるという趣向になっているもので、加藤土師萌の優れた作陶技術と創意が見事に結実した作品といえる。

加藤土師萌は、「第四科会問題」（昭和三十三年）によって日本伝統工芸展と日展とが決別するまでの数年間、両方の展覧会に並行して作品を出品していたのだが、日本伝統工芸展には倣古的な作品を、そして日展には創作的な作品を出品するというように、それぞれの展覧会の傾向に応じた作品を出品していた。日展の前身である帝

図46　加藤土師萌《色絵魚藻文大壺》
底には中央に染付で「大明嘉靖年製」の文字が記され、その左に陽刻で加藤土師匠の窯の銘印が記されている

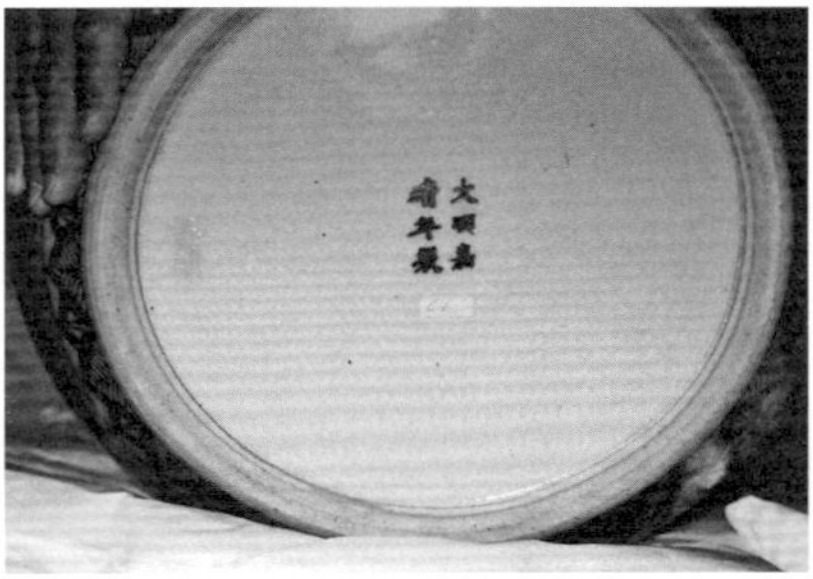

（同底部分）

図47　《色絵魚藻文大壺》（福岡市美術館所蔵）

図48　加藤土師萌《古瀬戸印花巴文壺》

図49　《瀬戸灰釉巴文広口壺》（梅沢記念館所蔵）

図50　加藤土師萌《辰砂紅梅之壺》

展には、工芸部門が開設された昭和二年以来入選を重ね、個人作家として早くから認知されていた加藤土師萌にとって、倣作というのは、先人たちが何百年もの時間をかけて蓄積してきた製陶技術に対する確かな知識に基づいて制作を行うための「訓練」であって、陶芸家としての本分はあくまでも日展に出品する「創作」の方にあると考えていたのである[303]。

その一方で、加藤土師萌の倣作への取り組みとは、作陶技術に精通した陶芸家という自らの専門性を生かした技法面における実証的な陶磁史研究という側面も多分に備えていたと考えられる。加藤土師萌は倣作について、「素材面における土の吟味にはじまり、作ゆきから釉の性状、施釉の仕方、文様の描写においてはその用筆の選択、穂先の切れ具合にいたるまで、細心の検討が必要である[304]」と述べている。この言葉からは、加藤土師萌が、材料、技法、形体、文様、釉調、さらには、往時の陶工が使用していた道具にいたるまで、あらゆる要件を慎重に吟味するという真摯な態度で古陶磁に向き合いつつ倣作に取り組んでいた様子がうかがえる。加藤土師萌が多治見の岐阜県陶磁器試験場の技師を勤めていた昭和初期、美濃地方では、荒川豊蔵による志野の窯址発見や大阪毎日新聞社の井上吉次郎らによる窯址発掘をきっかけとして古窯址発掘ブームが起こるが、加藤土師萌は陶磁器試験場の職員という公的な立場に就いていたこともあり、大阪毎日新聞社の発掘や、織部が焼かれた元屋敷窯址の発掘調査（昭和六年）に参加するなど、陶磁史研究の最前線に立ち会う幸運に恵まれた陶芸家の一人だった。かつて加藤土師萌が身を置いていた多治見時代のこうした状況を念頭に置いて考えるならば、加藤土師萌がそのような真摯な姿勢で倣作に取り組んでいたのは、往時の作陶技法の検証を通じて実証的な陶磁史研究の一端を担っていこうとしていたことを示しているのではないかと思われる。

しかしながら、「永仁の壺」事件がこうした工芸家による倣作への取り組みに暗い影を投げかけることになった。「永仁の壺」事件とは、鎌倉時代の作品として重要文化財に指定（昭和三十四年）された「永仁二年」（一二九四年）という刻銘のある古瀬戸の瓶子が、じつは加藤唐九郎（一八九八―一九八五）によって昭和十二年に作られたニセモノであることが発覚し、重要文化財の指定を解除された事件である[305]（図51）。この責任を取って小山冨士夫は昭和三十六年七月に文化財保護委員会事務局を辞職するのだが、この事件は、加藤唐九郎が作った古瀬戸風の「永仁の壺」を、陶磁史研究の権威である小山冨士夫が本物の古瀬戸と見誤った、という単純な鑑定ミスの贋作事件だったのではない。加藤唐九郎は「永仁の壺」を制作しただけでなく、それと同種の古瀬戸風の陶片を、「松留窯《まつどめがま》」（江戸時代の古文書に名前だけ出てくる古窯の名称）という架空の窯址から大正十四年（一九二五）に掘り出したものという虚偽の報告とともに昭和十八年に根津美術館に寄贈するなど、意図的な偽装工作を伴うきわめて悪質な捏造事件だったのである。

図51 《永仁の壺》

しかも、加藤唐九郎は窯址の発掘や古文献の調査を行い、陶磁辞典の編集を行うなど、陶磁史研究の領域においても学術的な業績を残していた陶芸家だったから、この「永仁の壺」事件は工芸史研究者の間にも大きな衝撃を与えた。「永仁の壺」事件は、工芸技術の解明や技術研鑽という名目のもとに倣作に取り組む工芸家が、現実には倣作と贋作とのきわどい境界線上を歩む者であることを再認識させる同時に、倣作として作られた作品もいつしか作者の手を離れて一人歩きする危険性があるという現実を浮き彫りにすることになったのである。

三　模造（写し）――茶道具と文化財

加藤土師萌が日本伝統工芸展に出品した倣作とは、技法研究を主眼とするものだったといえるが、日本の近代においてはこれ以外にもさまざまな目的で倣作が作り出されてきた。その代表的なものが茶道具の「写し」であろう。

古来、茶の湯の世界では、茶道具や茶室などの「写し」の制作が繰り返されてきた。例えば、《古瀬戸茶入「鎗《やり》の鞘肩衝《さやかたつき》」》（図52）は、かつて豊臣秀吉（一五三六―九八）が所持していたもので、「槍の鞘」という銘は秀吉によるとも、千利休（一五二二―九一）によるとも伝えられ、和物茶入の中でも最も声価の高いもののひとつに数えられるものである。寛政年間（一七八九―一八〇一）に出雲松江藩の七代藩主松平不昧《ふまい》（一七五一―一八一八）が一、六五六両で三井八郎右衛門から入手すると、松平不昧はこれを「和物の大関」として重視し、参勤交代の際には輿添の一の笈《おい》には唐物茶入《油屋肩衝》を、二の笈には《鎗の鞘肩衝》を入れて随行させていたというエピソードとともに知られている。[306] 松平不昧は陶斎尚古老人の筆名で茶道具の名物記『古今名物類聚』（全十八巻、寛政元—十年）を著して大名物、名物、中興名物などの格付けを行い、自らも茶道具の収集に熱をあげた大名茶人として知られるが、《鎗の鞘肩衝》については、松平家の御道具帳『雲州蔵帳』では、《油屋肩衝》に次ぐ第二の宝物という位置づけがなされている。

いま試みにインターネットで「槍の鞘」というキーワードで検索してみれば、通信販売サイトで、数万円程度の価額で《槍の鞘肩衝》の写しがいくつも販売されていることがわかる。本歌の《槍の鞘肩衝》は、背の高い紡錘形の肩衝で、頸部は低いが捻り返しは鋭く、胴には沈筋一線がめぐっている。そして、黒飴釉が美しい光沢を見せる部分と細かい斑状になった部分があり、裾の下の部分には鼠色の土が露れるという特色を示している。これに対して、写しの方は、インターネット上の画像で見る限りでは、背の高い紡錘形というオリジナルの特色をよく捉えており、形状面についてはほとんど遜色なさそうだが、釉の色、釉の掛け方、流れ方、発色といった要素に関してはいくつものバリエーションがあり、必ずしも本歌を忠実に踏襲しているわけではない。しかしながら、オリジナルの《槍の鞘肩衝》を購入して使用することなど現実にはまず考えられない一般の茶の湯の愛好家にとっては、原作になぞらえて制作された写しを道具として取り合わせ、歴史上の茶人の好みや美意識を追認することが気軽にできるという意味では、写しとして制作された茶道具の存在は茶の湯の普及とその価値観の継承に貢献してきたといえ

図52《古瀬戸茶入「鎗の鞘肩衝」》

るだろう。

そもそも日本で茶入が生産されるようになったのは、十四世紀末頃、茶の湯隆盛に伴って唐物茶入に対する評価が高まりを見せ、あまりに高価なものとなったがためであり、唐物茶入を模倣して、いわば代用品として瀬戸で作り出されたのが古瀬戸の和物茶入だった[307]。《鎗の鞘肩衝》も瀬戸で生産された和物茶入のひとつだったが、それが秀吉所持、不昧好みとして権威を帯び、いくつもの写しが生産されるほどまでになったのである。こうした写しがいまだに生産され続けているのは、《槍の鞘肩衝》を評価し、いにしえの茶人の価値観を正統なものとして追認しようとする茶人が多数存在するからであり、そうした価値観の継承に写しは重要な役割を果たしてきたといえる。写しの存在は、本歌を権威化し、その価値をよりいっそう高めることになるのである。

また、長次郎作《赤楽茶碗「僧正《そうじょう》」》も、こうした代替品としての「写し」の制作を示す作品だが、興味深いのは、現在出光美術館が所蔵する「僧正」については、長次郎作の「本歌」とともに、表千家中興の祖と呼ばれる如心斎（表千家七世：一七〇五―五一）によって作られた「写し」が添えられ、同じ箱に収められて伝世している点である。「写し」が作られた背景や、同じ箱に納められている理由は不明だが、両者を見比べると、全体的な色調は写しの方がやや浅めとなっているために違いは明らかではあるものの、全体的な形体だけでなく口縁部の形状や釉のなだれ、さらには、高台裏の五つの目跡《めあと》などまでもが本歌を踏まえてきちんと模倣されており、忠実な複製をねらって制作されたものであることは明らかである。

また、茶の湯の世界では、場合によっては、本歌が何らかの事情によって失われた際には写しが本歌に格上げされるということも行われている。当然ながら、そうした場合の写しには、本歌を忠実に写したものであることが求められることになる。茶道薮内流家元の茶室「燕庵《えんあん》」（図53）は相伴席を備えた武家好みの茶室の基本形として知られるものだが、幕末の元治元年（一八六四）に起こった蛤御門の変に際して、京都下京にあった家元の燕庵が焼失したため、写しとして造られたものが移築され、本歌として格上げされた。藪内流では、相伝を受けたものに限って家元の燕庵を忠実に再現して茶室を建てることが許されてきたため、摂津国有馬郡（兵庫県）の武田儀右衛門が所持していた燕庵の写し（天保二年）が、慶応三年（一八六七）に京都の家元の敷地に移築されて現在残されている[308]のである。つまり、代替品として写しの制作が容認され、オリジナルの代用として使用されるばかりか、場合によっては本歌に格上げされるということまで行われているのである。

図53　茶道藪内流家元の茶室「燕庵」

一方、文化財保護事業の一環として、明治以来、公的機関の主導により、古画、仏像、工芸品などの文化財の模造の制作が、日本の近代美術史に重要な足跡を残すことになる美術家や工芸家の手によって行われてきた。そして現在でも、正倉院宝物や、国宝および重要文化財の模造品の制作が、文化財保護事業の一環として行われている。草創期の日本伝統工芸展に倣作が出品されたのは、こうした文化財の模造事業を念頭に置いていた可能性も考えられる。

岡倉天心は明治二十三年（一八九〇）から明治三十一年まで東京美術学校の校長と帝国博物館の美術部長を兼務していたが、その間、岡倉天心は東洋美術の様式史を示すために、模写模造品を帝国博物館で常設展示しようともくろみ、東京美術学校の教員や学生を動員して模写模造事業を推進した。明治二十八年から明治三十年までの三年間に計二一九点（中国宋元画三五、仏画一三二、大和絵一一、水墨画三〇、狩野派五、琳派四、円山四条派三、浮世絵四）の古画の模写が行われ、この事業を通じて若き日の横山大観（一八六八―一九五八）らによって、《観音猿鶴図　模写（三幅）》（横山大観模、明治二十八年、東京国立博物館蔵。原品：牧谿、十三世紀、大徳寺蔵）、《四季山水図模写（四幅）》（横山大観模、明治三十年、東京国立博物館蔵。原品：雪舟、室町時代、ブリヂストン美術館蔵）などの模写が制作された。また、同校で教員を勤めていた彫刻家の竹内久一（一八五七―一九一六）によって、《執金剛神立像　模造》（竹内久一模、明治二十四年、東京国立博物館蔵。原品：奈良時代、東大寺蔵）、《無著立像　模造》（竹内久一模、明治二十四年、東京国立博物館蔵。原品：鎌倉時代、興福寺蔵）などの仏像の模造が行われた。もっとも、こうした模写模造事業が東京美術学校をあげて行われたのは、博物館の展示内容を充実させるためだけでなく、教員や学生の技術の研鑽を図るという美術教育機関としての目的とも合致したからである。その結果、日本の近代美術史上、重要な足跡を残すことになる美術家の手によって模写模造品が多数制作され、帝国博物館に収められることになったのである。

現在では、美術系ミュージアムの展示物はオリジナルであることが大前提となっているかのような観があるため、模造品が帝国博物館での展示物としての活用を前提として制作されたというのは、現在の私たちには奇妙に聞こえるかもしれない。だが、明治期の日本における模写模造事業は、当時の欧米の美術館における石膏像や石膏標本のコレクションを念頭に置いたものだった可能性が考えられる。欧米のミュージアムの歴史をさかのぼってみれば、古代彫刻の石膏レプリカもかつては美術館のコレクションとして収集され、鑑賞に供されてきたという歴史があるのである。

例えば、古代ギリシア、ローマの大理石彫刻から作られた石膏像の収集が十八世紀のドイツで行われ、ヴィンケルマン（Johann Joachim Winckelmann、一七一七―六八）やゲーテ（Johann Wolfgang von Goethe、一七四九―一八三二）は石膏レプリカで古代ギリシアやローマの彫刻を鑑賞し、彫刻を論じていたことが知られている。(309)また、ボストン美術館の前身であるボストン・アシニアム（一八〇七年設立）においても古代彫刻の石膏レプリカの収集が行われ、そのコレクションはボストン美術館（一八七六年開館）へと継承され展示されていたが、やがて石膏レプリカに対する美術品としての評価が低下したこともあり、同館の建物の改築を機に石膏レプリカの処分が決められたため、昭和八年（一九三三）にはその一部（ミケランジェロ《昼と夜》など）が海を渡って東京美術学校に寄贈された。(310)

また、一八五二年（嘉永五）に開館したサウスケンジントン博物館（現在のヴィクトリア&アルバート美術館）では、一八六〇年代から七〇年代にかけて、学芸員J・C・ロビンソン（John Charles Robinson、一八二四―一九一三）によって、ヨーロッパ各地の建造物の装飾部分を型どりした石膏標本が集められ、一八七三年（明治六）にはそのコレクションを展示するキャストコートが完成、現在でも、建築装飾の様式の多様性とその歴史的な流れを示すという趣旨のもとにこれらの石膏標本が展示されている。(311)フランスでは、建築家ヴィオレ＝ル＝デュク（Eugène Emmanuel Viollet-le-Duc、一八一四―七九）の構想に基づいて歴史記念物委員会によってフランスの歴史的建造物の装飾様式を示すおよそ四〇〇点もの石膏標本が収集され、一八八二年に開館した建築文化財博物館に展示された[312]。

しかし、彫刻や建築装飾の石膏レプリカが原作の形状をたんに表面的に写しているにすぎないのに対して、日本で行われた模造事業が決定的に異なっているのは、材料や製法を含むあらゆる面において原作に忠実な複製が制作されたという点である。例えば現在、ロンドンの大英博物館の日本ギャラリーには法隆寺の《百済観音像》の模造が展示されているが、この模造は、原作と同じく樟《くす》の一木造りで制作され、表面も真物さながらに風化したような古色が付けられた精巧な仕上がりとなっている。

大英博物館の《百済観音像》の模造を制作したのは東京美術学校に第二期生として入学して木彫を学んだ新納《にいろ》忠之介《ちゅうのすけ》（一八六八―一九五四）である。東京美術学校卒業後、新納忠之介は同校の助教授を勤めていたが、美校騒動（明治三十一年）に伴って岡倉天心らとともに辞職し、同年創設された日本美術院の正員となった。日本美術院では仏像の修理を受け持つようになるのだが、のちにそれが日本美術院第二部（現在の財団法人美術院）として東大寺の勧学院に置かれると、新納忠之介はそこの責任者として奈良を拠点に神仏像の修理をてがけるようになり、その生涯には二六三一体もの修理を行った[313]。

新納忠之介が《百済観音像》の模造を制作することになったのは、昭和五年に来日した大英博物館美術部長ローレンス・ビニヨン（Laurence Binyon）の依頼を受けてのことだった。鹿児島の島津邸の裏山から樹齢三百年という樟の大木を入手した新納忠之介は、法隆寺管長佐伯定胤《じょういん》（一八六七―一九五二）の承諾のうえで模造の制作に着手、およそ一年八ヵ月の歳月をかけて二体の模造を完成させ、大英博物館と東京国立博物館にそれぞれ納めた（図54）。

《百済観音像》のほかにも新納忠之助は、中尊寺の《一字金輪坐像》（新納忠之介模、明治三十年、東京国立博物館蔵。原品：平安時代、中尊寺蔵）、鎌倉禅興寺明月院の《上杉重房蔵》（新納忠之介模、制作年不詳、鹿児島市立博物館蔵。原品：鎌倉時代、禅興寺蔵）、《慈恩大師坐像》（新納忠之介摸、明治時代、薬師寺蔵。原品：平安時代、東京国立博物館蔵）などの模造をてがけている。「天下の名宝は、事情の許すかぎり模造品を作っておいて万一に備えるべきだ」(314)という言葉を新納忠之介は残しているが、「万一に備える」とは、天災人災による滅失や国外への流出を意味しているのだろう。そのため石膏レプリカのようにたんに表面的に形状だけを模倣したものではなく、本歌さながらに、材料や製法を含めて、原作に忠実な模造を行ったのである。

東京美術学校の第一期生として入学した六角紫水もまた、岡倉天心の薫陶を受けながら文化財の保護事業の一翼を担い、国宝の復原模造に取り組んだ漆芸家である。六角紫水は、日本美術院が創設されるとその正員となり、明治三十七年には岡倉天心に従って横山大観、菱田春草（一八七四―一九一一）とともに渡米、ボストン美術館やメトロポリタン美術館で漆芸品の整理と修理に当たった。岡倉天心没後（大正二年）の大正六年（一九一七）、六角紫水は東京美術学校に復職し、大正十年からは国宝の指定を受けた六件の漆芸品――《宝相華迦陵頻伽《かりょうびんが》蒔絵冊子箱　模造》（六角紫水模、大正十年、京都国立近代美術館蔵。原品：延喜十九年、仁和寺蔵、図55）、《松喰鶴蒔絵小唐櫃模造（一対）》（六角紫水模、大正十一年、広島県立美術館蔵。原品：平安時代、厳島神社蔵）、《梅蒔絵手箱附属小箱　模造》（六角紫水模、大正十三年、広島県立美術館蔵。原品：鎌倉時代、三島大社蔵）の復原模造に取り組んでいる。

六角紫水の作品集『六角紫水研究作品図録』（昭和十八年）には「国宝模写」としてこれらの模造品が掲載されており、その思い入れのほどをうかがわせるが、同書で六角紫水は復原模造（紫水自身は「模写」と称している）に関する自身の考えを、次のように明確に述べている。「復原的模写に対してはまず詳細なる科学的考査を積まねばならぬ。然るに近来見られる多くの模造作品は殆んどそれらの時代相や科学的調査が全く無視せられてあっ

図54　新納忠之介《法隆寺百済観音像　模造》
（大英博物館所蔵）

図55　六角紫水《宝相華迦陵頻伽蒔絵冊子箱　模造》
（京都国立近代美術館所蔵）

て総て単なる骨董的皮相の類似作品にして娯楽的遊戯品にすぎぬものである。予の模写せる国宝の数点はこれらの点につき標準を示すべき意味を主眼とせるものである」[315]。六角紫水は表面的な模造制作を批判し、科学的調査に基づいた原作に忠実な復原模造（模写）が行われなければならないという模造制作の基本理念を示すとともに、そのあるべき姿勢を手本として示すために、これらの復原模造に取り組んだことを言明している。

木内喜八（一八二七―一九〇二）・半古（一八五五―一九三三）・省古（一八八二―一九六一）は、三代にわたって木象嵌の技を受け継いだ木工の名家で、三人とも正倉院宝物の模造を行っているが、三人の正倉院宝物の復元模造を見比べてみると、模造制作にあたって材料、技法、構造、形体、文様などあらゆる面において原作に忠実な複製を作るという基本原則が確立されたのは、二代目の木内半古が活躍した明治二十年代あたりのことではなかったかと思われる。

初代の木内喜八は第二回内国勧業博覧会（明治十四年）に正倉院宝物《木画紫檀双六局》の模造を出品し、妙技賞を受賞、農商務省の買い上げとなった。この模造品は関東大震災で焼失したが、現在残されている写真で確認する限りでは、花唐草文や蝶鳥文に簡略化されている部分が見受けられ、必ずしも原作に忠実な復原模造とはなっていない（図56）。この作品の制作にあたって木内喜八は、原作を見ながらではなく、土佐派の絵師高島千載が模写した粉本に基づいて模造を制作したため、正確な模造を作ることができなかったのである[316]。

その後、明治二十五年、宮内省に正倉院御物整理掛が設置されると、木内喜八の技を受け継いだ二代目の木内半古がその技術員となり、正倉院宝物の修理と模造制作に従事することになる。正倉院御物整理掛に出仕する以前、木内半古は明治二十一年に設置された臨時全国宝物取調局の一員として、岡倉天心やフェノロサ（Ernest Fenollosa、一八五三―一九〇八）らとともに近畿地方の古社寺の宝物調査に数ヵ月にわたって同行したこともあった。木内半古は明治二十五年に正倉院御物整理掛が設置されてから明治三十八年に廃止されるまで十三年間にわたって正倉院宝物の修理を担当するとともに、《赤漆文欟木厨子　模造》（明治三十一年、東京国立博物館蔵）、《紫檀銀絵小墨斗　模造》（明治三十七年）、《紫檀木画小架　模造》（明治三十八年、東京国立博物館蔵）など、正倉院に納められた約二〇点の木工品の模造にも取り組んでいる。木内半古が正倉院御物整理掛を勤めていた頃の模造制作の基本姿勢は、原作の制作当初の姿を忠実に再現するというものだった。

木内半古のあとを受け継いだ三代目の木内省古も、昭和初頭、正倉院事務所の委嘱を受け、正倉院宝物《木画紫檀双六局》の模造に取り組むことになるのだが、その調査のために昭和六年に奈良に出張した際、木内省古は、学芸委員の水木要太郎（一八六五―一九三八）、関保之助（一八六八―一九四五）、中村雅真（?―一九四三）、新納忠之介らと面談し、原作を忠実に再現することを確認したうえで模造に着手している。木内省古による《木画紫檀双六局》の模造は翌昭和七年十一月に完成し、正倉院事務所に納められたが、昭和十二年には東京帝室博物館に移管された（図57）。木内省古はその後、昭和二十五年にも同作の模造を制作したと述懐しているが、(317) 昭和二十七年、「木画」の技術で「助成の措置を講ずべき無形文化財」に選定されたことを受けて参加した第一回日本伝統工芸展のパンフレットには《木画紫檀双六局》の図版が掲載されている。

現在でも正倉院宝物の模造事業は、技法や材料の解明という学術的な意義を備えた事業として厳粛に行われているが、その報告文書からうかがえるのは、たんに形状や模様を表面的に模倣するのではなく、原作に使用されている材料を詳細に分析し、構造を解明し、当時使用されたと考えられる工具についても検討し、徹底的に原作に忠実に復原しようとする姿勢である。(318) 原作に忠実な模造の制作を通じて、古代の技法を正しく理解し、すでに失われた技法を解明するということも模造事業の重要な目的のひとつなのである。

図56　木内喜八《木画紫檀双六局　模造》(農商務省旧蔵)

図57　木内省古《木画紫檀双六局　模造》

一方、国宝および重要文化財については、昭和二十八年以来、文化財保護委員会（文化庁）主導で模造事業が行われるようになり、昭和二十八年から平成八年（一九九六）までに四八件の模写模造品が制作され、現在も継続的に行われている[319]。この文化財保護委員会による模造事業は、法隆寺金堂の火災（昭和二十四年）の衝撃に端を発しているが、その主たる目的には経年劣化や不慮の被災による毀損および滅失への対策が掲げられており、しかも、やはり原作にきわめて忠実な模造が行われているから、明治二十年代以来の模写模造事業の基本理念を継承するものといえる。

もっとも、戦後の日本で文化財の模造制作が文化財保護活動の一環として行われるようになった背景には、じつは終戦直後の文化財の国外流出への対応策という側面もあった。終戦直後、占領統治下の日本においては、正倉院宝物をはじめとする文化財が大平洋戦争の賠償品としてアメリカに没収されてしまうのではないかという噂が流布したが、文化財の国外流出への危機感から、昭和二十二年一月から二月にかけて、アメリカの博物館向けに正倉院宝物や国宝の模造を制作して輸出する計画が、帝室博物館の原田治郎、文部省の藤田経世（一九〇三―八四）、京都国宝保存協会から相次いでＧＨＱに対して提案された[320]。だが、当時ＧＨＱの芸術記念物課で文化財保護の任務を担当していた東洋美術史家のシャーマン・リー（Sherman Lee、一九一八―二〇〇八）は、原寸大の複製制作はオリジナルの文化財を神聖視することにつながる、という理由でこれらの提案を拒絶している。それでも、帝室博物館の表慶館では、正倉院宝物を中心とする模造品の展覧会「日本古美術工芸複製品展」（昭和二十二年三月一日―二十日）が開催され、会期中には、天皇皇后両陛下も見学に訪れている。

また、昭和二十四年九月二十六日に国会に提出された文化財保護法の衆議院案では、「原形の保存、製作技術または材料の調査研究のため、委員会の許可を受けて重要文化財を模造することを可能とする」[321]という文言が記載されており、模造制作とは、戦中戦後の混乱期に文化財の被災や流出を目の当たりにした日本の文化財行政の関係者にとっては、きわめて現実的な文化財の保護策として認識されていたことをうかがわせる。こうした昭和二十年代の文化財を取り巻く状況からすると、工芸技術そのものを保護しようとする無形文化財制度とは、模造制作を支える工芸技術を保護しようとする側面も多分に備えていたのではないかと思われる。

原作に忠実な複製の制作を連鎖的に行っていけば、たとえ原作が失われてしまったとしても、その原型は保持されることになるという考え方が、日本文化には認められる。これを象徴的に示すのが伊勢神宮である。天照大神を祭神とする伊勢神宮は古くから日本人の信仰を集めてきたが、とりわけ明治以後は国家神道の中心として重要な位置づけがなされてきた。伊勢神宮の社殿は二十年に一度行われる式年遷宮、すなわち建て替えによって再生を繰り返すことで今日にまでその祖型が受け継がれてきたものであることは広く知られているが、式年遷宮に際しては、六五棟の建物だけでなく、建物などを飾りたてる御装束五二五種一〇八五点が、また、祭神の御用に供される御神宝一八九種四九一点が、当代一流の工匠によって新たに制作され、調進される。

だが、伊勢神宮の遷宮に際して調進される御装束神宝に関しては、往時の宮廷生活に直結したものも多いため、必ずしも祖型がそのまま継承されてきたわけではなく、長い歴史の推移とともに、じつは、変容してきた部分もあるとされる[322]。ところが、明治以降、宮廷生活そのものが欧風化され、宮中での調度や服装が旧来の様式からは大きく変容したため、昭和四年の遷宮に際しては、「御装束神宝古儀調査会」が組織され、『儀式帳』『延喜太神宮式』(延長五年)、『長暦太政官符』(承平七年)、『嘉元太政官符』(嘉元二年)などの古文書をあらためて検証し、調進されるべき御装束神宝の品目、寸法、材料などが細かく定められた[323]。例えば、第五十九回式年遷宮(昭和二十八年)に際して、御神鏡三一面(円鏡二六面、八稜鏡五面)の制作を拝命した金工家の内藤春治(一八九五―一九七九）は、指定どおりの寸法や模様で百面以上を惣型で鋳造、そのうちの優れたもの三一面を納めた[324]。現代では、御神宝の制作依頼を受けた工芸家は、昭和初頭に御装束神宝古儀調査会によって作成された設計図に従って厳密に制作することが要求されており、忠実な模造の連鎖のためのプログラムが確立されているのである。

建築家の磯崎新は伊勢神宮を、七世紀、唐や新羅などの外国勢力の脅威を感じていた天武天皇（六三一―六八六）が、外国文化に対抗しうる日本固有の文化を創出する必要に迫られ、仏教的ではない、日本固有と見なされる建築的デザインによって作り上げたものとし、定期的な建て替えの制度化によって強制的にその始源をなぞるようにした式年遷宮に皇位継承のアナロジーを見ている[325]。伊勢神宮とは、外国からの異文化の到来に対抗しうる、日本固有のものの創出に迫られた結果誕生した「日本的なもの」なのであり、しかも複製の連鎖によって再生を繰り返すというシステムが構築されたことで、そこに創作的要素や時代的要素が入り込むことを拒絶しながら、「日本的なもの」を維持し続けてきたのである。こうしてみると、文化財の模造事業に見られるように、原作に忠実な模造によって作品を後世に伝えるというのは、伊勢神宮の式年遷宮においてシステム化された日本的な原型保持の考え方を踏襲していると考えられなくもないように思われる。

以上を整理すると、近代日本における模造（倣作、写し、複製）制作の目的としては、①技法の解明、②技術の継承、③価値の正統性の追認、④原作の権威化、⑤原作の代替品、⑥展示のための標本、⑦一般向けの普及品、⑧天災人災による滅失や国外流出への備え、⑨原型保持、などをあげることができる。

だがその目的はどうあれ、古作の模造という取り組みは、過去への盲従を示すものであり、作家活動としての工芸制作には背反するというのが近代の工芸家の立場ということになりそうなものだが、模造の制作に取り組んだ工芸家の言葉などからは、意外にも後ろめたさはまったく感じられない。いやむしろその言葉からは、自らの知の限界を乗り越えて技法を解明していくときの興奮や、尊い宝物の模造事業に従事することへの誇りや使命感を感じさせられる。原作をかけがえのないものとして大切に思えばこそ、経験と知恵を結集し、時間と労力を費やして模造が行われてきたのであり、原作に忠実な複製を作り出すための知識や技術は、文化財の保存修復においても不可欠のものであるから、工芸技術を無形文化財として保護することを目的に開催された日本伝統工芸展に倣作の出品が認められたのは、戦後一九五〇年代の文化財保護の状況からすると、文化財の模造制作や修理のための工芸技術の保護という実際的な側面があったことを示すものとも考えられる。

四　「伝統工芸」の成立――倣作からの脱却

明治時代の宮内省による帝室技芸員制度（明治二十三年）が、優れた技芸を身につけた美術家、工芸家個人を顕彰することによって、時代の潮流に左右されることなく日本独自の技芸を保護しようとする制度だったのに対して、戦後の文化財保護委員会（文化庁）による「助成の措置を講ずべき無形文化財」は、その出立時においてはあくまでも存亡の危機にある伝統的な工芸の「わざ」そのものを日本独自の文化財として保護することを目的としており、それぞれ保護する対象が異なっていた。ところが、その後の文化財保護法の一部改正（昭和二十九年五月）によって重要無形文化財保持者、いわゆる人間国宝の認定制度が始まると、戦前の帝室技芸員制度をなぞるかのように、工芸家個人の顕彰制度としての色彩を強めていくことになる。そしてそれに伴い、日本伝統工芸展の性格も変化していくことになる。

「助成の措置を講ずべき無形文化財」の選定にあたっては、「国が保護しなければ衰亡する虞《おそれ》のあるもの」（第六七条）という条件が示されていた。しかし、この条件では衰亡のおそれのない工芸技術については、無形文化財の選定の対象にはならないことになる。[326] そのため、昭和二十九年（一九五四）五月に文化財保護法の一部改正が行われ、「国が保護しなければ衰亡する虞のあるもの」という部分が削除され、かわって示された「重要無形文化財の指定並びに保持者及び保持団体の認定の基準」（表5）に記されているように、芸術上または工芸史上の価値を重視する重要無形文化財保持者の認定制度が新たに始まった。

もっとも、この昭和二十九年五月の法改正によって始まった重要無形文化財保持者の認定制度もまた、あくまでも工芸技術そのものを文化財として保護することをめざすものだった。ところが、やがて、重要無形文化財保持者という正式名称ではなく、「人間国宝」という呼称が普及したことが示すように、無形文化財としての工芸技術そのものの保護という本来の目的よりも、工芸技術を高度に体得した工芸家の顕彰制度としての性格が強調されることになる。ちなみに、「人間国宝」という呼称が使用されるようになったのは、重要無形文化財保持者の内定を報じた『毎日新聞』の記事「人間国宝　三津五郎ら三十氏　伝統の芸能、工芸家を内定」（昭和三十年一月二十八日）からだった。

改正された文化財保護法に基づいて、新しく重要無形文化財保持者として認定されたのは、荒川豊蔵（志野・瀬戸黒）、石黒宗麿（鉄釉陶器）、浜田庄司（民芸陶器）、富本憲吉（色絵磁器）、小宮康助（江戸小紋）、清水幸太郎（長板中形）、松原定吉（長板中形）、南部芳松（伊勢型紙突彫《つきぼり》）、児玉博（伊勢型紙縞彫）、六谷紀久男（伊勢型紙錐彫《きりぼり》）、中島秀吉（伊勢型紙道具彫）、中村勇二郎（伊勢型紙道具彫）、城之口みゑ（伊勢型紙糸入れ）、松田権六（蒔絵）、高野松山（蒔絵）、魚住為楽（銅鑼）、平田郷陽（衣裳人形）、堀柳女（衣裳人形）の計一八名の工芸家だった。

この新しく重要無形文化財保持者（人間国宝）に認定された工芸家の顔ぶれに対して柳宗悦は、『芸術新潮』（昭

表5　重要無形文化財の指定並びに保持者及び保持団体の認定の基準

第一　重要無形文化財の指定基準
［工芸技術関係］
陶芸、染織、漆芸、金工その他の工芸技術のうち次の各号の一に該当するもの
（一）　芸術上特に価値の高いもの
（二）　工芸史上特に重要な地位を占めるもの
（三）　芸術上価値が高く、又は工芸史上重要な地位を占め、かつ、地方的特色が顕著なもの

第二　重要無形文化財の保持者又は保持団体の認定基準
［工芸技術関係］
保持者
一　重要無形文化財に指定されている工芸技術（以下単に「工芸技術」という。）を高度に体得している者
二　工芸技術を正しく体得し、かつ、これに精通している者
三　二人以上の者が共通の特色を有する工芸技術を高度に体得している場合において、これらの者が構成している団体の構成員
保持団体
工芸技術の性格上個人的特色が薄く、かつ、当該工芸技術を保持する者が多数いる場合において、これらの者が構成している団体の構成員

（註）　昭和二十九年十二月二十五日文化財保護委員会告示第五十五号
改正：昭和五十年十一月二十日文部省告示第百五十四号
（出典）『文化財保護法五〇年史』（文化庁、平成13年）578頁より作成

和三十年八月）の座談会「重要無形文化財（工芸）をめぐって」において批判的に次のように述べている。

選ばれたものを見ると、技術のよさという意味で選ばれたものと、芸術的なよさという意味で選ばれているものと、ごっちゃになっていると思う（……）僕は根本的に芸術的価値の薄いものを、ただ技術がいいといって、奨励するのは意味がないと思う（……）浜田、富本の場合は、僕は作家として、ほんとうにクリエティブなアーティストとして偉いんだと思う。しかし石黒君なんかの場合は、クリエティブなアーティストとしての価値じゃなく、ただ昔のものをまねするのがうまいんでしょう（……）この間も荒川君のものをよく

見ましたけれども、ああいうものはどうしたって一流の陶器とは言えない。断然言えないね（……）技術がうまいとか、熱心だとかいうことは大いに認められていいと思うが、しかしああいうものを一流の国家財として、あるいは芸術として考えられては非常に困る。それは人としては偉いところがあると思うけど芸術にすればどうしたって二流品なんだ。(327)

浜田庄司と富本憲吉は「アーティスト」として優れているのに対して、石黒宗麿や荒川豊蔵はただたんに昔のもののまねをする技術において優れているだけでその作品には芸術的価値はない、二流品だ、と柳宗悦は断じ、浜田庄司や富本憲吉と、石黒宗麿や荒川豊蔵を、重要無形文化財保持者という名のもとに同等に扱おうとする重要無形文化財保持者の認定制度に対して不快感を示しているのである。

こうした柳宗悦の批判に対して小山冨士夫は、荒川豊蔵は江戸初頭以来制作が途絶えていた志野や瀬戸黒を再生すべく二十年以上にもわたって、「昔のものにまけないものを作りたい」と寝ても覚めても忘れず苦労に苦労を重ねてきており、また、石黒宗麿については、「唐宋のものに劣らない釉薬を再現する技術」が優れていると応え、技術の継承が途絶えていた古陶磁の技法解明という課題に長年にわたって真摯に取り組んできた荒川豊蔵と石黒宗麿の制作姿勢や、その技術力を評価している。(328) ことさら個人作家としての実績にとらわれることなく、あくまでも技術力に根差した表現力を重視し、人知れず制作活動に取り組んできた工芸家にまで幅広く目配りして認定対象としたことが、この重要無形文化財保持者の認定制度の画期的な点だろう。

この制度改正の後、昭和三十年十月に行われた第二回日本伝統工芸展では、第一回展の展覧会名称に掲げられていた「無形文化財」という言葉が消え、授賞作品の選考も行われるようになった（図58）。だが、現在のよう

図58　第二回日本伝統工芸展会場（昭和30年10月）

に広く一般公募が行われたわけではなく、作品を出品したのは重要無形文化財保持者を中心として昭和三十年六月に設立された日本工芸会の正会員と支部会員、そして、その推薦を受けた工芸家に限られていた。例えば陶芸部門に出品したのは、重要無形文化財保持者の認定を受けた荒川豊蔵、石黒宗麿、浜田庄司、そして、「助成の措置を講ずべき無形文化財」に選定されていた今泉今右衛門（十二代、一八九七―一九七五）、徳田八十吉（初代、一八七三―一九五六）、加藤唐九郎、加藤土師萌、金重陶陽、宇野宗甕（一八八八―一九七三）、さらにのちに重要無形文化財保持者に認定されることになる中里無庵、山本陶秀（一九〇六―九二）、藤原啓（一八九九―一九八三）、清水卯一（一九二六―二〇〇四）ら一九名だった。第二回日本伝統工芸展は重要無形文化財保持者とその予備軍を囲い込むようなかたちでその陣容が形成された日本工芸会の展覧会として開催されたのである。とはいえ、第二回日本伝統工芸展の出品者の間においても、「伝統工芸」についての共通認識がまだ確立されていたわけではなかったことは、先述の加藤土師萌の出品作が示すように多数の倣作が出品されていたことからもうかがえる。

さらに、日本工芸会の会報誌として昭和三十一年八月に創刊された『日工会報』（第一号―第三号）が一〇名（鹿児島寿蔵、前大峰、太田英蔵、河合政、水町和三郎、加藤土師萌、音丸耕堂、野口真造、玉井敬泉、中村元雄）の工芸家や学識者に対して「伝統工芸」に関するアンケートを行っていることからも「伝統工芸」という言葉についての共通認識がまだ確立されていなかった当時の状況がうかがえる。アンケートの質問は、「(一)伝統工芸ということについての御見解、(二)今後の伝統工芸はどうある可きか、(三)伝統工芸に対しての貴台の製作観念」の三項目で、アンケートという体裁を取っているが、これは実際には、まだ共通認識が確立されていない「伝統工芸」について、工芸家や学識者にその見解を語ってもらい、日本伝統工芸展の進むべき方向性を探ろうとしたものとして捉えることができる。

このアンケートの回答を見ると、例えば人形作家の鹿児島寿蔵(一八九八―一九八二)は、「伝統」という言葉は「系統継承の固守」という狭い意味で捉えられるおそれがあるとしたうえで「創造性への念願と実践こそ伝統というものの意味する所」と述べ、新たな創造のために伝統をいかす取り組みこそが「伝統工芸」の進むべき方向である、という見解を示している。[329] また、漆芸家の前大峰(一八九〇―一九七七)は、伝統の殻の中に閉じこもることなく、伝統の良さを再発見し、そこに現代性を与えて創造していくことが「伝統工芸」の進むべき道だ、と述べている。[330] さらに加藤土師萌は、「伝統工芸」とは回顧的な倣作を制作することではなく、制作者の個性に基づいた創作を目標としたものであるべきだ、という考えを示している。[331] この三人の工芸家の言葉にも示されているように、『日工会報』誌に掲載された関係者の回答からうかがえるのは、総じて、「伝統」という言葉が持つネガティブな意味を受け止めたうえで、それにとらわれることなく、伝統的な工芸技術を新たな創作にいかすことに「伝統工芸」の進むべき方向を見出していこうとする前向きな姿勢である。

さらに、昭和三十二年四月に日本工芸会の総裁に就任された高松宮宣仁《のぶひと》親王は「伝統工芸」について、「古いものの踏襲模倣でなく、伝承された芸術技能をいかして、現代感覚のある創作」をすることという見解を示した。[332]

この言葉は、先の鹿児島寿蔵ら三人の工芸家の伝統工芸観とも同調するもので、その年の第四回日本伝統工芸展（昭和三十二年）の「開催趣旨」にもさっそく反映される——「伝承され来った技術を正しく甦生せしむるとともに、現代の感覚を造形のうちに浸透せしめ、新しい伝統をつくり、確固たる信念に徹して、もって日本工芸本来の真価を発揮すべきである」(333)。

日本伝統工芸展の方向性、そして、「伝統工芸」なるもののあり方について工芸家の間である程度の共通認識が確立されたのは、その後、「第四科会問題」（昭和三十三年）によって日展と日本伝統工芸展が完全に決別し、日本伝統工芸展で一般公募制（第七回展）が取られるようになった昭和三十年代中頃のことと考えられる。

日本伝統工芸展が発足した当初は、日展と日本伝統工芸展の両方に作品を出品することがとくに問題視されることはなかった。ところが、昭和三十三年に日展の組織改革が行われ、新しく発足した「社団法人日展」が日展の運営を行うことになると、これを機に日展の工芸家の一部が「第四科会」（代表：大須賀喬）を組織し、日本工芸会に所属しながらも日展の参事を務めていた七名の工芸家（二橋美衡、香取正彦、吉田醇一郎、福沢健一、前大峰、飯塚琅玕斎、高野松山）に対して、「新日展工芸部に望む」（昭和三十三年二月二十五日付）という要望書を送りつけた。日展か、日本伝統工芸展か、二者択一を迫ったのである(334)。

要望書をつきつけられた日本工芸会に所属する香取正彦ら七名の伝統工芸系の工芸家は、これに対して「新日展について」（昭和三十三年三月六日付）という趣意書を連名で出して応えた。「日展は芸術主張に於ける綜合展であり、それ故、各派的色彩を生ずるのは当然である。日本工芸会はその芸術運動において特に日本的性格の基礎の上に立つ創作面を助長せんとする当局の要望に応じて出来たもので、これに作家が協力することは、日展に於ける作家活動を盛んにこそすれ、これを妨げる何物でもない」——香取正彦らは、日展はさまざまな主義主張を持つ諸派が参加する総合的な公募展だから、日本伝統工芸展に出品している工芸家が日展に出品しても何ら問題はないと応じ、日本工芸会に所属する伝統工芸系の工芸家を日展から締め出そうとする「第四科会」に対して要望書の撤回を要求、日展に踏みとどまろうとしたのである[335]。

ところがその後、伝統工芸系の工芸家は会合を開き、結局、次のような内容の声明を発表して、日展からの脱退を明らかにした。「第四科会が日本工芸会系作家を新日展から排除しようとの動きに対し、私たちは第四科会の誤まりを指摘、同会の解消を求めて来たが、私たちの主張は通らなかった。帝展以来三十年、親しんで来た日展ではあるが、第四科会のような独善的なものにほしいままにされるようでは同一歩調はとれず、新日展には参加しない」[336]――これによって日展と日本伝統工芸展（日本工芸会）の分裂が決定的となり、戦後の日本の工芸界は日展と日本伝統工芸展という二つの公募展団体を軸として展開していくことになる。

「第四科会問題」が発生し日展と決別した昭和三十三年の第五回展では展覧会の名称から「伝統」という言葉がはずされ、「第五回日本工芸展」という名称で開催された。『芸術新潮』（昭和三十三年十二月）には「日本工芸の対立―伝統か新工芸か―」と題する特集記事が掲載され、その展覧会名称から「伝統」をとった日本工芸会側からの理由として次のような解説が記されている。

なぜ《伝統》をとったかといえば、わが国の持つ工芸上の伝統を永く受けついでゆくいとなみそれ自身が、結局日本独特の工芸である以上、それに固有名詞をつけるとしたら、日本工芸ということになる。それにことさらまた伝統という文字をうたってくると、くどくなってくる。と同時に、伝統を表看板にすると、どういう結果が生じてくるかといえば、同じ伝統でも悪い伝統があり、それを日本工芸会なり文化財保護委員会が、妙に強調したような感じを一般にあたえがちだ。今まで、伝統というものは、非常に古くさいものであるとか、またそうしたものではないとか、いろいろと問題にされている（……）伝統工芸とは一子相伝的なものを指すという狭い考え方もなくはない（……）ことさらに伝統という字をつけると、かえって本質を見誤る恐れがあり、すっきりした方がいいんじゃないかというので、一応とったわけである(337)

日本の工芸である以上、ことさら「伝統」という言葉を付けなくても、伝統的であるのは当然のことであり、逆に「伝統」という言葉を掲げることによって、「古臭いもの」というネガティブな面が強調され、本質が見失われてしまう恐れがあるため「伝統」という言葉をとったのだ、というのである。

ところが、日本伝統工芸展の名称から「伝統」の二字が消えたのは、昭和三十三年の第五回展だけで、翌昭和三十四年の第六回展からは再び日本伝統工芸展という名称に戻っている。柳橋眞によれば、「伝統」という言葉が復活することになったのは、日本工芸会総裁を務めていた高松宮宣仁親王が第五回日本工芸展のレセプションにおいて、受賞者の一人に対して、次のような言葉を述べたからであったという――「伝統（電灯）が消えたら世間は闇だね(338)」。

「助成の措置を構ずべき無形文化財」の選定を受けた工芸技術を公開するために出立した日本伝統工芸展は、第七回展（昭和三十五年）から一般公募を開始、倣作の出品は見られなくなる。伝統的な工芸技術とは倣作のためではなく、むしろ現代の工芸の創作に生かされてこそその技術の価値が再評価され、次世代へと継承されていくことになるという共通認識が確立されるにいたったのである。草創期の日本伝統工芸展に見られた倣作というのも、工芸技術を後世に継承することの意義を示すものであることには違いないし、価値のある仕事であることにかわりはない。だが、倣作というのは、作者の個性や作品の唯一性などといった美術的な価値観を棚上げしたものであるだけでなく、現実社会からは隔離された、文化財保護という世間からはやや閉ざされた世界のなかの仕事であることは否めない。伝統的な工芸技術とは、古い作品の倣作を制作することによってのみ保存されるわけではなく、むしろ、現代感覚を備えた工芸制作に生かされてこそ、その工芸技術の価値が再認識され、継承されていくことになる、という認識に基づいて「伝統工芸」が成立を見せることになったのである。

昭和戦前期から桃山の志野や備前の復興に取り組んでいた荒川豊蔵や金重陶陽が克服してきたのは、桃山時代の古陶を手本とし、往時の作陶技法を追求しながらも、いかにして個人作家としての作品を制作するかという、まさに草創期の日本伝統工芸展の工芸家が取り組むことになる課題にほかならなかった。例えば、荒川豊蔵が第四回日本伝統工芸展（昭和三十二年）に出品した《志野茶碗》（口絵6）は、志野釉の表面に全体的に荒々しいひび割れが入っており、桃山時代の志野茶碗とはまったく趣を異にするタイプの作品である。しかもこうしたひび割れは、茶の湯の関係者からは、荒川豊蔵の志野茶碗の難点としてかねてから批判されていた要素でもあった(339)。しかし、荒川豊蔵はあえてこうした作品を出品することで、倣作としてではなく、また、茶の湯のための茶碗としてでもなく、いわば自己表現として茶碗の制作に取り組んでいるという自らの姿勢を鮮明に示したのである。荒川豊蔵は桃山志野の倣作を制作したことによってではなく、桃山時代の志野の製法に基づきながらも、いわば自己表現としての志野茶碗を制作したことによって、志野を現代に再生させることに成功したということができるのである。

また、草創期の日本伝統工芸展に倣作を出品していた加藤土師萌は、「第四科会問題」の後、日展への出品をやめ、日本伝統工芸展に専心するようになるが、例えば第七回日本伝統工芸展（昭和三十五年）に出品した《黄地紅彩金襴手富貴長春牡丹文飾壺》（口絵7）は、中国の明代の黄地紅彩の技法で下地を装飾し、さらにそこに、金襴手で牡丹文と「富貴長春」という吉祥文字をあしらった華麗な飾壺である。高度な作陶技法を駆使し、古典的といっていい風格を備えており、一見すると古作の模倣と見えなくもないが、過去にはけっして類例のない作品であり、「伝統工芸」というもののひとつの方向性を示すものといえる。日本伝統工芸展の工芸家は、過去の工芸作品を模倣して再生産することによってではなく、伝統的な工芸技術に根ざした「日本的なもの」の創出、古典的な風格を備えた現代の工芸という新しい表現領域を切り拓き始めたのである。

五　「伝統」を旗印に――「伝統工芸」が描き出す生活の記憶

重要無形文化財保持者の認定制度が始まったことによって、無形文化財制度は、存亡の危機に立つ工芸技術を経済的に保護しようとする制度から、高度な工芸技術を身につけた工芸家を顕彰する制度に切り替わった。「国が保護しなければ衰亡する虞《おそれ》のあるもの」という条件を削除した理由は、経済的に自立盛行する工芸技術を含めて内容的に価値が高いものを保護の対象とするためだったというが、そもそも経済的に保護する必要のないものをあえて保護しようとする改正が行われた背後には、無形文化財制度の根底にもともと潜伏していたナショナリズムが表出したものと捉えることができるように思われる。明治期に成立した帝室技芸員制度の根底には皇室が文化財保護を担うことによって国民意識の統合を図ろうとするナショナリズムがあったように、重要無形文化財制度成立の背景にも、またそれを支えとして成立をみせた「伝統工芸」にも、同様にナショナリズムが作用していたことは、重要無形文化財制度や日本伝統工芸展に深く関わった関係者の発言などからも明らかである。

例えば、文化財保護委員会の無形文化課長を勤めていた佐藤薫が、『日本文化財』において重要無形文化財制度の意義について、次のように述べていることに注目しておきたい。

芸能面、工芸技術面相俟って、適切な対策を講じ、もって日本伝統文化の一般の振興をはかり、日本文化の向上、延《ひ》いては世界文化に貢献しようとするのであるが、このようなことは自ずから、日本人自身が日本の文化に対する愛情と尊敬の念を深め、日本民族の自信を回復し、独立の精神を旺盛にし、正しい意味の愛郷心、愛国心をその内奥にたぎらせる大きな契機となるであろうことを信じて疑わない。(340)

重要無形文化財制度の誕生に深く関わった担当課長として佐藤薫は、敗戦と占領統治によって見失われつつあった日本人としての誇りを回復し、愛郷心、愛国心を高揚させることをその制度の本質的な意義として認識していたのである。だが、伝統的な手工芸が愛郷心、愛国心を育み、日本精神の発揚に資するという考え方は、Ⅲ章において見てきたように、かつて太平洋戦争中の技術保存資格者の認定にあたっても見られたものであり、ナショナリズムに根差した工芸観は、戦前から戦後へと、日本社会の大きな転換点をまたいで受け継がれていることをうかがわせる。

また、重要無形文化財制度が始まった昭和三十年（一九五五）に開催された第二回日本伝統工芸展の図録に掲載された「あとがき」には、「国粋の美点と他方の長所を活用し優れた作品を世に問うことが大きな目的である」と記されている。(341)さらに、「第四科会問題」の際に香取正彦らが声明文「新日展について」（昭和三十三年三月六日付）において、「日本的性格」の基礎の上に立つ創作面を助長しようとする当局の要望に応じて日本工芸会が発足したと明言していることからも、ナショナリズムを強化しようとする文化財保護委員会の働きかけに基づいて「伝統工芸」が誕生したことがうかがえる。

とはいえ、これらの文中にある「愛国心」「国粋の美点」「日本的性格」という言葉だけを抽出して、伝統工芸系の工芸家を戦後民主主義に逆行する保守反動勢力と単純に決めつけることはできない。というのも、一九五〇年代には左右を問わず、敗戦と占領統治という共通体験の記憶の上に民主主義とナショナリズムが両立しており[342]、むしろ、民主主義とナショナリズムの両立関係を支えとして「伝統工芸」が成立を見せることになったと考えた方が実態にあっているように思われるからである。

「伝統工芸」が単純な保守反動勢力でなかったことは、「伝統工芸」成立の制度的支えとなった重要無形文化財制度の背後に、日本人の自尊心を回復させナショナリズムを強化しようとするアメリカ側からの要請が作用していた可能性があることからもうかがえる。前章でも触れたように、池田勇人特使とロバートソン国務次官補との間で行われた日米会談（昭和二十八年十月）において日本政府は、アメリカからの経済援助の見返りとして教育および広報を通じて、「愛国心と自衛のための自発的精神が成長するような空気を助長する」ことをアメリカに対して誓約している[343]。文部省の外局である文化財保護委員会の無形文化課長という職にあった佐藤薫による「「重要無形文化財制度は」正しい意味の愛郷心、愛国心をその内奥にたぎらせる大きな契機となるであろう」という発言は、このアメリカ側からの要請が「伝統工芸」成立の背後に作用した可能性をうかがわせる。

もっとも、アメリカ側からの影響もある程度は作用しただろうが、そもそも「文化」という概念そのものが、先進国による支配の危機に直面した後発国を内側から支えるイデオロギーとして作用してきたと捉える考え方もある[344]。このような前提に立つならば、戦後、民主主義国家として再出発した新生日本において、文化財として工芸技術を保護しようとする政策が取られ、またそれに基づいて「伝統工芸」が成立を見せることになったのは、敗戦と占領統治という体験を経て、日本人が主体的に国民文化を新たに創出し、国境を内側から支えようとする戦後ナショナリズムの高揚を示すものと捉えることができる。

しかしながら、工芸家はナショナリズムの体現者であることを声高に叫ぶことはあまりなかったし、おそらく、大多数の工芸家は自らの制作活動をそのようなものとして自覚することすらほとんどなかったのではないだろうか。戦時期の軍国主義的な思潮は終戦とともに一気に退潮し、振り子が大きくその真逆に振れるように、戦後の日本は、民主主義的な平和国家として生まれ変わった。そうしたなか、戦前期の旧体制を連想させる「愛国心」「国粋の美点」などという言葉にかわって、民主主義とナショナリズムの両立関係に根差した国民文化を創出しようとする意思を示すために使われてきたのが「伝統」という言葉だったのではないかと思われる。

「伝統」という言葉には、かつてのように西洋と東洋という対立構造において近代化を捉える思考に終止符を打った戦後日本の立場が示されている。欧化主義か国粋主義かという二者択一がもはや現実味を失ってしまった第二次世界大戦後、西側の自由経済陣営に参入した日本は、戦前のような国粋主義的なイデオロギーを否定しつつも、国民が共有しうる共通の文化的基盤を工芸技術のような土着的なものに求めたが、そうしたなか、「伝統」という言葉は、民主主義的な文化国家としての日本再生の旗印としての役割を果たしてきたのである。

とはいうものの、日本伝統工芸展の開催によって、突如、工芸家が「伝統」の価値に目覚めたわけではなかったし、また逆に、工芸家が「伝統」という言葉に対してつねに肯定的であり続けてきたわけでもなく、日本伝統工芸展に参加した工芸家の間でも、当初は、「伝統」という言葉に対する反発があったことには留意しておきたい。

日本伝統工芸展の主催団体である日本工芸会が設立されたのは昭和三十年六月のことだったが、その団体名を決める際に、当初、文化財保護委員会側からは「日本伝統工芸協会」という名称が原案として出されていた。ところがこれに対して、「『伝統』という字句は古いものという印象を与え、若い人々に誤解を招くからよい名にして欲しい」という意見が出されたため、「伝統」という言葉がはずされ、「日本工芸会」という名称に決定したのだった。[345]おそらく、個人作家として工芸の制作に取り組んできた近代の工芸家は、「伝統」という言葉を、主体性を欠いた職人的なニュアンスを含んだ言葉として否定的に捉えていたのだろう。

さらにその後も展覧会名に含まれる「伝統」という言葉が問題となり、第四科会問題が発生した昭和三十三年には「伝統」という言葉がはずされ、「第五回日本工芸展」という名称で開催されたことは先述のとおりである。当時、小山富士夫はその理由を、「伝統というと、何か古臭い、かびくさい響きがあって誤解を招きやすい」[346]と説明していることからもうかがえるように、発足当初の五年間、日本伝統工芸展の関係者は「伝統」という言葉に対して、「古臭い」というネガティブな意味を認めながらも「伝統」という言葉をあえて表看板に掲げていたのである。

ところがやがて工芸家は、「伝統」という言葉にむしろ価値を見出すようになる。「伝統」という言葉に対する意識の転換が起こったのである。もっともこの背景には、日本伝統工芸展が日展にかわって戦後日本の工芸界において官展としての地位を確立したことや、重要無形文化財保持者が「人間国宝」と賞讃され、一般の人々の高い関心を呼ぶようになったことも当然あっただろう。だが、おそらくこの意識転換の最大の要因は、工芸家が日本の伝統文化の正統的な継承者を自認し、たんに工芸技術の継承という使命だけでなく、日本文化の根底をなす日本人の精神や日本的美意識を探究して「日本的なもの」を創出するという役割を引き受けることに自らの存在意義を見出すようになったことにあると思われる。

米ソ冷戦という第二次世界大戦後の国際社会の新しい枠組みのなかで、一九五〇年代、日本は戦後復興から高度経済成長へと歩みを進めることになるのだが、それと歩調を合わせるかのように、日本文化論は敗戦による「自信喪失」から「日本回帰」へと転換する。[347] それに伴い、終戦直後に見られたかつての旧体制に対する否定的な傾向にかわって、日本再建のために、そして、世界における日本文化の位置づけのために、「伝統」が盛んに論じられるようになり、そこに価値が見出されるようになるのである。

歴史家で家元制度の研究で知られる西山松之助（一九一二—二〇一二）は、「戦後伝統芸術年表」（『伝統と現代第一巻　伝統とはなにか』学藝書林、昭和四十三年）の作成を通じて、日本で伝統論が盛んに論じられるようになったのは、昭和二十七年頃から昭和三十四年あたりまでのことで、それ以前およびそれ以後においては、まったく見られないわけではないが、それほど盛り上がりを見せたわけではないと述べている。[348] 西山松之助はこの時期の日本における伝統論の盛り上がりの理由を、①戦争に負けたことによって日本の古き善きものが権威を失い日本の伝統芸術が滅びてしまうのではないかという危機意識に目覚めたため、②国際的な文化交流をするようになって伝統が目を覚ましたため、③日本的個性を備えた前近代的なものに世界に通用する素晴らしさを見出したため、と捉えている。

伝統論が盛り上がりを見せたこの時期というのは、サンフランシスコ講和条約（昭和二十七年）によって日本が主権を回復してから、日米安保条約改正（昭和三十五年）によって日米同盟が成立するまでとほぼ重なっている。しかもそれが、無形文化財制度が実施され、日本伝統工芸展の開催を通じて「伝統工芸」が成立を見せた時期とも重なっているのは、「伝統工芸」が戦後日本の民主主義とナショナリズムの両立の可能性というものが模索され、「伝統」が盛んに論じられていた時代状況のなかで成立を見せたことを意味している。

戦後の高度経済成長は日本の旧来の産業構造や流通機構を大きく変えた。その結果、それまでの日本人が経験したこともなかったような大量生産、大量消費の時代が到来することになった。それは大多数の日本人にとっては戦後民主主義の果実ということになるのだろうが、手工芸を生業としてきた工芸家にとっては、危機の時代の到来を意味していた。旧来の生活様式や価値観の急激な変容によって、手工芸を支えてきた前近代的な産業構造、徒弟制度、流通機構、地域社会、生活環境、風俗習慣、伝統行事などが変容を迫られ、あるいは廃れゆき、伝統的な手工芸は産業として存続することがきわめて難しい状況に立たされることになった。経済的な存立基盤を失うなかで、昔ながらの手工芸に従事してきた工芸家は大衆消費社会の到来に抗うすべもなく、産業としての存続の可能性が先細りになるばかりの現実を黙認するしかなかった。

そうしたなかで、工芸家は文化財保護法を楯として構えて手工芸の文化財としての価値を訴えるとともに、「伝統」を旗印として掲げる日本伝統工芸展への参加を通じて、たんに伝統的な工芸技術を保護継承するだけでなく、日本の伝統文化の正統な担い手としての立場を鮮明に示してきた。高度経済成長に伴って日本人が見失いかけていた日本人の生活の記憶を描き出し、それを現代に再生させること、すなわち、「日本的なもの」を創出することに自らの存在意義を見出すようになったのである。

昭和三十四年に行われた第六回日本伝統工芸展の展覧会図録に掲載された「趣旨」には、工芸技術の保護と継承という同展の発足当初から示された目的に加えて、次のような文言が記され、はっきりとその方向性が示されている。

そもそも伝統継承ということは、単に古い技術を修得し、これを墨守することではない。伝統は生きて流れているものであり、芭蕉のいわゆる「不易流行」である。換言すれば永遠にかわらない本質をもちながら、しかも流れる水のごとく一瞬もとどまることのないのが伝統の真の姿である。この意味において、われわれは、文化財保護法の精神を体し、父祖から受け継いだすぐれた工芸技術を一層きたえるとともに、真に生活に即した工芸を創造し、新しい伝統を築くことこそ、われわれ現代人に課せられた崇高な責務であると信ずるものである。(349)

この趣旨文に示されている「不易」とは詩的生命の永遠性を、そして「流行」とはそのときどきの新風を意味し、「不易流行」とはこの二つの要素が一体となることを俳諧の理想として表した松尾芭蕉（一六四四―九四）の言葉である。日本工芸会は、この言葉が指し示す境地を「伝統工芸」のあるべき理想として掲げたのである。たんに古い工芸技術を修得してそれを後世に守り伝えるためだけでなく、時代の表層の底流にある日本人の美意識、日本文化の根底を支える日本人の精神といったものを探求しつつ、現代的な感覚を備えた工芸作品を制作していこうとする意思がここにははっきりと示されている。すなわち、日本伝統工芸展が掲げる「伝統」という言葉には、工芸技術の保護と継承という意味だけでなく、日本人の生活文化の奥底にある日本人の美意識や精神を探究しようとする意思が含まれており、工芸家は、「伝統」を旗印として掲げる日本伝統工芸展への参加を通じて「日本的なもの」の表現者としての役割を引き受けることに自らの活路を見出すようになったのである。

日本伝統工芸展の図録の巻頭に掲載される趣旨文の言い回しは、一部に更新が見られるものの、内容的には第六回展のものが現在に至るまでほぼ踏襲されている。例えば、平成二十五年（二〇一三）の第六十回日本伝統工芸展の図録の巻頭には次のような「趣旨」が掲げられている。

我が国には、世界に卓絶する工芸の伝統があります。
伝統は、生きて流れているもので、永遠にかわらない本質をもちながら、一瞬もとどまることのないのが本来の姿であります。
伝統工芸は、単に古いものを模倣し、従来の技法を墨守することではありません。伝統こそ工芸の基礎になるもので、これをしっかりと把握し、父祖から受けついだ優れた技術を一層錬磨するとともに、今日の生活に即した新しいものを築き上げることが、我々に課せられた責務であると信じます。(350)

第六回展（昭和三十四年）の趣旨に見られた「不易流行」という言葉はもはや使われていないが、「永遠にかわらない本質をもちながら、一瞬もとどまることのない」という言葉が踏襲されており、ほかの部分においても一部の表現を変えながらもその内容は継承されている。そして、「伝統工芸」とは、「父祖から受けついだ優れた技術を一層錬磨するとともに、今日の生活に即した新しいものを築き上げること」と明記されている。平易な言葉で記されるようになった日本伝統工芸展の近年の趣旨文からは、前近代的な産業構造や、かつて手工芸を支えてきた旧来の生活様式を固守しようとする気構えはほとんど感じられない。むしろこの趣旨文からは、草創期の日本伝統工芸展の工芸家が抱いていたであろう気負いや使命感はすっかり過去のものとなっていることが感じられる。

ところで、日本伝統工芸展の開催趣旨には、第六回展（昭和三十四年）以来繰り返し「生活に即した工芸」という文言が記されてきた。日本伝統工芸展に出品される作品の大きな特色は、「用」のかたちを備えていることにあるのだが、かといって必ずしも実際の生活に使うために制作されたものというわけではない。むしろ基本的には展覧会という場を目標として制作された、「用」のかたちを備えた鑑賞のオブジェなのである。にもかかわらず日本伝統工芸展が「生活」をうたい「用」のかたちにこだわり続けるのは、日本伝統工芸展は、工芸作品を通じて日本人の生活の記憶というものを理想化して描き出すことをめざしてきたからだと思われる。

工芸が「用」の形を保持している限りにおいて、鑑賞者は生活を意識し、それが飾られた日本の住居や、それが使用されるであろうさまざまな行事や場面を想像し、これまでに日本人が築き上げてきた生活文化へと思いを馳せることになる。そもそも工芸技術に文化財としての価値が見出されたのは、工芸には、それを制作する生産過程だけでなく、それが使用されるさまざまな場面を含めて、その生産から消費にいたる一連の全体的なプロセスにおいて、日本人の生活文化が色濃く反映されているからだと思われる。そういう意味では、日本伝統工芸展の趣旨文に掲げられた「生活」という言葉には、生産者である工芸家の「生活」と、消費者側の「生活」という二重の意味が込められているといえる。だが日本伝統工芸展の作品が描き出す「生活」とは、じつは、日本が経済大国へと成長していく過程において日本人が現実の生活からは切り捨ててきた「生活の記憶」にほかならない。

つねに変化と革新を繰り返す近代社会のなかで、過去を参照しながら、社会生活のある部分を永久不変のものとして構造化し、社会生活の変化に伴って生じた隙間を埋めるために創出されるのが「伝統」であり、「伝統」の創出を促す力がナショナリズムである。工芸家が「伝統」を引き受けるということは、ただたんに過去のある時代の様式を踏襲することや倣作を制作すること、あるいは、伝統的な工芸技術を守り伝えることだけを意味してきたわけではない。工芸家は、「伝統」という言葉を旗印として掲げる日本伝統工芸展への参加を通じて、日本的な美意識の正統的な探究者として、また、日本の文化遺産の正統的な継承者としての立場を鮮明にしてきた。「伝統工芸」とは第二次世界大戦を機に断絶が生じた日本社会の「共同体」としての連続性を回復させるべく創出された「日本的なもの」なのであり、日本伝統工芸展の工芸家は、「日本的なもの」の創出を通じて、日本人の生活の記憶を呼び覚まし、あるいは、記憶され続けてきた日本人の生活の理想を甦らせ、そうしたものへの共感を通じて日本という「共同体」を構成する人々の意識統合を促すという役割を果たそうとしてきたのである。

Ⅵ　工芸館の誕生

「伝統工芸の殿堂」として

一　近衛師団司令部庁舎の保存——明治の記憶

かつての近衛師団司令部庁舎の建物が改修され、東京国立近代美術館の別館として工芸館が開館したのは、昭和五十二年（一九七七）十一月のことだった。工芸館の開館時に東京国立近代美術館（本館）から引き継がれた工芸作品はわずか三九点だったが、文化庁では、日本伝統工芸展に出品された重要無形文化財保持者、いわゆる「人間国宝」による作品や受賞作品などを毎年購入しており、工芸館の開館に際しては、文化庁がそれまで収集してきた四二八点の伝統工芸系の工芸作品が東京国立近代美術館に移管され、工芸館のコレクションの中核となった。工芸館は「伝統工芸の殿堂」として誕生したのである（図59）。

近衛師団司令部庁舎はいまからおよそ百年前の明治四十三年（一九一〇）三月に竣工した建物で、都心部ではもはや数少なくなった明治の面影を残す赤レンガの公共建築であり、屋根の中央部に見られる緑青色に変色した尖塔や通風孔の鉄枠に残された五芒星はこの建物の長い歴史を物語っている。振り返ってみれば、近衛師団の前

図59　東京国立近代美術館工芸館（東京都千代田区所在）

身である近衛兵営の竹橋陣営は、英国出身のお雇い外国人建築技師トーマス・ウォートルス（Thomas James Waters、一八四二―九二）の設計によって明治四年に建てられた建物だった。(351) それからおよそ四十年を経て、この近衛師団司令部庁舎の建物の設計者に抜擢されたのは陸軍技師の田村鎮《やすし》（一八七八―一九四二）だった。大学を卒業してわずか五年ほどの若手技師によってこのような洋風建築の庁舎が設計されたというのも、欧米列強を手本とし、お雇い外国人の指導を仰ぎながら近代国家として歩み始めた日本が、明治の末になってようやく自立し始めたことを象徴しているといえるだろう。

この建物が建てられた明治四十三年とは日韓併合が行われた年であり、その翌年の明治四十四年、明治政府は長年にわたる重要課題であった関税自主権の回復を実現している。井伊直弼《なおすけ》（一八一五―六〇）による日米修好通商条約締結（安政五年）からおよそ五十年、明治の末になって、ようやく日本は国際社会のなかで、欧米列強と対等の外交的地位を確立したのである。

また、この近衛師団司令部庁舎とは、終戦直前の昭和二十年八月十四日の深夜から未明にかけて、十五日の正午に予定されていた太平洋戦争の終結を国民に告げる「玉音放送」を阻止しようと謀った陸軍の一部の将校によって、近衛第一師団長森赳《たけし》中将が殺害され、玉音盤を奪取するための虚偽の出動命令が出されるという宮城事件が起こった場所でもあった[352]。すなわち、近衛師団司令部庁舎とは、皇居乾門のすぐ近くで、明治四十三年の日韓併合から昭和二十年の太平洋戦争終結までの「大日本帝国」の盛衰を眺めてきた、歴史の証人といえる建物なのである。

戦後、この建物が皇宮警察に引き継がれると、内部は細かく仕切られて畳敷きの小部屋がいくつも作られ、皇宮警察の職員宿舎として使用された[353]。しかし、昭和三十八年、北の丸公園の整備計画に伴って日本武道館、科学技術館、国立公文書館以外の建物の設置を認めないことが閣議で決定されたため、皇宮警察が退去したあとは、使用されることもないまま廃墟の状態で放置されていた[354]。そして昭和四十三年八月、ついに建設省から取り壊しの決定通知が出されたのだが、これに対して同年九月、谷口吉郎（一九〇四―七九）、関野克《まさる》（一九〇九―二〇〇一）、太田博太郎（一九一二―二〇〇七）の三人が、日本建築学会建築意匠委員会を代表して、近衛師団司令部庁舎の保存を求めて建設次官と建設大臣に面会して陳情を行い、さらに翌年三月には日本建築学会が、総理大臣、大蔵・建設・文部各大臣、内閣官房・文化庁各長官、関東財務局長あてに意見書を送付するなど保存運動を展開し始めた[355]。

昭和四十三年六月に文化財保護委員会を前身として発足した文化庁の初代長官今日出海《こんひでみ》（一九〇三―八四）と次長安達健二の二人もまた、日本建築学会の意見書に賛同して近衛師団指令部庁舎の保存に動いた[356]。こうして、谷口吉郎らの保存運動は功を奏し、昭和四十七年十月、近衛師団司令部庁舎は、「明治時代洋風煉瓦造建築の一典型であり、官公庁建築の遺構としても貴重[357]」な建物として、重要文化財に指定され保存されることになった。

その後、近衛師団司令部庁舎については、昭和四十四年に北の丸公園に移転してきた東京国立近代美術館の別館として利用することが決まったものの、元来、事務所として建てられたその建物をどのように改修したとしても、天井が低く絵画作品を展示するための壁面をあまり確保することができないことは明らかだった[358]。文化庁でその利用法について検討した結果、安達健二次長の発案によって、工芸作品の展示と保存に利用するのが最も妥当だろうという結論に達し、工芸館が誕生することになったのだった[359]。

昭和四十八年一月八日、安達健二文化庁長官（昭和五十一年一月からは東京国立近代美術館長）によって鍬入れ式が行われ、近衛師団司令部庁舎の保存修理工事が開始された。まずは破損状況の調査が行われたのだが、屋根が破損していたため雨漏りによる傷みがひどく、階段や床板の木材はほとんど腐っているという状態だった。また、赤レンガの外壁には関東大震災（大正十二年）による亀裂が認められ、しかも近衛師団司令部庁舎の取り壊しを前提に敷地の正面の土砂を掘り下げて首都高速道路が建設されたため、建物が部分的に沈下していることすら判明した。

保存修理工事にあたって、外観については竣工当時の姿に戻すことになり、関東大震災後に銅板葺に葺替えられていた屋根を建設当初のスレート葺に復元した[360]。その一方で、建物の内部については、建物の強度を補強するため外壁の内側に二〇〜二八センチメートルの厚さの鉄筋コンクリートの内壁を内貼りするという工法によって補強工事を行い、もともとあった各部屋の壁面については構造上必要な部分を除いてできる限り撤去して各展示室を広くしたため、中央の階段回り以外はかつての近衛師団司令部庁舎の面影をまったくとどめないほど大幅に変更された[361]。

改修工事の設計監理は文化庁文化財保護部建造物課が、そして、実際の工事作業は竹中工務店が行ったのだが、二階の展示室の設計については谷口吉郎が担当することになった。谷口吉郎はこの建物の保存運動の中心人物であっただけでなく、東京国立近代美術館の本館（昭和四十四年）の設計者でもあり、さらに、同館の評議員も務めていたから、その別館として工芸館が新たに開設されることになったとき、谷口に相談がもちかけられることになったのも、おそらく自然な成り行きだったのだろう。

工芸館のあり方については、昭和四十八年十月に発足した工芸館建設委員会によって検討が重ねられていた。[362]同委員会は外部の学識経験者として今泉篤男、北村哲郎、登石健三、前田泰次の四名と、文化庁の担当課長三名で組織されたが、谷口吉郎はその発足からやや遅れて、昭和五十一年三月から前東京国立近代美術館長の岡田譲（一九一一—八二）、漆芸家の松田権六とともに委員に加わった。そして、開館を一年後にひかえた昭和五十一年七月の工芸館建設委員会の決定に基づいて、陳列ケースを含めた展示室の設計が谷口吉郎にゆだねられることになり、[363]翌年秋の開館をめざして、その内部の整備工事が進められた。

谷口吉郎は明治時代の建物の歴史的価値をいち早く認め、その保護を訴えていた建築家だった。[364]戦後、明治は戦争の元凶と見なされ、明治と名の付くものは戦犯でもあるかのようにことごとく存在を無視され、文化財としての価値も否定されて次々と取り壊されていた。[365]そうした状況を憂えた谷口吉郎は、第四高等学校時代からの友人で、名古屋鉄道の副社長を務めていた土川元夫（一九〇三—七四）に協力を求め、愛知県犬山に五〇万平米の広大な敷地を確保し、昭和三十六年十月、明治村設立準備委員会を発足させ、取り壊し寸前の明治時代の建物を次々とそこに移築、明治期の近代建築の保存にいち早く取り組んでいた。そして、「博物館明治村」が開館（昭和四十年三月）すると、谷口吉郎はその初代館長となったのだが、工芸館では、明治の建物をただ保存するだけでなく、日本の近代工芸の展示施設として転用して活用するという試みが行われることになったのだった。

二　公共の床の間――工芸館の「展示和室」

昭和四十年代前半、谷口吉郎は、山種美術館（東京都中央区、昭和四十一年）、出光美術館（東京都千代田区、昭和四十一年）、東京国立博物館東洋館（昭和四十三年）、東京国立近代美術館本館（昭和四十四年）などの美術館設計を次々とてがけているが、山種美術館の展示室の一角には床の間のような展示スペースを、(366)また、出光美術館には茶席「茶神亭」を設けた。

昭和戦前期に登場した日本趣味的な建物といえば、例えば軍人会館（小野武雄設計、昭和九年　現在の九段会館）や帝室博物館の本館（渡辺仁設計、昭和十二年　現在の東京国立博物館本館）に見られるように、鉄筋コンクリート造の近代的な建物でありながら、神社や寺院のような和風の瓦屋根を上部に冠し、その外見において日本趣味を誇示するいわゆる「帝冠様式」の建物だったのに対して、戦前期にモダニズムの洗礼を受けた谷口吉郎が戦後取り組んだのは、山種美術館や出光美術館の日本間が示すように、鉄筋コンクリート造の建物の内部に畳や障子、床柱や塗壁、数寄屋風の天井などを嵌め込んだものだった。

東京国立近代美術館の本館の設計段階においても、谷口吉郎は、三階の日本画の常設展示室の一角に日本間の設置を提案していた。ところが、この計画案に対して、東京国立近代美術館の学芸員が猛烈に反発した。当時、同館の事業課長を勤めていた本間正義（一九一六―二〇〇一）が谷口吉郎の設計案に示された日本間の設置に反対したところ、谷口は激昂し、「君たちは美術の専門家でありながら日本画の見方を知らない、どうしたら絵がよく見えるかを追及するはずの立場の人が一番愚劣な希望を述べる」といって罵倒されたという。(367)しかし結局、東京国立近代美術館の本館の展示室には日本間は設置されることはなかった。

東京国立近代美術館の本館では学芸員の反対にあい実現できなかった日本間だが、工芸館においては実現することになった。工芸館に残されている工芸館建設委員会の議事録によれば、開館を約半年後にひかえた昭和五十二年（一九七七）三月の委員会において、二階の展示室の導線や展示ケースの仕様などが谷口吉郎によって説明されているが、そのなかに「展示和室」に関する谷口吉郎の発言が記録されている。

そこに畳がございますが、これは展示和室ということで、日本の工芸が、いわゆる和室とはどういう関係にあったか、障子、ふすま、土間、畳というものはどういうものだったのか、そういう中にどういうものが置かれるのか、そういう概略と、また、日本の工芸とどういう関わりあいを持っているのか、ということで、非常に小さい場所ではございますが、いわゆる和風の建具造作を一応そこに考えてございます。[368]

この「展示和室」の提案に対して、東京国立博物館工芸課長の北村哲郎（一九二二—一九八）は「この和室は、総合展示的意味を持っていますね」と賛意を表明しているが、東京芸術大学教授の前田泰次は「和室は一つの陳列品ですか?」と、谷口吉郎の和室の提案に対して疑問をなげかけている。この前田泰次の発言に対して、谷口吉郎は「和室が作品だといわれると気が引けるんですが……」と応えているが、そのほかには反対意見も見られないまま、その後は別の議論へと移っている。

工芸館建設委員会では、「展示和室」については承認され、工芸館準備室の学芸員からもとくに反対する声もなく、すんなりと実現にいたったようである。工芸館の場合、建物そのものは明治時代の建物を修復したものだったから、前田泰次が指摘しているように、谷口吉郎もやはり建築家として、自分自身の「作品」としての部分をどこかに残しておきたかったのかもしれないし、あるいは、本館では実現できなかった日本間を備えた展示室を工芸館ではどうしても実現させたかったのかもしれない。ただし、工芸館が保存修理工事に着工した時点では文化庁長官として、また、その後は東京国立近代美術館長として、工芸館の設立に深く関わった安達健二は、「展示和室」については、自分自身が谷口吉郎に対して要望したもの、と述べており[369]、工芸館の「展示和室」というのは美術館側からの要望を反映したものだった可能性も考えられる。

谷口吉郎の戦後は、島崎藤村（一八七二―一九四三）生誕の地、馬籠《まごめ》宿の藤村記念堂（岐阜県中津川市、昭和二十二年）から始まる。その後も、《徳田秋声文学碑》（石川県金沢市、昭和二十二年）や《森鷗外詩碑》（東京都文京区、昭和二十九年）など、文学碑の設計に相次いで取り組んでいるが、そうした仕事と平行して、昭和二十年代、谷口吉郎は慶應義塾大学の校舎の設計を次々と行っている。慶應義塾の仕事で谷口吉郎は、「建築と美術の協力を実現したい[370]」と考え、第三校舎（四号館、昭和二十四年）の前庭に菊池一雄（一九〇八―八五）の《青年像》を設置し、学生ホール（昭和二十四年）の吹き抜けは猪熊弦一郎（一九〇二―九三）による壁画《デモクラシイ》で飾った。そして、「新萬来舎《しんばんらいしゃ》」（第二研究室）内部中央の談話室（教職員ホール）については、イサム・ノグチと谷口吉郎が共同で室内設計を行うことになった。

ボーリンゲン財団の助成を受けたイサム・ノグチが「余暇《レジャー》」研究の最後の訪問地である日本に来たのは、日本中が戦後復興に取り組み、新しい国づくりが進められていた昭和二十五年五月のことだった。海外の新しい美術動向に高い関心を抱いていた若い美術家たちは、アメリカからやって来た日系人の彫刻家イサム・ノグチを熱烈に歓迎し、来日するとすぐに、歓迎会や記念講演会が催され、日本の美術家の間でイサム・ノグチは瞬く間に広く知られる存在となっていた。昭和二十五年の日本滞在中、イサム・ノグチとしばしば行動をともにした洋画家の長谷川三郎（一九〇六―五七）は、『三彩』（昭和二十五年八月）に寄稿した「イサム・ノグチとの日々」のなかで次のようなエピソードを紹介している。長谷川三郎がイサム・ノグチに代わって書いた文章中に、「日本が、明治時代のような、極端な西欧化の愚を再び繰り返さぬようにと敢えて切望する」という箇所があった。これをイサム・ノグチは手直しし、「私は、日本が、自分自身を、再び見直し、発見し直す事を、敢えて切望する」と修正したという。[371] 悲惨な戦争を体験し、しかもそれが敗戦という結果に終わったことによって自信を喪失していた日本人にイサム・ノグチは、単純に明治を批判するのではなく、日本の伝統文化を見直して「日本再生」に取り組むことが、日本自身を救い世界の文化や芸術に貢献することができるということを訴えていたのである。[372]

　昭和二十五年の四ヵ月間の日本滞在中にイサム・ノグチは、「新萬来舎」の庭に設置するための彫刻作品《無》を制作したほか、瀬戸で陶彫の制作を行い、東京の三越百貨店で開催した個展で発表した。さらに、「新萬来舎」の談話室内に設置するベンチや照明器具などについては工芸指導所で制作した[373]（図60）。「新萬来舎」のための家具の制作はその後のイサム・ノグチにとって重要な意味を持つことになる。というのも、イサム・ノグチは「新萬来舎」のために籐と縄を使った大きなベンチや、曲輪《まげわ》を加工して和紙を貼った照明器具を制作するなど、日本の土着的で手工芸的な材料を使って家具を制作しているが、このときの体験が、岐阜提灯の材料である和紙と竹を使った《あかり》（昭和二十七年～）へとその後展開していくことになったと考えられるからである。「新萬来舎」の家具を制作するために津田山にあった工芸指導所に通ったイサム・ノグチは、剣持勇（一九一二―七一）をはじめとした職員に対して、欧米のデザインを摸倣するのではなく、「日本自身の美しいもの、新しいものを生み出して全世界にデビューさせよ」と力説していたという。[374] 藁、籐、曲輪、和紙など日本の土着的な工芸素材が「新萬来舎」の内装に使用されているのは、「日本自身の美しいものを生み出せ」と訴えていたイサム・ノグチの意思を具体的に示すものではなかったかと思われる。

なお、「新萬来舎」の談話室で注目しておきたいのは、靴をはいたまま腰掛けることができる高さに位置する、ゆるやかなカーブを描いたステージのような「座敷」である（図61）。談話室には、日本家屋が備えている畳や障子などがそのまま使用されているわけではないが、土間と座敷の関係や、床の間としての機能を持たせているところなど、日本家屋が備えている要素が、形を変えて取り入れられている。「新萬来舎」のこの「座敷」の設計が谷口吉郎の発案によるものなのか、あるいはイサム・ノグチによるものなのか、はっきりとしたことはわからないが、のちに谷口吉郎が工芸館に設置することになる「展示和室」の原形がすでにここに示されているように思われる。そういう意味では、「新萬来舎」とは、その後の谷口吉郎の建築においても重要な意味を持つ仕事だったのである。

工芸館の修理工事が進められていた昭和四十八年（一九七三）十二月、岡田譲（東京国立近代美術館長）と谷口吉郎が、東京国立近代美術館の機関誌『現代の眼』のための「新春対談」を行っており、工事中の工芸館のことも話題にのぼっている。この時点では谷口吉郎は工芸館建設委員会には入っていなかったし、工芸館の展示室の設計についても、谷口が担当することがまだ決まったわけではなかったが、谷口は工芸館の役割について次のような意見を述べている。

美術館というものは、次の世代に対して美意識を開くような方法を考えることが必要でしょう。うっかりすると工芸は、何か手芸品みたいなものになっていく怖れがありますよ。ですから工芸のよさをもっと真剣に

図60　慶應義塾大学「新萬来舎」談話室のベンチと照明器具

図61　慶應義塾大学「新萬来舎」談話室

考えるように、そういう気持を助長させる方法を何か工芸美術館で示していってほしいですね。日本人には工芸に対する美的潜在意識はあるのです。それが、工芸を応用美術というなら、純粋美術に劣らない美的活路を開くようにしたいですね（……）日本の収集品というものは、外国のものと一寸違う。例えば東洋陶磁にしても、日本人の好みというものがあり、その美しさや好みをどう生かすか、どう展示するかが日本の美術館の特色となってくると思うのです。（……）日本の床の間は鑑賞の場所ですから、そこに作品をおいて生活の場の中で作品をみ、そこから精神的なものを汲みとればいい。だからよくできたかどうかは別として、この観点が私の自分に対する課題だったわけですね。そういう観点で日本にある、あるいは日本に集まった美術品を世界の人にみせ、訴えたいということで、日本の美術館は必ずしも外国のそれと同じでなくていいと思うのです(375)。

かつて日本人の美術鑑賞の場としてその日常に床の間という場所があり、そこでは工芸が美術と同じように飾られ、それが日本人の美意識の形成に重要な役割を果たしてきた。ところが、戦後、日本人の生活スタイルが大きく変化し、生活のなかにおける美術鑑賞の場であった床の間が一般家庭の中から次第に消えていった。谷口吉郎が床の間という展示スペースを美術館内に設置することにこだわりを見せたのは、こうした抗うことのできない変わりゆく現実に対して、かつて日本人の生活のなかに床の間という美術鑑賞の場があったことを日本人の記憶にとどめておくためだったのではないかと思われる（図62）。

また、谷口吉郎は亀井勝一郎（一九〇七―六六）との対談では、現代生活では美術鑑賞の場は個人の生活空間ではなく、公共的な場所において必要になってくるから、「『床の間』の演出を、もう一ぺん違った形で、社会の共

図62　東京国立近代美術館工芸館開館記念展「現代日本工芸の秀作」会場の展示和室（昭和52年）

同生活のためのものと考えなければならないわけです[376]」と述べており、公共の床の間という意識で美術館の設計に取り組んでいたことをうかがわせる。

そもそも谷口吉郎と工芸との関わりは、その出自にまでさかのぼる。谷口吉郎の生家は石川県金沢の九谷焼の窯元だった。店の名前は「金陽堂」といい、金沢の繁華街片町で九谷焼の製造販売を行っていた。九谷焼の製品が陳列されたその店の奥には、白磁の素地をおさめた土蔵や、上絵付けのための窯場があり、さらにその窯場の奥には絵付職人たちの作業場があって、明治期の九谷焼の名工松本佐平（一八五一―一九一八）も谷口家の裏手に住んでいた[377]。九谷焼の窯元の長男として生まれた谷口吉郎にとっては、家業を受け継ぐために、例えば東京美術学校の図案科に進むという選択肢もあったのだが、金沢の第四高等学校から東京帝国大学の建築学科に進み、建築家としての道を選んだのである。その結果、谷口家の金陽堂は、父吉次郎の代で途絶えてしまうことになったのだった。谷口吉郎には、自分自身が窯元の長男として生まれながらも、それを途絶えさせてしまったことに対する複雑な思いがあったのである。

工芸館については、谷口吉郎が直接関わったのは二階の展示室の設計だけだったせいか、谷口の没後に出版された『谷口吉郎作品集』（淡交社、昭和五十六年）には工芸館の建物の図版は掲載されていない。しかし、谷口吉郎の足跡をたどりつつ、工芸館誕生のいきさつを振り返ってみれば、工芸館とは、戦後、谷口が取り組んできたさまざまなテーマ、すなわち、明治期の日本の近代建築の保存、美術展の展示デザイン、公共の床の間としての美術館、展示和室などといったテーマが複合的に集約されている場所であるだけでなく、九谷焼の窯元の家に生まれ、やきものの制作の現場を身近に見て育った谷口の個人的な記憶が重なってくる場所でもあったことが明らかになってくる。

工芸館の存在が象徴的に示すように、戦後の建築家による「日本再生」のひとつのかたちがモダニズム建築のなかの和室であり、工芸家によるそれは伝統工芸だったといえそうだが、こうした課題への取り組みを通じて、建築家や工芸家がめざしてきたのは、日本人の生活文化と美意識に裏打ちされた「日本的なもの」の創出だった。建築家や工芸家による和室や伝統工芸とは、方向性としては、かつての日本人の生活文化というものを再生することをめざしているように思われるかもしれない。しかしながら、創出された「日本的なもの」とは、現実においては、一般的な日本人の日常生活からはやや離れた旅館や料亭、美術館や茶室などにおいて、いささか取り澄ましたようにして、日本人の生活の記憶というものを呼び覚まそうとするかのように、日本人の正統的な居住まいというものを示しているのが現状といえる。つまり、展示和室や伝統工芸を通じて建築家や工芸家が描き出してきたのは、経済大国へと成長していく過程において日本人が現実の生活のなかからは切り捨ててきた生活の記憶、あるいは、完全に切り捨てられずに記憶され続けてきた日本人の生活の理想なのである。

註

プロローグ　工芸における「ナショナリズム」と「伝統」

（1）ベネディクト・アンダーソン（白石さや・白石隆訳）『増補想像の共同体：ナショナリズムの起源と流行』ＮＴＴ出版、平成九年、二四頁。原著：Benedict Anderson, *Imagined Communities: Reflections on the Origin and Spread of Nationalism*, 1983, 1991 Revised Edition.

（2）鈴木貞美『日本の文化ナショナリズム』平凡社、平成十七年、三九—四一頁。

（3）西川長夫『地球時代の民族＝文化理論—脱「国民文化」のために』新曜社、平成七年、二八頁。

（4）鈴木前掲書（2）、三四—三五頁。

（5）サミュエル・ハンチントン（鈴木主税訳）『文明の衝突』集英社、平成十年。原著：Samuel P. Huntington, *The Clash of Civilizations and the Remaking of World Order*, Shimon & Schuster, 1996.

（6）樋田豊次郎『工芸家「伝統」の生産者』美学出版、平成十六年、一四—一七頁。

Ⅰ　「工芸」ジャンルの形成

（7）前田泰次『日本の工芸』大八洲出版、昭和十九年、六頁。

（8）佐藤道信『明治国家と近代美術—美の政治学』吉川弘文館、平成十一年、四七頁。

（9）前田前掲書（7）、四頁。

（10）明治期には「工芸」も「工業」も、craft、technology、industrial art などの訳語として、その区別もあいまいなままに使用されていた。前田前掲書（7）、四頁。

（11）鈴木健二『工芸—原色現代日本の美術　第十四巻』小学館、昭和五十五年、一三一頁。

(12) 例えば、現在の日本伝統工芸展は、陶磁、染織、漆芸、金工、木竹、人形、諸工芸の七つの部門で構成されているが、これは『工芸志料』の七分野とほぼ重なっている。ただし、『工芸志料』においては独立した分野として扱われていた石工と革工は、現在の日本伝統工芸展においては諸工芸に含まれ、かわって、人形が一つの独立した部門を確保している。

(13) 村山徳淳「工芸志料序」黒川真頼著・前田泰次校注『増訂工芸志料』平凡社、昭和四十九年、xvii頁。

(14) 黒川真頼「工芸志料序」、前掲書（13）、xix頁。なお、明治二十一年には『工芸志料』の増補改訂版が出されているが、これにも角工、紙工、画工の三分野は加えられなかった。

(15) 『納富介次郎と四つの工芸・工業学校―明治期デザインの先駆者』佐賀県立美術館ほか、平成十二年、六二頁。

(16) 藪亨「明治初期における『美術工業運動』の受容」、山野英嗣編『東西文化の磁場：日本近代の建築・デザイン・工芸における境界的作用史の研究』国書刊行会、平成二十五年、一二八頁。

(17) 第三回内国博における分類の変化と「美術」ジャンル内のヒエラルキーの形成については、北澤憲昭「『工芸』ジャンルの形成―第三回内国勧業博覧会の分類を手がかりとして」『美術史の余白に―工芸・アルス・現代美術』（「工芸」シンポジウム記録集編集委員会編、美学出版、平成二十年）に詳しい。

(18) 『東京国立博物館百年史』東京国立博物館、昭和四十八年、二五三頁。

(19) 前掲書（18）、二五一頁。

(20) 『東京国立博物館百年史』資料編、東京国立博物館、昭和四十八年、二二四―二二五頁。

(21) 村形明子「フェノロサの宝物調査と帝国博物館の構想―ハーヴァード大学ホートン・ライブラリー蔵遺稿を中心に（上）」『ミュージアム』第三四七号、昭和五十五年二月、二八頁。

(22) 高木博志「近代天皇制の文化的統合―立憲国家形成期の文化財保護行政」馬原鉄男・掛谷宰平編『近代天皇制国家の社会統合』文理閣、平成二年、一〇〇頁。

(23) 前掲書（20）、二二五頁。

(24) 前掲書（18）、二六七頁。

(25) 前掲書（18）、二八〇、二八二頁。

(26) 前掲書（18）、二二九、三一一―三一二頁。

(27) 前掲書(18)、三二七頁。
(28) 「学問のすすめ　四編　学者の職分を論ず」『福沢諭吉全集』第三巻、岩波書店、昭和三十四年、五二頁。
(29) 鹿野政直『近代日本思想案内』岩波書店、平成十一年、三一頁。
(30) 丸山真男「日本におけるナショナリズム—その思想的背景と展望」『丸山真男集』第五巻、岩波書店、平成七年、六九頁。初出:『中央公論』昭和二十六年一月。
(31) 丸山真男「福沢における秩序と人間」『丸山真男集』第二巻、岩波書店、平成八年、二二〇頁。初出:『三田新聞』三田新聞学会、昭和十八年十一月二十五日。
(32) 吉野作造「明治維新の解釈」『吉野作造選集』十一、岩波書店、平成七年、二一七頁。初出:『婦人公論』昭和二年十二月。
(33) 丸山真男「陸羯南—人と思想」『丸山真男集』第三巻、岩波書店、平成七年、九三—一〇六頁。初出:『中央公論』昭和二十二年二月。
(34) 鹿野前掲書(29)、九三頁。
(35) 香取秀真「明治大正期の工芸」『美之国』第三巻第六号、昭和二年八月。
(36) 吉田千鶴子「岡倉天心と東京美術学校」『岡倉天心—芸術教育の歩み』東京芸術大学・岡倉天心展実行委員会、平成十九年、二七、六一頁。
(37) 佐藤道信は、工芸は制度的に「芸術」(文部省)、「伝統美術」(宮内省)、「産業」(農商務省)に三分化されたとしている。佐藤前掲書(8)、平成十一年、三七頁。
(38) 「温知図録」については、東京国立博物館編『明治デザインの誕生—調査研究報告書「温知図録」』国書刊行会、平成九年参照。
(39) 鈴木前掲書(11)、一四三頁。
(40) 樋田豊次郎『明治の輸出工芸図案—起立工商会社工芸下図集』京都書院、昭和六十三年、三六二—三六三頁。
(41) 東京芸術大学百年史編集委員会編『東京芸術大学百年史』東京美術学校篇第一巻、ぎょうせい、昭和六十二年、三一八頁。
(42) 樋田豊郎は、明治期には「技芸」が日本文化の表象としての役割を担ってきたとしている。「明治工芸論—国民国家における職人的『技芸』の役割」『国華』第一三二八号、平成十八年六月、一九頁。

(43) 前掲書(41)、三三五—三三六頁。
(44) 佐藤前掲書(8)、平成十一年、五五—五六頁。
(45) 高階秀爾「帝室技芸員と明治期の美術保護政策」『近代美術の巨人たち—帝室技芸員の世界』展図録、サントリー美術館、平成八年、六—九頁。
(46) 福沢諭吉「帝室論」『福澤諭吉著作集』第九巻、慶應義塾大学出版会、平成十四年、二〇七—二一二頁。初出:『時事新報』明治十五年四月二十六日~五月十一日(十二回連載)。
(47) 高木前掲論文(21)、一〇三—一〇四頁。
(48) 『海を渡った明治の美術—再見!一八九三年シカゴ・コロンブス世界博覧会』展図録、東京国立博物館、平成九年、一二六頁。
(49) 前掲書(48)。
(50) 伊藤嘉章「シカゴ・コロンブス世界博覧会の日本陶磁—転換期としての明治二十六年」『楢崎彰一先生古希記念論文集』真陽社、平成十年、四〇六頁。
(51) 古田亮「閣龍世界博覧会独案内」、前掲書(48)、九一頁。
(52) 前掲書(48)、九二頁。
(53) 帝室技芸員によるパリ万博の御下命品制作については、大熊敏之「明治〝美術〟史の一断面—一九〇〇年巴里万国博覧会と帝室および宮内省」『三の丸尚蔵館年報・紀要』創刊号、宮内庁三の丸尚蔵館、平成八年、および、五味聖「帝室技芸員と一九〇〇年パリ万国博覧会」『帝室技芸員と一九〇〇年パリ万国博覧会』展図録、宮内庁三の丸尚蔵館、平成二十年に詳しい。
(54) 大熊前掲論文(53)、九三頁。
(55) 大熊前掲論文(53)、九〇頁。
(56) 大熊前掲論文(53)、八六頁。
(57) 大熊前掲論文(53)。
(58) パリ万博の御下命品二十三件の明細については、五味前掲論文(53)、八—九頁参照。
(59) 五味前掲論文(53)、七頁。

(60) 木々康子「『林忠正展』に寄せて―二つの世界に生きた美術商の功罪」高岡市美術館ほか編『フランス絵画と浮世絵―東西文化の架け橋　林忠正の眼』展図録、平成八年、一六頁。
(61) 大熊前掲論文（53）、九〇頁。
(62) 涛川惣助の《墨画月夜深林図額》については、岡本隆志「濤川惣助「七宝製墨画月夜深林図額」について」『三の丸尚蔵館年報・紀要』第一五号（平成二十二年三月）に詳しい。
(63) 五味前掲書（53）、一〇頁。
(64) 九鬼隆一「序」『稿本日本帝国美術略史』農商務省、明治三十四年、二頁。
(65) 九鬼前掲論文（64）、一二頁
(66) 佐藤前掲書（8）、平成十一年、一二七頁。
(67) 『稿本日本帝国美術略史』の成立の経緯については、高木博志『近代天皇制の文化史的研究―天皇就任儀礼・年中行事・文化財』校倉書房、平成九年、三六五―三七五頁に詳しい。また、小路田泰直「解説『稿本日本帝国美術略史』の歴史的位置」『別巻　ナショナリズムと美　稿本日本帝国美術略史：資料集　公と私の構造―日本における公共を考えるために―』ゆまに書房、平成十五年、にも同書の成立の経緯が記されている。
(68) 高木前掲書（67）、平成九年、三七四頁。

Ⅱ「帝国」日本における工芸とナショナリズム

(69) 竹内好「日本人のアジア観」『日本とアジア』筑摩書房、平成五年、九六頁。初出：昭和三十九年一月（共同通信社の企画で地方紙に配信）。
(70) 内閣統計局編『大日本帝国統計年鑑　第五十九回』昭和十六年二月、四頁。
(71) 前掲書（70）、五―六頁。なおこの数字には、満洲を含めた中国に移住していた内地人は含まれていない。
(72) 小熊英二『単一民族神話の起源―〈日本人〉の自画像の系譜』新曜社、平成七年、四八頁。
(73) 小熊前掲書（72）、三二七頁。
(74) 佐藤前掲書（8）、一四四―一四九頁。

(75) 小路田泰直『日本史の思想—アジア主義と日本主義の相克』柏書房、平成九年、三一—七四頁。
(76) 「アジアはひとつ」を命題に掲げる岡倉天心を「大東亜共栄圏」の先覚者として思想的に発掘したのは、一九三〇年代の日本浪漫派の保田与重郎や浅野晃だった。竹内好「岡倉天心」『日本とアジア』筑摩書房、平成五年、三九六—三九八頁。初出：『朝日ジャーナル』昭和三十七年五月二十七日。
(77) 岡倉天心（桶谷秀昭訳）「東洋の理想」『岡倉天心全集』第一巻、平凡社、昭和五十五年、一五—一六頁。
(78) 九鬼前掲論文（64）、二頁。
(79) 吉見俊哉『博覧会の政治学—まなざしの近代』講談社学術文庫、平成二十二年、一八—二五頁。初出：中央公論社、平成四年。
(80) GeorgeEumorfopoulos, 'Preface,' R. L. Hobson ed., *The George Eumorfopoulos Collection Catalogue of the Chinese, Corean and Persian Pottery and Porcelain*, Ernest Benn Ltd, London, Vol. 1, 1925, p. vi.
(81) 林屋晴三「茶入の賞翫」『茶道聚錦十　茶の道具（一）』小学館、昭和五十一年、一八〇頁。
(82) 外山潔「泉屋博古館の収蔵品について」『泉屋博古館名品選』泉屋博古館、平成十四年、一九六頁。
(83) 外山潔「泉屋博古館所蔵工芸作品の蒐集時期とその特色について（一）—青銅器・鏡鑑」『泉屋博古館紀要』第二七巻、平成二十三年、八四、九一頁。
(84) 倉橋藤治郎「焼物趣味界の今昔」『星岡』第七一号、昭和十一年十月、三六頁。
(85) 奥田誠一「『陶磁器研究会』の回顧」『茶わん』第二三号、昭和七年十二月、一六頁。
(86) 奥田誠一「古陶磁器鑑賞の回顧」『日本美術工芸』第一五一号、昭和二十六年五月、八頁。
(87) 大河内正敏『鍋島　彩壺会講演録』彩壺会、大正十年、一六頁。
(88) 倉橋藤治郎「焼物趣味界の今昔二」『星岡』第七三号、昭和十一年十二月、二〇頁。
(89) 知足堂主人「『陶磁器研究会』記録」『茶わん』第四三号、昭和九年八月、七八—八二頁。同「『陶磁器研究会』記録（二）」『茶わん』第四四号、昭和九年九月、八八—九一頁。
(90) 桑原双蛙［羊次郎］「陶磁器研究の態度」『書画骨董雑誌』第六五号、大正二年十一月、二四頁。
(91) 横河民輔「蒐集余談」『星岡』第二四号、昭和七年十月、一四頁。

(92) 横河前掲論文(91)、一五頁。
(93) 林屋晴三「横河コレクション」長谷部楽爾編『中国古陶磁—東京国立博物館横河コレクション』横河電機製作所、昭和五十七年、二四五頁。
(94) 長谷部前掲書(93)。
(95) 朽木ゆり子『ハウス・オブ・ヤマナカ—東洋の至宝を欧米に売った美術商』新潮社、平成二十三年、一三五頁。
(96) 朽木前掲書(95)、一三七頁。
(97) 川島公之「わが国における中国鑑賞陶磁の受容とその変遷」『東洋陶磁』第四二号、平成二十五年三月、四四頁。
(98) 秦秀雄『西山南天子』三彩社、昭和三十八年、七一、七三頁。
(99) 冨田昇「山中商会展観目録研究・日本篇—中国近代における文物流出と日本　上篇(後)」『陶説』第五三九号、平成十年二月、七九頁。
(100) 川島前掲論文(97)、五二頁。
(101) 冨田昇「大正期を中心とする先駆的中国鑑賞陶磁器　コレクションの形成と特質(四)」『陶説』第五五九号、平成十一年十月、七九頁。
(102) 「第一回本研究所展覧会」『陶磁』第一巻第四号、昭和三年七月、三九—四二頁。
(103) 東洋陶磁研究所「創刊の辞」『陶磁』創刊号、昭和二年十一月、一頁。
(104) 「輸出工芸展『十月に開催』」『工芸ニュース』第一一巻第六号、昭和十七年七月、三〇頁。
(105) 「第一回日本輸出工芸連合会工芸展覧会開かる」『工芸ニュース』第一一巻第一〇号、昭和十七年十一月、二四頁。
(106) 八木奘三郎「韓国の美術」『国華』第一六九号、明治三十七年六月、九頁。
(107) 奥田誠一「朝鮮の陶磁器に就て(一)」『国華』第三八一号、大正十一年二月、二九六、二九八頁。
(108) 岡本隆志「三和高麗焼について」『三の丸尚蔵館年報・紀要』第一五号、平成二十二年三月、八五頁。
(109) 岡本前掲論文(108)、八〇頁。
(110) 鄭銀珍「朝鮮陶磁と浅川伯教」『浅川伯教・巧兄弟の心と眼—朝鮮時代の美』展図録、美術館連絡協議会、平成二十三年、一四頁。

(111)　柳宗悦「編輯余録」『白樺』第一三年第九号、大正十一年九月、九〇頁。
(112)　尾久彰三「柳宗悦と民芸運動について」『柳宗悦と民芸の巨匠たち』展図録、イー・エム・アイ・ネットワーク、平成十六年、八頁。
(113)　「朝鮮とその芸術」『柳宗悦全集』著作篇第六巻、筑摩書房、昭和五十六年、一〇八頁。初出：『新潮』第三五巻第一号、大正十一年一月号。
(114)　柳宗悦「陶磁器の美」『新潮』第三四巻第一号、大正十年一月、二頁。
(115)　富本憲吉「李朝の水滴」『白樺』第一三巻第九号、大正十一年九月、二七頁。
(116)　富本憲吉「京城雑信」『窯辺雑記』新装復刻版、文化出版局、昭和五十年、七九―八〇頁。初出：『窯辺雑記』文化生活研究会、大正十四年。
(117)　「北京への旅」『小山冨士夫著作集』下、朝日新聞社、昭和五十四年、一七七―一七八頁。
(118)　北大路魯卿『魯山人作陶百影』便利堂、昭和八年、二九―三一頁。
(119)　春原史寛「浅川兄弟の生涯」前掲書(110)、一五五頁。
(120)　樋田豊郎「侵略・考古学・観光・近代美術―日本の美術作家が構想した東亜という理念」『楽浪漆器―東アジアの文化をつなぐ漢の漆工品』美学出版、平成二十四年、三七―三九頁。
(121)　鄭仁盛「韓国考古学者の視点から見た植民地楽浪考古学」前掲書(120)、一七八―一八〇頁。
(122)　李榮勲「楽浪文化研究の現況と課題」前掲書(120)、一五一頁。
(123)　早乙女雅博「植民地期日本人研究者の楽浪認識」前掲書(120)、一九九頁。
(124)　六角紫水「朝鮮楽浪漆器に就て」『中央美術』第一一八号、大正十四年九月、一四〇頁。
(125)　農商務省主催図案及応用作品展は、第六回農展（大正七年）からは農商務省主催工芸展となり、大正十四年に農商務省が農林省と商工省に分離してからは第十二回商工省主催工芸展（商工展）となった。
(126)　東京芸術大学百年史編集委員会編『東京芸術大学百年史』東京美術学校篇第三巻、ぎょうせい、平成九年、四三頁。
(127)　前掲書(126)、一三二頁。
(128)　前掲書(126)、三一八―三一九頁。

(129) 高村豊周「工芸と工芸美術の問題」『工芸時代』第一号、大正十五年十二月、四頁。
(130) 香取秀真「帝展第四部の監査審査にたづさはりて」『美之国』第三巻第九号、昭和二年十一月、一一三―一一四頁。
(131) 香取前掲論文(130)。
(132) 内藤春治「吾々の求むる新工芸」『アトリエ』第六巻第六号、昭和四年六月、一一五―一一六頁。
(133) 渡辺素舟『現代日本の工芸美術』図案工芸社、昭和三年、六九頁。
(134) 『日本美術年鑑』東京朝日新聞社、大正十五年十二月、一一八頁。
(135) 高村豊周『自画像』中央公論美術出版、昭和四十三年、一九一―一九二頁。
(136) 畑正吉「帝展の美術工芸(中)」『東京朝日新聞』昭和二年十月三十日朝刊。
(137) 渡辺素舟「帝展の工芸部」『アトリエ』第四巻第一〇号、昭和二年十一月、八九頁。
(138) 「朝鮮神社の神鏡を奉鋳　香取秀真氏の光栄」『書画骨董雑誌』第二〇一号、大正十四年三月、一八頁。
(139) 「香取秀真氏」『芸天』第一六号、大正十四年四月、一五頁。
(140) 香取正彦「父を語る」『香取秀真とその周辺』展図録、千葉県立美術館、昭和五十一年。
(141) 香取正彦『鋳師の春秋』日本経済新聞社、昭和六十二年、六八頁。
(142) 香取秀真「工芸漫談」『芸天』大正十五年六月、一二頁。
(143) 香取秀真「銅器の見どころ」『画説』第二八号、昭和十四年四月、三二五頁。
(144) 三種の神器のほかの二つは、天叢雲剣(あまのむらくものつるぎ)と八尺瓊曲玉(やさかにのまがたま)。
(145) 香取秀真「鏡師の古記録」『アルト』第一号、昭和三年五月、二頁。
(146) 香取秀真『和鏡の話』岩波書店、昭和七年、二四頁。
(147) 東京芸術大学百年史編集委員会編『東京芸術大学百年史』東京美術学校篇第二巻、ぎょうせい、平成四年、二二二頁、二六〇頁。
(148) 香取秀真『日本金工史』雄山閣、昭和七年、一頁。
(149) 中村節子「香取秀真関係資料と東京文化財研究所」、幅大「資料紹介・千葉県立美術館所蔵『香取秀真調査ノート』」「東京芸術大学大学美術館の香取秀真資料について」『香取秀真展』図録、佐倉市立美術館、平成十五年。

(150) 渡辺前掲書（133）、昭和三年、六三―六九頁。

(151) 高村豊周、廣川松五郎、杉田禾堂、豊田勝秋、山崎覚太郎「工芸美術座談会（第一回）」『アトリエ』第八巻第二号、昭和六年二月、一一八頁。

(152) 香取秀真「大日本の有する芸術美」『女性改造』第三巻第八号、大正十三年八月。樋田豊次郎氏は、この「浄化」という言葉に注目し、「浄化」とは、香取秀真の制作における「支那の趣味好尚や、毒々しい油ぎった西洋ものを日本趣味化する」原理と述べ、さらにその金工史研究の基底にあった視点と捉えている。樋田豊次郎「外来美術の『浄化』―香取秀真にとっての鋳金作品とは―」『香取秀真展』図録、佐倉市立美術館、平成十五年、七二頁。

(153) 香取秀真「保守か進取か」『日本漆器新聞』第九巻第二号、昭和六年二月、三頁。

(154) 高村豊周「帝展第四部雑感（二）」『時事新報』昭和五年十月三十日、四面。

(155) 香取正彦「帝選になったについての自分」『美之国』第六巻第一一号、昭和五年十一月、一六三頁。

(156) 香取正彦「高村豊周氏に与う」『美術新論』第六巻第一号、昭和六年一月、八二頁。

Ⅲ　工芸における「日本的なもの」

(157) ペニー・スパーク（白石和也・飯岡正麻訳）『近代デザイン史』ダヴィッド社、平成五年、一〇二頁。

(158) 大内力『ファシズムへの道』中央公論社、昭和五十九年、一九三―二〇〇頁。

(159) 工業技術院産業工芸試験所編『産業工芸試験所三〇年史』産業工芸試験所三〇周年事業協賛会、昭和三十五年、一八頁。

(160) Tessa Morris-Suzuki, *The Technological Transformation of Japan: From the Seventeenth to the Twenty-first Century*, Cambridge University Press, 1994, pp. 129-131.

(161) 国井喜太郎「昭和九年度試験研究事項を表示して地方試験研究機関との連絡を望む」『工芸ニュース』第三巻第六号、昭和九年六月、二頁。

(162) 国井喜太郎「本邦工業の工芸的進展を望む」『工芸ニュース』第一巻第三号、昭和七年八月、一頁。

(163) 『デザインの先覚者国井喜太郎』昭和四十四年、五七頁。

(164) 岡安順吉「竹材応用工芸品の試作」「編組工芸品の試作」『工芸ニュース』第三巻第一〇号、昭和九年十一月、六―八頁。

(165) 稲賀繁美によれば、アーサー・ウェイリー『日本の能楽』（昭和四年）が「幽玄」の、そして、ベアトリス・レイン・スズキ『能楽』（昭和七年）が「さび」の初出であり、鈴木大拙は *Essays in Zen*, 1932と *Zen Buddhism*, 1938で「わび」「さび」を論じており、大西克禮は現象学美学の立場から『幽玄とあわれ』（昭和十四年）と『風雅論「さび」の研究』（昭和十五年）において和歌や俳句における日本的精神の系譜を「あわれ」「幽玄」「さび」という言葉で分析している。なお、稲賀は岡倉天心の『茶の本』（明治三十九年）をこうした日本美術観転換の先駆けとなった著作と位置づけている。稲賀繁美「『日本の美学』―その陥穽と可能性と：触覚的造形の思想（史）的反省にむけて」『思想』第一〇〇九号、平成二十年五月、三〇、三三頁。

(166) 稲賀前掲論文（165）。

(167) 例えば、塩田力蔵は『陶器講座』において、志野を「純日本的と称賛される」としている。「志野焼」『陶器講座』第四巻、雄山閣、昭和十三年、一九頁。

(168) 荒川豊蔵『志野』朝日新聞社、昭和四十二年、および、荒川豊蔵『縁に随う』日本経済新聞社、昭和五十二年（『日本経済新聞』の連載「私の履歴書」をまとめたもの）に詳しい。

(169) 「正木美校長の招待会」『星岡』第二号、昭和五年十一月、四頁。

(170) 外狩素心庵「『志野』が焼かれた窯　下」『中外商業新報』昭和五年八月十二日、六頁。

(171) 井上吉次郎「大萱窯」『茶わん』第一巻第八号、昭和六年十月、四頁。

(172) 井上吉次郎「美の掘出し手　中」『大阪毎日新聞』一九三一年八月五日、一〇頁。

(173) 荒川豊蔵『縁に随う』日本経済新聞社、昭和五十二年、一〇三頁。

(174) 倉橋藤治郎「焼物道楽の変遷」『星岡』第三四号、昭和八年九月、一一頁。

(175) 倉橋藤治郎「昭和七年陶界始末」『星岡』第二七号、昭和八年二月、七頁。

(176) 北大路魯山人「志野焼の価値」『星岡』第一号、昭和五年十月、一頁。

(177) 北大路魯山人「志野陶の価値（二）」『星岡』第二号、昭和五年十一月、一頁。

(178) 北大路魯山人「瀬戸及び唐津」『茶わん』第六号、昭和六年八月、四九頁。

(179) 北大路魯山人「織部の独創性」『茶わん』第一一三号、昭和十五年六月、二一頁。

(180) 前掲書（17）、四五六―四五七、五二六頁。
(181) 満岡忠成「博物館の日本陶磁を観る」『陶磁』第一〇巻第五号、昭和十三年十二月、七頁。
(182) 『東京帝室博物館復興開館陳列目録　陶瓷』帝室博物館、昭和十三年。
(183) 『日本美術略史』（改訂縮刷版）便利堂、昭和十五年、七頁。
(184) 前掲書（183）、一七〇―一七一頁、一九一―一九二頁。
(185) 田中作太郎「概説」『名陶大観　第一輯　瀬戸系・備前・丹波・伊賀・信楽』博雅書房、昭和十七年、八頁。
(186) 小山冨士夫『日本の陶磁』中央公論美術出版、昭和三十七年、八八―九〇頁。
(187) 小山冨士夫・荒川豊蔵共著『日本のやきもの　八　美濃』淡交新社、昭和三十八年、三五頁。
(188) 伊藤嘉章『カラー版日本やきもの史』矢部良明監修、美術出版社、一九九八年、七四、八一頁。
(189) 『桃山陶の華麗な世界』展図録、愛知県陶磁資料館、平成十七年、三頁。
(190) 南邦男「伝統工芸の分野と無形文化財の指定」『月刊文化財』第二四一号、昭和五十八年十月、一〇頁。
(191) 金重陶陽「伊部陶雑想」『焼もの趣味』第三巻第六号、昭和十二年六月、八―九頁。
(192) 富岡行昌、鈴木健二『人間国宝中里無庵―炎の生涯』佐賀新聞社、昭和六十一年、一三四―一三六頁。
(193) 小山冨士夫『荒川豊蔵作陶展観目録』阪急百貨店、昭和十六年、五―六頁。
(194) 西川友武『美術及工芸技術の保存』工芸学会　昭和四十一年、一六―二六頁、三九頁。
(195) 西川前掲書（194）、三七―四〇頁。
(196) 大山廣光「本年の工芸界へ望むこと―さまざまの旧弊を清算せよ」『旬刊美術新報』第一三号、昭和十七年一月二十日、一〇頁。
(197) 『昭和産業史』第二巻、東洋経済新報社、昭和二十五年、五三八―五五一頁。
(198) 西川前掲書（194）、六四頁。
(199) 西川前掲書（194）。
(200) 日本民芸協会「新体制の工芸文化組織に対する提案」『月刊民芸』第二巻第一〇号、昭和十五年十月、三頁。
(201) 柳宗悦「新体制と工芸美の問題」『月刊民芸』第二巻第一〇号、昭和十五年十月、三六頁。

（202）国井喜太郎「技術の保存と選定の基準」『工芸ニュース』第一〇巻第四号、昭和十六年四月、五頁。
（203）西川前掲書（194）、七二―七六頁。
（204）「大日本工芸会設立経過報告」『工芸ニュース』第一二巻第二号、昭和十八年三月、六〇頁。
（205）西川前掲書（194）、五頁。
（206）このとき各道府県知事から提出された物品種目については、西川前掲書（194）、五二―五九頁を参照。
（207）西川前掲書（194）、一三三頁。
（208）南邦男「日本伝統工芸展前史」『日本伝統工芸展の歩み』日本工芸会、平成五年、一二頁。
（209）「新興ドイツに於ける手工業統制芸術統制を語り吾国現情勢下の工芸を想う」『帝国工芸』第一二巻第一号、昭和十三年一月、一頁。
（210）齋藤信治「海外工芸事情第五信　独逸国に於ける手工業の奨励と其の統制に就いて」『工芸ニュース』第七巻第七号、昭和十三年七月、二頁。
（211）「独逸国主催第一回国際手工業博覧会」『工芸ニュース』第七巻第四号、昭和十三年四月、二〇―二一頁。
（212）前掲書（211）。
（213）Fumimaro Konoe, Botschaft, *Nippon: Japanisches Handwerk Sonderheft der Zeitschrift*, April 1938, p.4.
（214）「独逸国際手工業博覧会日本出品」『工芸ニュース』第七巻第五号、昭和十三年五月、二六―二七頁。
（215）ルース・ベネディクト（長谷川松治訳）『菊と刀―日本文化の型　定訳』社会思想社、昭和四十七年、二九頁。

Ⅳ　戦後の日米文化交流のなかの工芸

（216）ジョセフ・S・ナイ（山岡洋一訳）『ソフト・パワー―二十一世紀国際政治を制する見えざる力』日本経済新聞出版社、二〇〇四年、一〇、三四頁。原著：Joseph S. Nye, Jr., *Soft Power: The Means to Success in World Politics*, 2004.
（217）日本伝統工芸展および重要無形文化財制度を背景とする「伝統工芸」成立の経緯については、日本工芸会編『日本伝統工芸展のあゆみ』日本工芸会、平成五年に詳しい。
（218）西井一夫編『昭和史全記録』毎日新聞社、平成元年、三四九、三七二頁。

(219)『美術及工芸』第一号、昭和二十一年八月、五頁。「美術工芸品床ノ間芸術から脱皮、国際市場へ七億円の輸出計画」『日本経済新聞』昭和二十二年二月二十四日、ただし引用は、『工芸ニュース』第一五巻第三号、昭和二十二年四月、三〇頁より。

(220)松田一雄「輸出向手工芸品生産指導会概況記録」商工省貿易庁・商工省工芸指導所編『輸出向工芸品参考資料』昭和二十二年、四九頁。

(221)マピン・パー「日本美術工芸の印象」『美術及工芸』第一号、昭和二十一年八月、五―七頁。

(222)「序文」商工省貿易庁・商工省工芸指導所編『輸出向工芸品参考資料』昭和二十二年。

(223)工芸指導所設計部「輸出向工芸品設計資料調査について」『工芸ニュース』第一四巻第一号、昭和二十一年六月、九頁。

(224)丹波恒夫「織物・陶磁器・漆器の輸出問題に就いて」『工芸ニュース』第一五巻第二号、昭和二十二年三月、二二頁。

(225)「発刊の言葉」『美術及工芸』第一号、昭和二十一年八月、一頁。

(226)国井喜太郎「見返り物資としての工芸品とその振興方針」『美術及工芸』第一号、昭和二十一年八月、一三頁。

(227)野間清六「日本工芸の甦生と伝統」『美術及工芸』第二号、昭和二十一年十二月、二二頁。

(228)小野公久『石黒宗麿書簡集』第二集、新湊市博物館、平成十三年、二七、五七頁。

(229)日根野作三「新しい工芸運動であり又企業体である日本陶磁振興会について」『工芸学会誌』第一七号、昭和二十四年三月二十五日、一七頁。

(230)日根野前掲書(229)。

(231)小野公久「終戦前後の石黒宗麿(中)日本陶磁振興会のことなど」『陶説』第五四七号、平成十年十月、六三頁。

(232)『日本美術工芸』第一一五号、昭和二十三年五月、四九頁。

(233)内藤匡「オーストラリア、ニュージーランド巡回現代日本美術展」『陶説』第六八号、昭和三十三年十一月、八三頁。

(234)プレスリリース、*Japanese Household Objects to be Exhibited at Museum*, The Museum of Modern Art, April 1951.

(235)前掲書(234)。

(236)邑木千以「現代日本陶磁展を見る」『日本美術工芸』第一五七号、昭和二十六年十一月、三八―三九頁。

(237)前掲書(236)。

(238)五百旗頭真「民間財団と政府の関わり―日米知的交流はいかに進展したか」山本正編『戦後日米関係とフィランソロピー』

ミネルヴァ書房、平成二十年、四二―七一頁。

(239) アメリカ有数の大富豪であるロックフェラー家は、政財界で活躍する著名人を何人も輩出している。ロックフェラー三世の祖父ジョン・デイビゾン・ロックフェラー（シニア）はスタンダード・オイル社を設立した。三世の父ロックフェラー・ジュニアは、ニューヨークにロックフェラー・センターを建設した人物として名を残した。その妻で三世の母アビー・オルドリッチ・ロックフェラーはニューヨーク近代美術館の創設者の一人である。そして、三世の弟（次男）ネルソンはアメリカの副大統領（一九七四―七七）を務めた政治家であり、末弟デイヴィッドはチェース・マンハッタン銀行の頭取を務めた実業家。また、三世の長男のロックフェラー四世も親日家で、昭和三十二年から三年間、東京の国際基督教大学（ＩＣＵ）に留学して日本語を学び、現在はウエストヴァージニア州選出の上院議員を務めている。

(240) デイヴィッド・ロックフェラー（楡井浩一訳）『ロックフェラー回顧録』、新潮社、平成十九年、二四八、四三三頁。原著：David Rockefeller, *Memoirs*, New York: Random House Trade Paperbacks, 2002.

(241) キンバリー・グールド・アシザワ「アメリカのフィランソロピーは日本にどう向き合ったのか」山本正編『戦後日米関係とフィランソロピー』ミネルヴァ書房、平成二十年、七五―一〇七頁。なお、ファーズは昭和三十七年にロックフェラー財団を辞職。

(242) 前掲書（241）。

(243) 松田武『戦後日本におけるアメリカのソフト・パワー――半永久的依存の起源』岩波書店、平成二十年、一九五頁。なお、同書は英文でも出版されている。Takeshi Matsuda, *Soft power and its perils: U.S. cultural policy in early postwar Japan and permanent dependency*, Washington, D.C.: Woodrow Wilson Center Press, 2007.

(244) 『ＫＢＳ会報』第二号、昭和二十六年五月二十日、一頁。

(245) 前掲書（18）、六四八頁。

(246) 「ロ夫妻博物館見物」『読売新聞』昭和二十六年二月十一日朝刊。

(247) 「リンカーンを偲ぶ――生誕記念日ロ氏日米文化の提携説く」『読売新聞』昭和二十六年二月十二日夕刊。

(248) 「キモノが着たい　古い京の民家はステキ」『京都新聞』昭和二十六年二月十四日朝刊。

(249) 「古美術に鋭い質問」『京都新聞』昭和二十六年二月十五日夕刊。

(250) 「はずむ日米宗教問答」『京都新聞』昭和二十六年二月十五日朝刊。
(251) 「日米文化センター　青年の交流増加や芸術・資料交換　ロ氏置土産」『読売新聞』昭和二十六年二月二十二日朝刊。
(252) 「ロ氏夫妻も帰国」『読売新聞』昭和二十六年二月二十三日朝刊。
(253) 白洲正子『白洲正子自伝』新潮社、平成二十一年、一六一、一八一頁。
(254) 白洲正子「ロックフェラー夫人とともに」『芸術新潮』第四巻第四号、昭和二十八年四月、一二四頁。
(255) 「日本古美術展」の巡回先と会期は次のとおり。ナショナル・ギャラリー（昭和二十八年一月二十五日―二月二十五日）、メトロポリタン美術館（同年三月二十六日―五月十日）、シアトル美術館（同年七月九日―八月九日）、アート・インスティチュート・オブ・シカゴ（同年九月十五日―十月十五日）、ボストン美術館（同年十一月十五日―十二月十五日）。
(256) 「閣議決定―アメリカ合衆国における日本古美術品展覧会開催に関する件（昭和二十七年十月七日）」『日本古美術展覧会報告書　アメリカ巡回　昭和二十八年一月―十二月』文化財保護委員会、昭和二十九年、七四頁。
(257) Yoshiaki Shimizu, "Japan in American Museums: But Which Japan?," *The Art Bulletin*, Vol. 83, No. 1, March 2001, p. 127.
(258) ジョン・ディ・ロックフェラー三世「日本美術展報告書に寄せて」前掲書（256）、三頁。
(259) 白洲前掲論文（254）。
(260) 「フランスへ出陳された現代日本陶芸展」『日本美術工芸』第一六二号、昭和二十七年四月、四一頁。
(261) 白崎秀雄の「北大路魯山人年譜」『北大路魯山人作品図録』徳間書店、昭和四十七年、三九四頁では、「［昭和二十八年］一月、ロックフェラー三世夫人、山崎へ魯山人を訪問」となっているが、昭和二十八年のロックフェラー三世夫妻の来日は二月三日―十四日だから、おそらく二月の誤りであろう。
(262) 白崎秀雄「北大路魯山人年譜」『北大路魯山人作品図録』徳間書店、昭和四十七年、三九四頁。
(263) Edwin O. Reischauer, *Japan Society 1907-1982: 75 Years of Partnership across the Pacific*. Japan Society, Inc. New York, 1982, p. 68.
(264) 前掲書（263）。
(265) Betty Pepis, "Plates Contrast Orient and West", *The New York Times*, May 7 1954.
(266) 平野雅章は「ジャパン・ソサエティの招き」としているが（「魯山人・晩年の明け暮れ」『北大路魯山人展』西日本新聞社、

平成元年、一一二頁)、吉田耕三は「ロックフェラー財団の招聘により」としている(「北大路魯山人の人生行路」『北大路魯山人展』京都国立近代美術館、昭和六十三年)。

(267) 平野雅章『魯山人美味の真髄』二見書房、平成九年、九一頁。

(268) Sidney Cardozo, "Rosanjin," *Rosanjin: 20th Century Master Potter of Japan*, Japan Society, Inc., New York, 1972, p. 19.

(269) 「昭和二十八年美術界年史」『日本美術年鑑　昭和二十九年版』東京国立文化財研究所、一四頁。

(270) プレスリリース No. 57c, *Chronology of the Japanese Exhibition House*, The Museum of Modern Art, May 1956.

(271) プレスリリース No. 5, *Japanese House Being Sent to Museum of Modern Art for Summer Exhibition*, The Museum of Modern Art, January 19, 1954.

(272) 前掲書(270)。

(273) プレスリリース No. 61, *Japanese Exhibition House Opens in Museum of Modern Art Garden*, The Museum of Modern Art, June 17, 1954.

(274) プレスリリース No. 57c。プレスリリース No. 57b, *Selected Press Comments on the Japanese House*, The Museum of Modern Art, May 1956.

(275) 前掲註(271)。

(276) Arthur Drexler, *The Architecture of Japan*, The Museum of Modern Art, New York, 1955, p. 262.

(277) プレスリリース No. 57, *Japanese House in Museum Garden to Move to Philadelphia*, The Museum of Modern Art, June 11, 1956.

(278) 「ニューヨーク展について」『墨美』第三六号、昭和二十九年八月。プレスリリース No. 65, *First Showing of Abstract Japanese Calligraphy at Museum of Modern Art*, The Museum of Modern Art, June 22, 1954.

(279) 「ニューヨーク近代美術館における日本の書展に際して(「アート・ダイジェスト」一九五四年八月号より要約)」『墨美』第四七号、昭和三十年八月、二二―二三頁。

(280) 『国際文化』第一〇三号、昭和三十八年一月。

(281) 小山富士夫、ロックフェラー三世宛書簡、一九五五年七月二十三日付。Rockefeller Family Archive, 5-1-6.

(282) 小山冨士夫「アメリカへ送った現代のやきもの」『陶説』第三六号、昭和三十一年三月、六六頁。
(283) Mikio Kato, "Born to better the world: JDR 3rd and the birth of a grand idea," *Kateigaho International Edition*, October 2004, p. 47.
(284) ロックフェラー三世、前掲註（258）。
(285) 松田前掲書（243）、一九五頁。
(286) 小熊英二『〈民主〉と〈愛国〉―戦後日本のナショナリズムと公共性』新曜社、平成十四年、一六三―一六六頁。
(287) 小熊前掲書（286）、四八九―四九八頁。
(288) 小熊前掲書（286）、三六六、四六〇頁。

V 「伝統工芸」の成立

(289) エリック・ホブズボウム（エリック・ホブズボウム、テレンス・レンジャー編、前川啓治、梶原景昭他訳）「伝統は創り出される」『創られた伝統』紀伊国屋書店、平成四年、一〇頁。原著：Edited by Eric Hobsbawm and Terence Ranger, *The Invention of Tradition*, Press of the University Cambridge, England, 1983.
(290) 奥田誠一「陶磁器の仿作と贋造」『陶磁』第六巻第一号、昭和九年五月、二、六―七頁。
(291) 安達健二「無形文化財（工芸技術関係）保護の今昔」『月刊文化財』第二四一号、昭和五十八年十月、五頁。
(292) 矢代幸雄「日本美の問題」『日本文化財』第一号、昭和三十年五月、八頁。
(293) 『文化財保護法五十年』ぎょうせい、平成十三年、二九二頁。
(294) 大滝幹夫「文化財保護法と無形文化財」『日本伝統工芸展の歩み』日本工芸会、平成五年、二三頁。
(295) 安達前掲論文（291）、六頁。
(296) 『第一回無形文化財日本伝統工芸展』昭和二十九年。
(297) 財団法人文化財協会が主催者となったのは第一回展のみで、第二回展（昭和三十年）からは社団法人日本工芸会が主催者となる。
(298) 柳橋真「日本伝統工芸展の展開」『日本伝統工芸展の歩み』日本工芸会、平成五年、三一頁。

(299) 加藤土師萌『黄地紅彩技術記録』昭和二十九年、一七七頁。
(300) 西沢笛畝「三度目の正直」日本工芸会編『第四回日本伝統工芸展』芸艸堂、昭和三十二年。
(301) 「趣旨」『第一回無形文化財日本伝統工芸展』文化財協会、昭和二十九年。
(302) 「重要文化財」編纂委員会編『新指定重要文化財　解説版』五工芸品Ⅱ、毎日新聞社、昭和五十八年、一二六頁。
(303) 加藤土師萌「二十五年を顧りみて」『加藤土師萌秀作展図録』昭和四十年、一三五頁。
(304) 加藤土師萌『陶器全集第五巻　織部』平凡社、昭和三十四年、二一頁。
(305) 「永仁の壺」事件については、松井覚進『永仁の壺―偽作の顚末』朝日新聞社、平成二年に詳しい。
(306) 高橋義雄『大正名器鑑』普及版、第三編、宝雲舎、昭和十二年、一―五頁。なお、同書には巻頭にカラー印刷で「槍の鞘」が掲載されており、和物茶入のなかでも別格の扱いがされている。
(307) 林屋晴三「茶入の賞翫」『茶道聚錦十　茶の道具（一）』小学館、昭和五十一年、一七八頁。
(308) 『角川茶道大辞典』本編　角川書店、平成二年、一七五頁。
(309) 金沢百枝「カースト・コート形成史―複製美術品の機能と役割」西野嘉章編『真贋のはざま―デュシャンから遺伝子まで』東京大学総合研究博物館、平成十三年、一七六頁。
(310) 荒木慎也「太平洋を渡る石膏像―ボストン美術館から東京美術学校へ」明治美術学会二〇一〇年度第三回例会、平成二十二年九月四日。
(311) 金沢前掲論文（309）。
(312) Roland Schaer, *L'invention des musées*, Gallimard, 1993, p. 86.
(313) 野添浩一編『新納忠之助展』図録、新納忠之助展実行委員会、平成十六年参照。
(314) 松本楢重「古拙翁懐旧談叢（三）」『日本美術工芸』第一三三号、昭和二十四年十一月、二四頁。
(315) 六角紫水「自序」『六角紫水研究作品図録』昭和十八年。
(316) 木内武男『木内喜八・半古・省古　三代木工芸作品図録』講談社出版サービスセンター、平成十八年、四五頁。
(317) 木内省古「正倉院御物木画の模造について」『ＭＵＳＥＵＭ』第八号、昭和二十六年十一月、二四頁。
(318) 例えば、大坂弘道、木村法光「紫檀木画箱の復元模造をめぐって」『正倉院年報』第一一号、平成元年三月参照。

(319) 文化庁・東京国立博物館編『美の再現―国宝の模写・模造』展図録、平成五年、一頁。
(320) 佐藤直子「GHQと無形文化財―美術工芸品の複製に対する日米の認識の相違について」『昭和戦前期の官展工芸における「伝統」的作品の調査研究　研究成果報告書　その二』平成二十二年三月、五一頁。
(321) 佐藤前掲論文(320)、五二頁。
(322) 「神宝奉献の推移」『神宮神宝図録』改定第一刷、神宮徴古館、平成十七年、七七頁。
(323) 前掲書(322)。
(324) 『内藤春治展図録』岩手県立博物館、昭和五十八年、一四頁。
(325) 磯崎新『建築における「日本的なもの」』新潮社、平成十五年、二九五―三〇六頁。
(326) 安達前掲論文(291)、二四頁。
(327) 柳宗悦・西澤笛畝・小山冨士夫・杉原信彦「座談会　重要無形文化財(工芸)をめぐって」『芸術新潮』第六巻第八号、昭和三十年八月、一五八、一六三頁。
(328) 前掲書(327)。
(329) 鹿児島寿蔵「伝統工芸についてのアンケート」『日工会報』第一号、昭和三十一年八月、二頁。
(330) 前大峰「伝統工芸についてのアンケート」『日工会報』第一号、昭和三十一年八月、二頁。
(331) 加藤土師萌「伝統工芸についてのアンケート」『日工会報』第三号、昭和三十一年十月、二頁。
(332) 「総裁に高松宮殿下　会長に細川護立閣下を推戴」『日本工芸会会報』第八号、昭和三十二年七月、三頁。
(333) 「開催趣旨」『第四回日本伝統工芸』展図録、日本工芸会、昭和三十二年。
(334) 「工芸会が不参加声明　むし返した四科の対立」『朝日新聞』昭和三十三年四月十七日朝刊、十一面。
(335) 『日本伝統工芸展の歩み』日本工芸会、平成五年、三六頁。
(336) 前掲註(334)。
(337) 「日本工芸の対立―伝統か新工芸か」『芸術新潮』第九巻第一二号、昭和三十三年十二月、二二九―二三〇頁。
(338) 柳橋眞「日本伝統工芸展の展開」『日本伝統工芸展の歩み』日本工芸会、平成五年、四一頁。なお、柳橋氏は同書中で、高松宮殿下の発言は、「このまま伝統の名が消えるならば総裁をやめる」という厳しいお言葉だったとも伝えている。

(339) 上口愚朗「古志野焼成技法と荒川志野」『陶説』第七三号、昭和三十四年四月、一八頁。
(340) 佐藤薫「『姿なき国宝』の保護」『日本文化財』第一号、昭和三十年五月、二六頁。。
(341) 日本工芸会「あとがき」『第二回日本伝統工芸展図録』日本工芸会、昭和三十年。
(342) 小熊前掲書（286）、三六六、四六〇頁。
(343) 小熊前掲書（286）。
(344) 西川長夫『地球時代の民族＝文化理論―脱「国民文化」のために』新曜社、平成七年、一三一頁。
(345) 柳橋前掲論文（338）、四一頁。
(346) 小山冨士夫「第五回『日本工芸展』をみる―鍛え鍛えた人たち」『朝日新聞』昭和三十三年十月十一日朝刊、七面。
(347) 青木保『「日本文化論」の変容―戦後日本の文化とアイデンティティー』中公文庫、平成十一年、七三―七八頁。
(348) 西山松之助「伝統について（一）」『日本工芸会会報』第五一号、昭和四十五年一月、三頁。
(349) 「趣旨」『第六回日本伝統工芸展展図録』日本工芸会、昭和三十四年。
(350) 「趣旨」『第六十回日本伝統工芸展図録』日本工芸会、平成二十五年。

Ⅵ　工芸館の誕生

(351) 岡田譲「甦る明治の赤煉瓦―近代美術館工芸館の誕生」『現代の眼』第二一九号、昭和四十八年二月、六頁。
(352) 半藤一利『日本のいちばん長い日』文藝春秋、平成七年、一八四―一八八頁。
(353) 文化庁編『重要文化財旧近衛師団司令部庁舎保存整備工事報告書』文化庁、昭和五十三年、三八頁。
(354) 昭和四十一年一月には、これに国立近代美術館が加えられた。
(355) 文化庁前掲書（353）、六頁。
(356) 安達健二「東京国立近代美術館工芸館の開館に当って」『現代の眼』第二七七号、昭和五十二年十二月、二頁。
(357) 文化庁前掲書（353）、三頁。
(358) 岡田修一「分室（工芸館）の建設」『現代の眼』第二三一号、昭和四十九年二月、五頁。
(359) 伊藤延男「よみがえった赤煉瓦」『現代の眼』第二七七号、昭和五十二年十二月、四頁。

(360) 文化庁前掲書（353）、三九頁。
(361) 文化庁前掲書（353）、三八頁。
(362) 岡田前掲論文（358）。
(363) 杉原信彦「工芸館の整備工事について」『現代の眼』第二六四号、昭和五十一年十一月、四頁。
(364) 谷口吉郎「明治の愛惜」『東京日日新聞』昭和十五年十一月八日。
(365) 谷口吉郎「歴史の証言者」『谷口吉郎作品集』淡交社、昭和五十六年、二六一頁。
(366) 谷口吉郎『建築に生きる』日本経済新聞社、昭和四十九年、一一〇頁。
(367) 蔵屋美香「『東京国立近代美術館の半世紀』連載十　富山秀男氏に聞く②」『現代の眼』第五三一号、平成十三年十二月、一四頁。
(368) 「工芸館建設委員会議事録」昭和五十二年三月十六日。
(369) 安達前掲論文（356）。
(370) 谷口前掲論文（366）、七〇頁。
(371) 長谷川三郎「イサム・ノグチとの日々」『三彩』第四五号、昭和二十五年八月、七頁。
(372) 前掲書（371）。
(373) 谷口吉郎「イサム氏のデザイン」『工芸ニュース』第一八巻第一〇号、昭和二十五年十月、二五頁。
(374) 松崎福三郎「イサム・ノグチについて」『工芸ニュース』第一八巻第一〇号、昭和二十五年十月、一七頁。
(375) 谷口吉郎・岡田譲「新春対談」『現代の眼』第二三一号、昭和四十九年二月、四頁。
(376) 谷口前掲論文（366）、一四五頁。初出：『婦人倶楽部』昭和三十一年二月。
(377) 谷口前掲論文（366）、二七—二八頁。

あとがき

筆者が東京国立近代美術館の工芸館に勤務し始めたのは一九九七年からだが、それ以来、当然のように「工芸」というのは筆者にとって最大の関心領域となった。振り返ってみれば、工芸館で働き始めたばかりの頃には、「工芸とは何か」と自問しながらも、それまで工芸館が収集や展示の対象として取り扱ってきた作家や作品の輪郭をなぞるようにして、あたかも工芸館の視界に入ってくるものこそが工芸の正道でもあるかのような気構えで工芸に対して思考をめぐらせていたことが思い出される。

ところがやがて、そうしたフレームの内側から発される「工芸とは何か」という問いには、あらかじめ工芸というものの価値が前提として含まれていると考えるようになり、そのこと自体に疑問を抱くようになった。はたしてそのような前提のもとに工芸を論じることに意味があるのだろうか――「工芸とは何か」と問うことよりも、むしろ「工芸の存在意義とは何か」というより本質的な問いから出発することの方が、工芸のあり方を、そしてまたその行方を問い正す意味で必要なのではないかと考えるようになったのである。

そのような問題意識の転換をはっきりと自分でも自覚するようになったのは二〇〇七年のことだった。この年には「わざの美　伝統工芸の五〇年（Crafting Beauty in Modern Japan）」展（二〇〇七年七月―十月）が大英博物館で開催されたが、世界各地の人類文化《ヒューマン・カルチャー》の遺産が並ぶ大英博物館の臍《へそ》ともいうべきグレートコートに並ぶ伝統工芸の作品をながめながら、これらの工芸作品を二十世紀の日本人の遺産として見つめる百年後の人々のまなざしを想像し、現代の日本社会における工芸の役割について考えてみたりするようになった。また、この年の秋には工芸館の開館三十周年を記念して「工芸館三〇年のあゆみ」展が開催されたが、それを機に工芸館誕生の経緯について調べるなかで、工芸とナショナリズムの関係を探ってみたいと思うようになった。

とはいえ、日本の近代美術史においてナショナリズムという言葉は、昭和戦前期の国家主義に傾いた時代と結びつけて語られる傾向が強く、また、一般的には日本を戦争へと誘導した悪しき思想として捉えられているように感じられた。かく言う筆者もある時期まではそのようなものと理解していたように記憶する。しかしやがて、もはや古典的というべきベネディクト・アンダーソンの「想像の共同体」やエリック・ホブズボウムの「伝統の創出」というコンセプトを通じて、遅ればせながら筆者自身のナショナリズム理解が修正されていった。ナショナリズムとはあくまでも国民主義であって、国家主義とも国粋主義とも違う――これを工芸という領域に引き寄せるならば「日本的なもの」の創出について、あるいは、安易に使用されがちな「伝統」という言葉と工芸との関係を再検討することがひとつの突破口になるのではないかと考えるようになった。それまで長年にわたって取り組んできた「昭和の桃山復興」というテーマにひと区切りつけるような気持ちで一九三〇年代という時代状況のなかでそれを捉え直し、「一九三〇年代における工芸とナショナリズム―『伝統工芸』前史について」(『美術フォーラム21』第一九号、二〇〇九年五月)という小論にまとめたことをきっかけに、日本の近代における工芸のあゆみをナショナリズムとの関係から追跡することに前向きに取り組んでいけそうな予感がした。

「工芸とナショナリズム」をテーマに書いてみませんか、と吉川弘文館の伊藤俊之氏からお声がけいただいたのはそんな矢先だった。ありがたいと思う半面、じつはその時点では単著としてまとめるにはいささか荷が重いと感じてもいた。というのも、工芸とナショナリズムの関係は必ずしも明白ではなく、はたして「工芸とナショナリズム」というテーマで書き進めることができるか不安がよぎったからである。また、筆者がナショナリズムという言葉である工芸家を取り上げることによって、その工芸家の歴史的評価に悪影響を及ぼしてしまうのではないか、さらにはそのご遺族の方に不愉快な思いやいらぬご迷惑をおかけしてしまうのではないか――という懸念もあった。

「工芸とナショナリズム」という課題をいただいてからは、工芸館が描き出す「工芸」という領域の輪郭線の外側へとおそるおそる足を踏み出し、近代工芸の転換点といえるような局面に注意しながら、工芸を取り巻く諸制度などに目配りし、頭のなかではいつも「ナショナリズム」という言葉を反芻しながら、「見えざる力」として工芸の存立を支えてきたナショナリズムをひそかに模索する日々が続いた。

やがて、それまで書きためたものもそれなりのボリュームになったため、「工芸とナショナリズム」という本書のテーマに即してそれらを全面的に書き改め、「美術工芸」という言葉が公式に使われるようになった明治二十二年から「工芸館」が誕生した昭和五十二年の間をつなぐ構成に整え、本書を完成させることができた。このように本書のために書き下ろしたI章以外の部分はすべて近年の学術雑誌や展覧会図録などに発表した以下の論文がベースになっているのだが、なかにはほとんど原形をとどめていないものもあることをお断りしておきたい。

Ⅱ　「帝国」日本における工芸とナショナリズム

原題：「香取秀真の金工史研究と制作―『日本主義的』工芸の確立をめざして」(『東京国立近代美術館研究紀要』第一一号、二〇〇七年三月)

原題：「帝展が描き出す『工芸美術』の輪郭線」(『美術史の余白に―工芸・アルス・現代美術』「工芸」シンポジウ

ム記録集編集委員会編、美学出版、二〇〇八年）

原題：「工芸家が夢みたアジア―工芸の『アジア主義』」（『越境する日本人―工芸家が夢みたアジア一九一〇S―一九四五』展図録、東京国立近代美術館、二〇一二年）

原題：「大河内正敏と奥田誠一　陶磁器研究会／彩壺会／東洋陶磁研究所―大正期を中心に」（『東洋陶磁』第四二号、東洋陶磁学会、二〇一三年三月）

Ⅲ　工芸における「日本的なもの」

原題：「昭和の桃山復興―陶芸家と近代」（『東洋陶磁』第三五号、東洋陶磁学会、二〇〇六年三月）

原題：「一九三〇年代における工芸とナショナリズム―『伝統工芸』前史について」（『美術フォーラム21』第一九号、美術フォーラム21刊行会、二〇〇九年五月）

原題：「国井喜太郎の固有工芸論―一九三〇年代における『日本的なもの』とモダンデザイン」（『デザイン史学』第九号、デザイン史学研究会、二〇一一年七月）

Ⅳ　戦後の日米文化交流のなかの工芸

原　題：'Japanese Crafts and Cultural Exchange with the USA in the 1950s: Soft Power and John D. Rockefeller III during the Cold War' (*Journal of Design History*, Vol. 25, No. 4, October 2012, Oxford University Press)

Ⅴ　「伝統工芸」の成立

原　題：'"Traditional Art Crafts (*Dentō Kōgei*)" in Japan: From Reproductions to Original Works' (*The Journal of Modern Craft*, Vol. 3, No. 1, March 2010, Berg)

原題：「『伝統工芸』と倣作―草創期の日本伝統工芸展の模索」（『東京国立近代美術館研究紀要』第一五号、二〇一一年三月）

Ⅵ　工芸館の誕生

原題：「工芸館の誕生―近衛師団司令部庁舎の再生と谷口吉郎」（『開館三〇周年記念展Ⅰ　工芸館三〇年のあゆみ』展図録、東京国立近代美術館、二〇〇七年）

「工芸とナショナリズム」というきわめて重要な課題をテーマとする本書を企画し、執筆の機会を与えてくださった伊藤俊之氏にあらためて心より感謝申し上げます。また、ここで一人一人のお名前を挙げませんが、これまでさまざまな機会に研究発表や論文執筆の機会を与えてくださった先生方や先輩方、そして、工芸というともすると閉塞感にさいなまれがちな環境に身を置く筆者との意見交換に折に触れてお付き合いいただき鍛えてくださった研究仲間の諸賢に、この場を借りて心からお礼申し上げます。

二〇一四年六月

木田拓也

図表目録

[口　絵]

1　《七宝黒地四季花鳥模様花瓶》　並河靖之作　明治32年　パリ万国博覧会出品　宮内庁三の丸尚蔵館所蔵

2　《霙青磁牡丹彫文花瓶》　板谷波山作　大正14年　第一回工芸済々会展出品　東京国立近代美術館所蔵　Photo: MOMAT/DNPartcom

3　《刀筆天部奏楽方盆》　六角紫水作　昭和２年　第八回帝展出品　広島県立美術館所蔵

4　《漢羅「楽浪」》　龍村平蔵作　昭和２年　第八回帝展出品

5　《獅鈕獅耳香炉》　香取秀真作　昭和16年　東京国立博物館所蔵　Image: TNM Image Archives

6　《志野茶碗》　荒川豊蔵作　昭和32年　第四回日本伝統工芸展出品　東京国立近代美術館所蔵　Photo: MOMAT/DNPartcom

7　《黄地紅彩金襴手富貴長春牡丹文飾壺》　加藤土師萌作　昭和35年　第七回日本伝統工芸展出品

[本　文]

図１　《銹絵観鷗図角皿》　尾形光琳・尾形乾山作　江戸時代（18世紀）　東京国立博物館所蔵　Image: TNM Image Archives　重要文化財……17

図２　《色絵月梅図壺》　野々村仁清作　江戸時代（17世紀）　東京国立博物館所蔵　Image: TNM Image Archives　重要文化財……17

図３　《梨地水龍瑞雲文蒔絵宝剣拵「水龍剣」》　加納夏雄作　明治６年　東京国立博物館所蔵　Image: TNM Image Archives……29

図４　九鬼隆一　東京芸術大学資料編纂室所蔵（久保田鼎旧蔵）『岡倉天心―芸術教育の歩み』展図録（東京芸術大学岡倉天心展実行委員会、平成19年）より……31

図５　《七宝富嶽図額》　涛川惣助作　明治25年　シカゴ・コロンブス世界博覧会出品　東京国立博物館所蔵　Image: TNM Image Archives　重要文化財……33

図６　シカゴ・コロンブス世界博覧会の美術館日本出品場会場に展示された《十二の鷹》鈴木長吉作　明治26年　東京国立博物館所蔵　『海を渡った明治の美術再見―一八九三年シカゴ・コロンブス世界博覧会』展図録（東京国立博物館、平成９年）より……33

図７　《墨画月夜深林図額》　涛川惣助作　渡辺省亭原画　明治32年　パリ万国博覧会出品　宮内庁所蔵……37

図８　《太平楽置物》　海野勝珉作　明治32年　パリ万国博覧会出品　宮内庁三の丸尚蔵館所蔵……37

図９　《虎卣》　西周時代（前11世紀）　泉屋博古館所蔵　『泉屋博古館名品選』（泉屋博古館、平成14年）より……47

図10　支那朝鮮古美術大展覧会会場　昭和９年５月　山中商会主催　日本美術協会……52

図11　唐三彩陶展展示会場　昭和３年４月　東洋陶磁研究所主催　華族会館　『陶磁』第１巻第４号（昭和３年７月）より……52

図12　「陶器図集」第五巻（支那陶器図）　板谷波山筆　出光美術館所蔵　『出光美術館蔵品図録　板谷波山』（平凡社、昭和63年より）……55

DNPartcom……………………………………………………………………………………………………*110*
図37 《朝鮮唐津粽掛花生》 十二代中里太郎右衛門作 昭和15年 ………………………………*110*
図38 《穀稼成熟鼠志野角水指》 水野愚陶作 昭和18年 第六回新文展出品……………………*112*
図39 『工芸ニュース』第14巻第1号に掲載された見返り物資の例 昭和21年6月……………*126*
図40 現代日本陶磁展会場のリッジウェイ夫人・レーモンド夫人・田澤嘉一郎・リーダーズダイジェスト社日本支局長フィッシャー夫人 昭和26年9月 リーダーズダイジェスト社 『日本美術工芸』第157号（昭和26年11月）より ……………………………………………*131*
図41 日本古美術展会場で新木栄吉駐米大使の説明を聞くアイゼンハワー大統領夫妻 昭和28年2月1日 ナショナル・ギャラリー 『芸術新潮』第4巻第6号（昭和28年6月）より……………………………………………………………………………………………………*139*
図42 ニューヨーク近代美術館で談笑するロックフェラー三世・同夫人・北大路魯山人 昭和29年4月 ニューヨーク近代美術館 『魯山人の宇宙』（笠間日動美術館、平成19年）より……………………………………………………………………………………………………*142*
図43 ニューヨーク近代美術館中庭に建てられた「日本の家」を見学する吉田茂とロックフェラー三世 昭和29年11月7日 ニューヨーク近代美術館 *The Museum of Modern Art at mid-century: at home and abroad,* Museum of Modern Art, New York, 1994. より……………………………………………………………………………………………………*145*
図44 「日本の家」の縁側でくつろぐ来場者 昭和29年 ニューヨーク近代美術館 *The Architecture of Japan,* The Museum of Modern Art, New York, 1955. より………………*145*
図45 《倣嘉靖黄色紅彩角皿五枚（工程見本）》 加藤土師萌作 昭和28年 京都国立近代美術館所蔵 ………………………………………………………………………………………*158*
図46 《色絵魚藻文大壺》 加藤土師萌作 昭和27年 第二回日本伝統工芸展出品 ……………*162*
図47 《色絵魚藻文大壺》 明時代（16世紀） 福岡市美術館所蔵 『世界陶磁全集』14（小学館、昭和51年）より 重要文化財…………………………………………………………………*162*
図48 《古瀬戸印花巴文壺》 加藤土師萌作 昭和30年 第二回日本伝統工芸展出品 …………*163*
図49 《瀬戸灰釉巴文広口壺》 鎌倉時代（14世紀） 梅沢記念館所蔵 『世界陶磁全集』3（小学館、昭和52年）より 重要文化財…………………………………………………………*163*
図50 《辰砂紅梅之壺》 加藤土師萌作 昭和31年 第十二回日展出品 …………………………*164*
図51 《永仁の壺》………………………………………………………………………………………*165*
図52 《古瀬戸茶入「鎗の鞘肩衝」》 室町時代（16世紀）…………………………………………*167*
図53 茶道藪内流家元の茶室「燕庵」 天保2年写し………………………………………………*169*
図54 《法隆寺百済観音像 模造》 新納忠之介模 昭和7年 大英博物館所蔵 ………………*174*
図55 《宝相華迦陵頻伽蒔絵冊子箱 模造》 六角紫水模 大正10年 京都国立近代美術館所蔵…………………………………………………………………………………………………*174*
図56 《木画紫檀双六局 模造》 木内喜八模 明治14年 第二回内国勧業博覧会出品 農商務省旧蔵 …………………………………………………………………………………………*177*
図57 《木画紫檀双六局 模造》 木内省古模 昭和7年 ………………………………………*177*
図58 第二回日本伝統工芸展会場 昭和30年10月……………………………………………………*185*
図59 東京国立近代美術館工芸館 昭和52年 東京都千代田区所在 ……………………………*203*
図60 慶應義塾大学「新萬来舎」談話室のベンチと照明器具………………………………………*212*
図61 慶應義塾大学「新萬来舎」談話室 『新建築』第27巻第2号（昭和27年2月）より ……*212*
図62 東京国立近代美術館工芸館開館記念展「現代日本工芸の秀作」会場の展示和室 昭和52年…………………………………………………………………………………………………*214*

表１　明治14年８月時点の博物館における仁清と乾山の分類　『博物館列品目録』芸術部明治十四年八月・工芸部一明治十四年八月（明治15年）より……15
表２　東京国立博物館各部の編成とその所蔵点数の推移　『東京国立博物館百年史』（昭和48年）より……18
表３　明治期の工芸の輸出額　『日本貿易精覧』（東洋経済新報社、昭和10年）より……26・27
表４　日本からの対外輸出貿易の大陸別割合　『数字で見る日本の100年』改訂第５版（矢野恒太記念会、平成18年）より……84
表５　重要無形文化財の指定並びに保持者及び保持団体の認定の基準　『文化財保護法五〇年史』（文化庁、平成13年）より……183

著者略歴

一九七〇年、石川県に生まれる
一九九三年、早稲田大学第一文学部卒業
佐倉市立美術館学芸員、東京国立近代美術館工芸館主任研究員を経て、
現在、武蔵野美術大学教授、博士（文学）

〔主要論文〕

「大正時代の工芸とユートピア思想」（長田謙一ほか編『近代日本デザイン史』美学出版、二〇〇六年）

「帝展が描き出す「工芸美術」の輪郭線」（「工芸」シンポジウム記録集編集委員会編『美術史の余白に』美学出版、二〇〇八年）

「現代工芸とデザインの地平」（田中正之編『現代アート10講』武蔵野美術大学出版局、二〇一七年）

「商品化する手芸」「「工芸」と「手芸」の仕分けの現場」（上羽陽子・山崎明子編『現代手芸考』フィルムアート社、二〇二〇年）

「日本人がつくったジャポニスム・イメージ」（ジャポニスム学会編『ジャポニスムを考える』思文閣出版、二〇二二年）

工芸とナショナリズムの近代
「日本的なもの」の創出

二〇一四年（平成二十六）八月十日　第一刷発行
二〇二五年（令和　七　）五月十日　第二刷発行

著　者　木《き》田《だ》拓《たく》也《や》
発行者　吉川道郎
発行所　株式会社　吉川弘文館
郵便番号一一三―〇〇三三
東京都文京区本郷七丁目二番八号
電話〇三―三八一三―九一五一〈代〉
振替口座〇〇一〇〇―五―二四四番
https://www.yoshikawa-k.co.jp/

印刷＝藤原印刷株式会社
製本＝誠製本株式会社
装幀＝右澤康之

© Kida Takuya 2014. Printed in Japan

ISBN978-4-642-03835-5

JCOPY 〈出版者著作権管理機構 委託出版物〉
本書の無断複写は著作権法上での例外を除き禁じられています．複写される場合は，そのつど事前に，出版者著作権管理機構（電話 03-5244-5088，FAX 03-5244-5089，e-mail: info@jcopy.or.jp）の許諾を得てください．